TOOOOR!

DAS GROSSE FUSSBALLBUCH

für Kinder

Birgit Brauburger
Johannes Bux

compact kids

Impressum

compact kids ist ein Imprint der Compact Verlag GmbH

Baierbrunner Straße 27, 81379 München
Ausgabe 2014
3. Auflage

Text: Birgit Brauburger, Johannes Bux
Chefredaktion: Dr. Matthias Feldbaum
Redaktion: Jenny Ranft
Produktion: Frank Speicher
Abbildungen: siehe Bildnachweis S. 160
Titelabbildungen: Tungphoto (shutterstock)
Umschlaggestaltung: seitenwind GmbH – Design und Kommunikation, Regensburg

ISBN 978-3-8174-9402-6
381749402/3

www.compactverlag.de

Inhaltsverzeichnis

Wie alles begann …

Ballspiele, die Elemente des modernen Fußballs enthalten, sind schon seit über 5000 Jahren bekannt.

Ursprünge in fremden Ländern

Seinen Ursprung hat das Ballspiel, das heute als das beliebteste und am weitesten verbreitete Mannschaftsspiel gilt, wohl in China. Bereits rund 2700 vor Christus soll Kaiser Huangdi das „Ts'uh-küh" erfunden haben, was übersetzt etwa „einen Ball mit dem Fuß stoßen" heißt. In Japan kennt man bereits seit dem 6. Jahrhundert das sogenannte Kemari, eine Art „Kreis-Fußball". Vor allem der Adel erfreute sich damals an dem Spiel, das strengen Regeln unterlag und Teil eines Rituals war. Dabei muss der Ball von mehreren Spielern auf einem kleinen Spielfeld möglichst lange mit dem Fuß in der Luft gehalten werden. Kemari wird in Japan übrigens noch heute gespielt. Auch in Mittel- und Südamerika gab es ganz unterschiedliche Formen des Ballspiels, die Elemente des Fußballs enthielten. Bei den Maya galt es beim „Pelota", den Kautschukball nur mit Hüften, Knien und Ellenbogen zu berühren. Charakteristisch war dabei der Brust- und Hüftpanzer, mit dem die Spieler antraten.

Ballspiele in Europa

Auch in Europa vertrieben sich vor allem die Griechen und Römer ihre Zeit mit Ballspielen, die heute eher an Trainingseinheiten erinnern. Diese Varianten des Fußballspiels kann man als Wettkämpfe bezeichnen, bei denen die Teilnehmer vor allem ihre Geschicklichkeit beweisen. Es sind aber noch keine Spiele, bei denen wie beim heutigen Fußball zwei Mannschaften gegeneinander antreten, um den Ball so oft wie möglich im Tor des Gegners zu platzieren.

Ein Kemari-Spieler in Japan

Der Begriff „Fußball" taucht auf

Zwischen dem 7. und 11. Jahrhundert entwickelten sich unter anderem in Wales, Schottland, Irland und England verschiedene Fußballspiele. Die Bezeichnung „Fußball" (englisch: „football") kam zum ersten Mal im Jahr 1314 in einer Anordnung des Londoner Bürgermeisters vor, der das Fußballspiel auf den freien Plätzen der Stadt untersagte. Warum Fußball verboten wurde? Diese frühen Formen des Fußballspiels waren sehr wild und glichen Raufereien. Weder das Spielfeld, die Dauer des

Spiels noch die Anzahl der Spieler waren geregelt. So kam es vor, dass sich auch Zuschauer einmischten, sobald der Ball in ihre Nähe kam. Dabei gingen oft nicht nur Gegenstände, sondern auch der ein oder andere Knochen der Teilnehmer zu Bruch.

Erste Regeln bestimmen das Spiel

Seit dem 15. Jahrhundert ist in Italien ein Spiel unter dem Namen „Calcio" (deutsch: „Fußtritt") bekannt, das mit einem solchen Fußtritt begonnen wurde. Neben der eher wilden Variante, die im Volk verbreitet war und bei der gerangelt und gerauft wurde, gab es auch eine vornehme Form. Sie war den Adligen vorbehalten. Diese wollten beim Spiel ihren Zuschauern vor allem Eleganz und Geschicklichkeit beweisen. Die Teilnehmer bildeten zwei Mannschaften und versuchten, den Ball durch Tore an beiden Enden des Platzes zu schießen, auf dem sie spielten. Vor allem in Florenz und Venedig war Calcio bekannt und beliebt. Wie aus den Regelbüchern hervorgeht, wurde der Ball jedoch nicht ausschließlich mit dem Fuß gespielt.

Handspiel ist erlaubt

Beide Formen des Calcio ähneln dem Rugby, das zum Ende des 18. Jahrhunderts von englischen Schülern an Eliteschulen in Eton, Westminster, Harrow und eben Rugby gespielt wurde. Der wilde Volksfußball war mehr oder minder ausgestorben, da er mit Verboten regelrecht bekämpft wurde. In den Spielen der Internatsschüler lebte er jedoch weiter. Waren sie an den verschiedenen Schulen auch sehr unterschiedlich, so hatten die Spiele eine große Gemeinsamkeit: Sie waren allesamt sehr grob, wenn nicht gar brutal. Einige Lehrer beschlossen daher im Laufe des 19. Jahrhunderts, mit Regeln die Härte des Spiels und die Gewalttätigkeiten unter den Spielern einzuschränken. Seinen Namen verdankt Rugby schließlich der Schule, welche die ersten Grundsätze schriftlich festlegte. Einer davon lautete: Das Handspiel ist beim Fußball erlaubt.

DAS MUTTERLAND DES FUSSBALLS

England gilt seit der Gründung der Football Association am 26. Oktober 1863 als „Mutterland des Fußballs". 1888 war das Geburtsjahr der ersten nationalen Profiliga (Football League), der zunächst zwölf Profiklubs angehörten.

Griechisches Relief eines ballspielenden Jünglings

Der FV Stuttgart 93, ein älterer Stammverein des VfB Stuttgart, empfing Anfang des 20. Jahrhunderts eine Rugby-Mannschaft aus Paris.

Die Gründung des ersten Fußballverbandes

Als ersten nationalen Fußballverband in der Geschichte gründeten Stellvertreter von Londoner Schulen und Clubs am 26. Oktober 1863 in ihrer Stadt die Football Association (FA). Der Grund: Es sollten allgemein gültige und verbindliche Regeln aufgestellt werden. Zunächst waren bei den Treffen auch noch Rugby-Fans dabei. Die Sportler konnten sich jedoch nicht in der Frage einigen, ob die Hand benutzt werden dürfe oder nicht. So kam es schließlich zur Spaltung der beiden Lager. Bereits 1846 war an der Universität Cambridge ein Fußballklub gegründet worden, dessen Mitglieder eigene Regeln entworfen hatten. In ihnen war das Hand- und Armspiel eindeutig verboten. Die Regeln von Cambridge dienten nun als Basis des ersten Regelkataloges.

DAS ERSTE LÄNDERSPIEL

Teams aus Schottland und England standen sich 1872 beim ersten Länderspiel der Geschichte gegenüber. Die Begegnung endete mit einem torlosen Unentschieden. Im selben Jahr wurde auch der erste englische Pokalwettbewerb (FA Cup) ausgetragen. Der London Wanderers Football Club entschied das Endspiel mit 1:0 für sich.

Gezeichnete Spielszene eines Fußball-Länderspiels zwischen den Nationalmannschaften England und Schottland im Jahre 1878

ALLES RUND UMS LEDER

Die Spielregeln

Die Spielregeln legen den Ablauf und das Verhalten bei der Durchführung eines Spiels fest. Sie sind verbindlich und gelten sowohl national als auch international. Fußball wird also auf der ganzen Welt nach den gleichen Richtlinien gespielt.

Wer macht die Regeln?

Die Regeln gibt der Weltfußballverband FIFA, das ist die Abkürzung für Fédération Internationale de Football Association, zusammen mit einer Regelbehörde heraus. Diese wiederum heißt IFAB, was International Football Association Board bedeutet. Sie befasst sich mit allen Fragen rund um die Änderung der Bestimmungen. Insgesamt gibt es 17 Spielregeln. Das hört sich nach wenig an, da sie jedoch sehr ausführlich formuliert sind, ist das Regelwerk sehr umfassend. Sie werden zusätzlich noch durch viele Anweisungen des jeweiligen einheimischen Verbandes ergänzt. In Deutschland ist dafür der Deutsche Fußball-Bund zuständig. Alle Regeln findest du im Internet unter: www.dfb.de und www.fifa.com

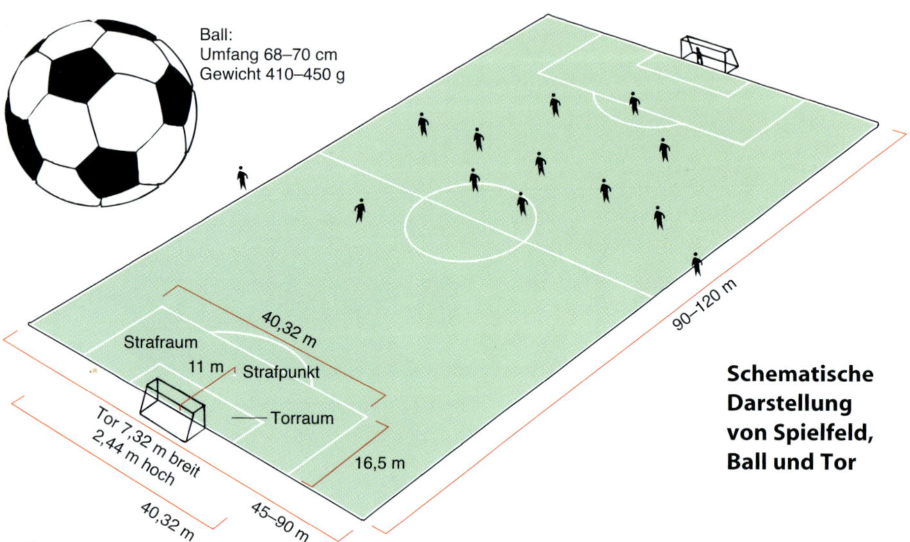

Schematische Darstellung von Spielfeld, Ball und Tor

Wie groß ist ein Fußballfeld?

Die erste Regel bestimmt die Größe des Spielfeldes und wie es zu markieren ist. Während alle Punkte, Linien und Felder mit ihren Maßen festgelegt sind, darf die Größe des Fußballfeldes unterschiedlich sein. Wichtig ist, dass es rechtwinklig ist und die Seitenlinien länger als die Torlinien sind. Das Spielfeld kann eine Länge von 90 bis 120 Metern haben, die Breite darf zwischen 45 und 90 Metern liegen. Die übliche Größe des Spielfeldes beträgt 105 Meter in der Länge und zwischen 68 und 70 Metern in der Breite. Die Linien auf dem Feld müssen bei Spielbeginn gut sichtbar sein.

Wie groß ist ein Fußball?

Regel Nummer 2 legt fest, wie der Ball beschaffen sein soll. Er muss kugelförmig und aus Leder oder einem anderen geeigneten Material gefertigt sein. Heute sind die meisten Bälle aus Kunststoff und entsprechen – im Gegensatz zu früher – einheitlichen Standards. Wichtig sind natürlich auch Größe und Gewicht. Der Ball darf einen Umfang von 68 bis 70 Zentimetern haben. Er muss beim Anpfiff mindestens 410 Gramm wiegen, darf aber nicht schwerer als 450 Gramm sein. Der Ball, den Jugendspieler benutzen, ist etwas kleiner und leichter. Er hat zwischen 63,5 und 66 Zentimetern Umfang und wiegt zwischen 350 und 390 Gramm.

Die komplette spanische Mannschaft beim Confederations-Cup 2013

Wie groß ist eine Fußballmannschaft?

Regel 3 bestimmt die Zahl der Spieler. Ein Spiel wird von zwei Mannschaften ausgetragen. Eine Mannschaft besteht aus höchstens elf Spielern, von denen einer der Torwart ist. Die anderen werden Feldspieler genannt. Stehen weniger als sieben Spieler pro Team bereit, wird das Spiel nicht angepfiffen. In einem offiziellen Spiel darf jedes Team bis zu drei Spieler auswechseln. Die ergänzenden Anweisungen des DFB regeln an dieser Stelle viele weitere Fragen rund um die Auswechslung von Spielern. Die vierte Regel klärt die Ausrüstung der Spieler. Wichtig ist hier vor allem, dass ein Spieler keine Kleidungs- oder Ausrüstungsgegenstände tragen darf, die ihn oder andere Spieler verletzten könnten. So ist zum Beispiel das Tragen von Schmuck nicht erlaubt.

DIE AUSWECHSLUNG

In den Anfängen des Fußballs gab es noch keine Regel, die etwas über den Austausch von Spielern während der Partie besagte. 1969 wurde die Auswechslung zweier Spieler während des gesamten Spiels von der FIFA offiziell erlaubt. Auf dem Platz fand das allerdings schon vorher statt. Seit 1995 ist die Einwechslung von bis zu drei Kickern pro Mannschaft und Spiel festgeschrieben. Das können drei Feldspieler oder zwei Feldspieler und der Torwart sein. In der Junioren-Bundesliga darf ein Aktiver mehr eingewechselt werden. Welcher Spieler den Platz verlässt und welcher Spieler für ihn kommt, legt natürlich der Trainer fest. Wer einmal ausgewechselt wurde, darf während der laufenden Begegnung nicht mehr auf den Rasen. Die Trikotnummern der Fußballspieler, die ihren Platz auf der Bank und auf dem Spielfeld miteinander tauschen, werden auf Tafeln angezeigt. Der Spieler, der eingewechselt wird, muss auf ein Zeichen vom Schiedsrichter warten, um offiziell ins Spiel einsteigen zu können. Wartet er nicht ab, bis er dieses Signal erhält, und läuft schon vorher auf den Platz, wird er mit einer gelben Karte bestraft.

Was macht der Schiedsrichter?

In Regel Nummer 5 dreht sich alles um den Schiedsrichter, in Regel 6 um die Schiedsrichterassistenten. Das heißt konkret: Jedes Spiel steht unter der Leitung eines Schiedsrichters. Seine Aufgabe ist es, darauf zu achten, dass alle Fußballregeln eingehalten werden. Die beiden Schiedsrichterassistenten sind die Helfer des Schiedsrichters. Sie zeigen unter anderem an, wenn der Ball das Spielfeld verlassen hat, welches Team einen Einwurf, Abstoß oder Eckstoß ausführen darf oder wenn eine Auswechslung ansteht.

Wie lange dauert ein Spiel?

Die Regeln 7 und 8 legen die Dauer und den Beginn des Spiels fest. Die Spieldauer hängt vom Alter der Spieler ab. Während eine Begegnung im Jugendfußball zweimal 20 Minuten dauert

(F-Jugend), so steigt die Spieldauer mit jeder Klasse um jeweils zweimal fünf Minuten. Die Spieler der A-Jugend haben dann die normale Spielzeit erreicht. Ein Spiel dauert also 90 Minuten, die in zwei Spielhälften von je 45 Minuten geteilt werden. Dazwischen liegt die 15 Minuten lange Halbzeitpause. Zeit, die im Verlauf des Spiels zum Beispiel durch eine verletzungsbedingte Unterbrechung verloren gegangen ist, muss im Anschluss an die 90 Minuten nachgeholt werden. Diese Nachspielzeit wird von einem Assistenten auf einer speziellen Tafel angezeigt.

Wann ist der Ball im Spiel und wann im Tor?

Die Regeln 9 und 10 besagen, wann der Ball im Spiel, wann er aus dem Spiel ist und wie ein Tor erzielt wird. So ist der Ball zum Beispiel noch im Spiel, auch wenn er vom Torpfosten, der Querlatte oder von dem sich innerhalb des Spielfeldes befindenden Schiedsrichter abprallt und noch im Spielfeld liegt. Aus dem Spiel ist der Ball jedoch, wenn er auf dem Boden oder in der Luft eine der Tor- oder Seitenlinien mit vollem Umfang übertreten hat oder der Schiedsrichter das Spiel unterbricht. Kennst du den Spruch: „Das Runde muss ins Eckige"? Er meint, dass der Ball ins Tor soll. Und genau dann, wenn der Ball mit vollem Umfang die Torlinie zwischen den Torpfosten überschritten hat und sich unter der Querlatte befindet, zählt das Tor.

Was genau ist das Abseits?

Regel 11 ist wohl diejenige, die am ehesten für Verwirrung sorgt – denn in ihr geht es um das Abseits. In dem Moment, in dem die angreifende Mannschaft den Ball in Richtung Tor schießt, also bei der sogenannten Ballabgabe, muss sich zwischen dem vordersten Spieler der angreifenden Mannschaft und dem Torhüter des Gegners mindestens noch ein weiterer Spieler der verteidigenden Mannschaft befinden. Aber die Abseitsstellung eines Spielers an sich ist noch kein Regelverstoß. Erst wenn dieser einen Vorteil erlangt, aktiv ins Spiel eingreift oder einen Gegner beeinflusst, handelt es sich um das strafbare Abseits. Die Strafe ist ein Freistoß für die verteidigende Mannschaft.

Die Abseitsregel

Was ist ein Foul?

In Regel 12 kommen verbotenes Spiel und unsportliches Verhalten, zusammengefasst also das Foulspiel, zur Sprache. Es ist zum Beispiel nicht erlaubt, einen Gegner zu treten, ihm ein Bein zu stellen oder ihn zu schlagen. Aufgepasst: Bereits der Versuch kann bestraft werden! Auch das absichtliche Handspiel sowie Spucken, Anspringen, Rempeln, Stoßen und Festhalten des Gegners sind verboten. Und nicht zuletzt ist das Grät-

DIE PLATZWAHL

Die Frage, welches Team auf welcher Seite spielt, wird vor dem Anpfiff geklärt. Dazu wirft der Schiedsrichter eine Münze. Das Team, das die richtige Seite der Münze gewählt hat, darf sich aussuchen, in welche Richtung sie in der ersten Spielhälfte angreifen möchte. Die andere Mannschaft ist dafür zuerst am Ball und führt den Anstoß zu Beginn des Spiels aus. Für die zweite Hälfte des Spiels wechseln die Teams die Seiten und spielen auf das andere Tor. Nun darf die Mannschaft den Anstoß geben, die das Losen gewonnen hatte. Der Anstoßpunkt liegt übrigens genau in der Mitte des Spielfeldes.

schen in die Beine des Gegenspielers untersagt, wenn nicht der Ball vor dem Gegner berührt wurde. Gut zu wissen: Wer gegen Regel 12 verstößt, verursacht einen Freistoß für die gegnerische Mannschaft.

DAS ELFMETERSCHIESSEN

Mit dem Elfmeterschießen wird ein Sieger ermittelt, wenn die Regeln des Wettbewerbs bestimmen, dass es ein Siegerteam geben muss und der Spielstand nach Ablauf der regulären Zeit „unentschieden" lautet. Jede Mannschaft darf fünf Elfmeter ausführen, geschossen wird abwechselnd. Wenn danach noch immer Gleichstand herrscht, werden abwechselnd so lange weitere Elfmeter ausgeführt, bis ein Team bei gleicher Schusszahl mehr Tore erzielt hat.

Was ist ein Freistoß?

Die Regeln Nummer 13 und 14 sind die Vorschriften zu Frei- und Strafstoß. Es gibt direkte und indirekte Freistöße. Ein direkter Freistoß erfolgt nach einem Foul, ein indirekter nach einem anderen Regelverstoß. Der Ball muss zunächst ruhig am Boden liegen, bevor der Spieler den Schuss ausführen kann. Nach dem Freistoß darf dieser Spieler den Ball erst wieder berühren, wenn ein anderer Spieler mittlerweile am Ball war. Mit einem direkten Freistoß kann sofort ein Tor erzielt werden. Beim indirekten Freistoß muss erst ein weiterer Spieler den Ball berührt haben, bevor ein Tor geschossen werden darf.

Was ist ein Elfmeter?

Einen Strafstoß, den sogenannten Elfmeter, verhängt der Schiedsrichter gegen eine Mannschaft, deren Spieler im eigenen Strafraum – und während sich der Ball im Spiel befindet – einen der zehn Regelverstöße begeht, die laut Regel 12 mit einem direkten Freistoß zu bestrafen sind. Beim Elfmeter stehen sich ein Spieler und der Torwart direkt gegenüber. Der Spieler schießt vom Elfmeterpunkt direkt auf das Tor, das nur vom Torwart verteidigt wird.

Drei besondere Spielfortsetzungen

Die 15. Regel ist dem Einwurf gewidmet, Regel 16 dem Abstoß und Regel Nummer 17 gilt schließlich dem Eckstoß. Alle drei Ballbewegungen sind sogenannte Spielfortsetzungen. Wenn ein Ball komplett die Seitenlinie überquert hat, dann gibt es Einwurf. Das Team, das den Ball zuvor nicht berührt hat, darf den Einwurf ausführen. Aus einem Einwurf kann kein direktes Tor erzielt werden. Beim Abstoß hat der Gegner zuvor den Ball hinter die Torauslinie geschossen. Dieser wird auf irgendeinen Punkt innerhalb des Torraums gelegt und vom Torwart oder einem Mitspieler mit einem Schuss wieder ins Spiel gebracht. Ein Eckstoß wird gegeben, wenn die verteidigende Mannschaft den Ball selbst über die Torlinie ins Aus geschossen hat. Der Eckstoß wird von einem Spieler der angreifenden Mannschaft an derjenigen Ecke des Spielfeldes ausgeführt, die dem Punkt am nächsten liegt, an dem der Ball ins Aus gegangen ist. Dabei müssen die Spieler der verteidigenden Mannschaft mindestens 9,15 Meter vom Ball entfernt stehen. Übrigens hat auch der Mittelkreis einen Durchmesser von 9,15 Metern.

Franck Ribéry beim Einwurf

Der Schiedsrichter

Ein Fußballspiel steht immer unter der Leitung eines Schiedsrichters, des sogenannten Unparteiischen. Er sorgt dafür, dass die Regeln eingehalten werden, achtet auf die Spielzeit und schreibt besondere Ereignisse während des Spiels auf. Er erhält Unterstützung von zwei Assistenten, die das Spiel an den Linien verfolgen.

Die Schiedsrichterlegende Pierluigi Collina und seine Pfeife

Alle Macht beim Schiedsrichter

Ohne die Pfeife geht gar nichts. Auch wenn der Schiedsrichter selbst manchmal so genannt wird – an dieser Stelle ist sein Handwerkszeug gemeint. Denn der Schiedsrichter pfeift das Spiel nicht nur an und ab, auch bei Regelverstößen der Spieler ertönt sein Pfiff über den Platz. Die Entscheidungen des Schiedsrichters können nicht angefochten werden. So sollen Diskussionen auf dem Platz verhindert und die Autorität des Schiedsrichters gesichert werden. Und diese Situation kennst du vielleicht: Selbst wenn sich der Schiedsrichter einmal geirrt hat, helfen alle Beschwerden der Spieler nichts. Denn es gilt: Die Beschlüsse des Schiedsrichters sind sogenannte Tatsachenentscheidungen und damit endgültig. Auch das Meckern sollte man als Spieler deshalb vermeiden – denn dafür kann der Schiedsrichter Gelb geben. Nur ein Spieler darf während der Partie seine Meinung gegenüber dem Schiri äußern: der Mannschaftskapitän.

Wer gehört zum Schiedsrichtergespann?

Der Schiedsrichter braucht eine gute Kondition, denn schließlich läuft er während der gesamten Spielzeit mit über den Platz. Das war früher anders: Jede Mannschaft brachte einen eigenen Schiedsrichter mit und beide blieben an der Seitenlinie. Dabei gab es jedoch oft Streit, sodass ein weiterer Schiedsmann bestimmt wurde, um zu vermitteln. Ab 1890 lief dieser auf dem Fußballfeld mit. 1891 erklärte man die beiden anderen Schiedsrichter offiziell zu Linienrichtern. Die Linienrichter heißen mittlerweile Schiedsrichterassistenten. Mit der Änderung des Namens wird die Bedeutung der

Das Schiedsrichtergespann unter Leitung von Manuel Gräfe beim DFB-Pokalfinale 2013

Assistenten nun auch deutlicher zum Ausdruck gebracht. Zu ihren Aufgaben gehört, mit ihrer Fahne Abseitsstellungen, Bälle im Aus und Regelwidrigkeiten auf dem Platz anzuzeigen. Außerdem überprüfen sie die Kleidung der Einwechselspieler, bevor diese auf den Platz laufen. Anders als der Schiedsrichter dürfen die Assistenten jedoch keine Entscheidungen fällen.

Wann sieht ein Spieler Gelb oder Rot?

Der Schiedsrichter spricht zum einen Spielstrafen wie Frei- und Strafstoß aus. Zum anderen kann er persönliche Strafen verhängen. Dazu benötigt er die gelben und roten Karten, die er in der Brust- oder Hosentasche trägt. Gelb bedeutet eine Verwarnung, die ein Spieler zum Beispiel für mehrfaches Foulspiel oder Spielverzögerungen bekommt. Wird der Spieler im selben Spiel zum Wiederholungstäter, sieht er zunächst noch einmal die gelbe Karte, im Anschluss jedoch sofort die rote Karte und muss den Platz verlassen (Feldverweis). Rot sieht ein Spieler dann, wenn er etwa eine Torchance des Gegners mit einem Foul vereitelt, also die sogenannte Notbremse zieht, oder sich grob unsportlich verhält und seinen Gegner zum Beispiel beleidigt oder anspuckt. Bevor ein Spieler eine Verwarnung, also Gelb bekommt, kann der Schiedsrichter eine Ermahnung aussprechen. Das allerdings nur einmal. Und wenn diese „erzieherische Maßnahme" nicht fruchtet, gibt es eben doch die gelbe Karte.

SCHON GEWUSST?

Wenn ein Spieler im Verlauf eines Wettbewerbs wie der Meisterschaft oder dem DFB-Pokal fünf gelbe Karten bekommen hat, wird er für das folgende Spiel gesperrt. Auch die gelb-rote Karte hat dies für das nächste Spiel zur Folge. Je nach Härte des Fouls gibt es nach einer roten Karte eine Sperre für ein oder gleich mehrere Spiele.

Der Weltschiedsrichter des Jahres

Die Arbeit von besonders guten Schiedsrichtern wird mit einer ganz besonderen Auszeichnung belohnt. Vielleicht hast du schon einmal vom Weltschiedsrichter des Jahres gehört. Seit 1987 wählt eine Gruppe internationaler Experten den weltbesten Schiedsrichter. Der erste war der Brasilianer Arppi Filho. In den Jahren 1998 bis 2003 war keiner besser als Dr. Pierluigi Collina aus Italien. 2004, 2005 und 2007 erhielt der Deutsche Dr. Markus Merk die renommierte Auszeichnung. Bereits seit 1975 wählt der DFB einen Schiedsrichter des Jahres, seit 2003/04 auch eine Schiedsrichterin. Für die Saison 2012/13 ging der Titel an Felix Brych. Riem Hussein wurde zur Schiedsrichterin des Jahres ernannt.

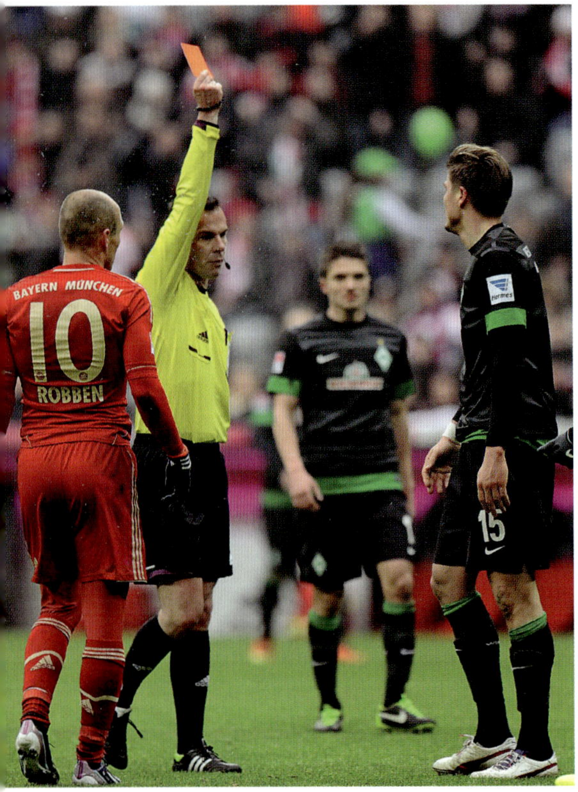

Marco Fritz zeigt Rot.

Die Schiedsrichter in der Bundesliga

In der Saison 2013/14 stehen für die Partien der Bundesliga 22 Schiedsrichter zur Verfügung. In der 2. Bundesliga pfeifen 20 Schiedsrichter. Die Schiris aus der 2. Bundesliga können übrigens auch als Assistenten in der Bundesliga auf dem Feld stehen. Aber natürlich gibt es ebenfalls eine eigene Aufstellung der Bundesliga-Assistenten. Dazu hat die 3. Liga eine eigene Liste mit 22 Schiedsrichtern. Verantwortlich für die Truppe ist übrigens der Vorsitzende des DFB-Schiedsrichter-Ausschusses. Die Altersgrenze für Schiedsrichter liegt in Deutschland bei 47 Jahren. International ist schon mit 45 Jahren Schluss – zumindest auf dem Platz.

SCHON GEWUSST?

Der absolute Rekord-Schiedsrichter in Deutschland ist Dr. Markus Merk. Von 1998 bis 2008 pfiff er in der Bundesliga, den Rekord schaffte er 2004 mit 242 Partien. Von 1992 bis 2007 war Merk übrigens auch FIFA-Schiedsrichter und kam bei internationalen Begegnungen wie der WM 2006 zum Einsatz.

Interessante Regeländerungen seit 1990

Hier kannst du in Kürze einen Blick auf Neuigkeiten im Regelwerk werfen: Seit 1990 gibt es für die sogenannte Notbremse den sofortigen Feldverweis. Und seit 1993 siehst du die Schiedsrichter auch in Farbe. Das heißt konkret: Statt des klassischen Schwarz dürfen nun auch farbige Trikots getragen werden. Grün war die erste Farbe, in der die Unparteiischen auf dem Platz standen.

Freude hin, Freude her: Klettert ein Torschütze vor lauter Glücksgefühl auf die Absperrung, sieht er nicht nur seine Fans, sondern auch Gelb. Diese Regel gilt seit 1994. Seit 2004 wird er auch mit Gelb bestraft, wenn er sein Trikot beim Torjubel über den Kopf zieht. Dies war ab 2001 erlaubt, wurde dann jedoch wieder verboten. Du siehst, dass manche Änderungen nicht lange Bestand haben. Seit 1997 darf sich der Torwart bis zum Schluss auf der Torlinie bewegen, wenn er einem Strafstoß entgegensieht. Zuvor musste er sich quasi für eine Ecke oder auch die Mitte entscheiden. Und 1998 trat eine Änderung in Kraft, in der es um die „Rudelbildung" geht. Wird es dem Schiedsrichter mit der diskutierenden Truppe um ihn herum zu bunt, kann er dem Spieler, der verantwortlich für den ganzen Trubel ist, die rote Karte zeigen. Seit 2003 schließlich erlaubt die FIFA, dass neben den Spielern auch Schiedsrichter auf ihrem Trikot werben dürfen.

Mario Balotelli sieht Gelb, weil er beim Torjubel sein Trikot ausgezogen hat.

Das Fair Play

Mittlerweile geht es im Fußball, gerade wenn die Profis am Ball sind, um viel Geld. Vor allem in der Bundesliga. Das hast du sicher schon gesehen: Im Kampf um Ball und Tore wird auch mal am Trikot gezerrt, geschubst und getreten. Doch im Fußball gilt wie in jedem anderen Sport das Gebot der Fairness. Und faires Verhalten fordert nicht nur der Schiedsrichter, es wird auch belohnt: Zum einen von den Fans, zum anderen aber auch mit einem besonderen Preis. Er wird am Ende der Bundesliga-Saison für außerordentlich faires Verhalten vergeben. Dazu wählt eine unabhängige Jury einen einzelnen Spieler aus, der ihrer Meinung nach mit seiner Spielweise und seinem Verhalten auf dem Platz für Fairness steht.
Und auch die UEFA hat sich etwas Besonderes ausgedacht. Um das Fair Play auf den Plätzen zu fördern, dürfen die drei fairsten Mannschaften Europas in die Europa League starten, auch wenn sie eigentlich nicht zu den qualifizierten Teams gehören. 2008 hatte sich das anständige Spiel für eine deutsche Mannschaft bezahlt gemacht: Hertha BSC Berlin wurde unter den Teams der internationalen Fair-Play-Rangliste für einen Startplatz ausgelost. Und für den Klub hieß es: Auf zum Cup!

Das Fair-Play-Logo der UEFA

Der deutsche Schiedsrichterskandal

Dass Schiedsrichter nicht immer unparteiisch sind, erfuhr die deutsche Fußballszene im Januar 2005. Als „schwarzer Monat" ist das Ereignis schon in die Chronik des Deutschen Fußball-Bundes eingegangen. Beim sogenannten Schiedsrichterskandal stand vor allem ein Schiedsrichter im Mittelpunkt. Er hatte Bestechungsgelder angenommen und beeinflusste als Gegenleistung das Ergebnis bestimmter von ihm geleiteter Partien mit seinen Entscheidungen auf dem Platz. Seine Auftraggeber, die nun schon vor dem Spiel wussten, welche Mannschaft gewinnen würde, setzten bei Fußballwetten auf den zu erwartenden Sieger. Auch Spieler und andere Schiedsrichter waren in diesen Skandal verwickelt. Der bestechliche Schiedsrichter ist aus seinem Verein ausgeschlossen worden. Außerdem wurde er als Unparteiischer gesperrt und darf nie wieder ein Spiel pfeifen. Eine weitere Konsequenz aus dem Skandal: Es wird erst zwei Tage vorher veröffentlicht, welche Schiedsrichter eine Partie leiten. Vorher wurde dies bereits zehn Tage vor den Begegnungen verkündet.

DIE VORTEILSREGEL

Der Schiedsrichter muss bei einem Foul das Spiel nicht immer unterbrechen. Wenn das Foul an einem Kicker begangen wurde, dessen Mannschaft weiterhin im Ballbesitz bleibt und gerade eine offensichtlich sehr gute Chance hat, ein Tor zu schießen, dann darf der Schiedsrichter das Spiel weiterlaufen lassen. Das heißt aber nicht, dass der Spieler, der den Regelverstoß begangen hat, nicht trotzdem die gelbe oder rote Karte zu sehen bekommt.

DER SCHIEDSRICHTER-BALL

Der Schiedsrichter kann den Ball wieder ins Spiel bringen, wenn es eine Unterbrechung ohne einen in den Regeln festgehaltenen Grund (wie einen Ausball oder Regelverstoß) gab. Der Schiedsrichter lässt den Ball dann aus Brusthöhe auf den Boden fallen, und zwar an der Stelle, wo dieser sich zum Zeitpunkt der Unterbrechung befand. Erst wenn der Ball den Boden berührt hat, darf er wieder gespielt werden.

Die Ausrüstung der Spieler

Sami Khedira im Trikot von Real Madrid

Die Grundausstattung eines Fußballspielers besteht aus einem Trikot mit langen oder kurzen Ärmeln, einer kurzen Sporthose, knielangen Strümpfen, Schienbeinschützern und Fußballschuhen.

Die Kleidung

Die Schienbeinschützer sind aus Gummi oder Kunststoff. Sie müssen während des Spiels von den Strümpfen, den sogenannten Stutzen, bedeckt sein und sollen die Spieler vor Verletzungen schützen. Gerade Schürfwunden und Prellungen sind am Schienbein besonders schmerzhaft. Der Torwart hat zudem ein Paar spezielle Handschuhe. Mit ihnen kann er den Ball besser halten, da sie eine besondere Beschichtung haben. Das ist vor allem bei schlechtem Wetter von Vorteil, wenn der nasse Ball nicht nur mit Wucht aufs Tor geschossen wird, sondern auch noch schwerer zu greifen ist. Außerdem muss die Spielkleidung des Torwarts andere Farben haben als die aller anderen Spieler, des Schiedsrichters und dessen Assistenten. Der Spielführer trägt zusätzlich eine Armbinde am Oberarm.

Manuel Neuer im Torwartdress des FC Bayern München

Wie sehen die Trikots aus?

Auch die Trikots der beiden gegeneinander spielenden Mannschaften sollen verschiedene Farben haben und dadurch unterscheidbar sein. Daher gibt es bei den meisten Vereinen mehrere unterschiedliche Trikot-Sätze für die Heim- und die Auswärtsspiele. Auf den Trikots steht die Rückennummer des Spielers, bei manchen Teams sind auch die Hosen nummeriert. Der Name des Spielers und das Wappen des Vereins dürfen natürlich nicht fehlen. Außerdem sind mittlerweile auch die Namen oder Logos von Werbepartnern auf den Trikots zu finden. Die Sporthosen sind farblich auf die Trikots abgestimmt. Im Winter dürfen die Spieler Thermohosen unter ihren Sporthosen tragen, aber auch diese müssen zur Hauptfarbe der Kleidung passen. Wusstest du, dass viele Vereine ihre Klubfarben im Namen führen, wie zum Beispiel der Verein Rot-Weiß

DIE RÜCKENNUMMER

Jeder Spieler trägt während des Spiels eine bestimmte Rückennummer. Sie darf während der Partie nicht gewechselt werden, kann aber von Spiel zu Spiel unterschiedlich sein. Die Nummer kann die Position auf dem Platz anzeigen. Bei Profiteams allerdings ist die Nummer meist fest vergeben. Und da sagt eine „23" auf dem Rücken über die Stellung im Spielsystem eher wenig aus. Die Ausnahme bildet hier meist der Torhüter. Er trägt die Nummer 1 auf dem Trikot.

Oberhausen? Die zuerst genannte Farbe bezieht sich auf das Trikot, die andere auf die Hose.

Die Trikotwerbung

Den Anfang machte Eintracht Braunschweig: Das war das erste Team, auf dessen Trikots ein Unternehmen für sich warb, im Jahr 1973. Mit den Einnahmen aus der Werbung wurden übrigens die Profigehälter bezahlt. Und auch heute fließen Werbegelder, allerdings haben sich die Dimensionen gewaltig verändert: Während der erste Werbepartner vor mehr als 30 Jahren rund 160.000 D-Mark zahlte, brachten die Werbepartner, die auch Sponsoren genannt werden, in der Saison 2013/14 zusammen rund 140 Millionen Euro in die Kassen der Bundesliga-Vereine. Anders als es inzwischen für Fußballstadien möglich ist, dürfen die Vereine bei uns aber keinen Sponsoren im Namen nennen.

Die Trikotwerbung von Schalke 04

Die Fußballschuhe

Man unterscheidet zwei Arten von Fußballschuhen. Es gibt Schuhe mit Schraubstollen und solche, bei denen die Stollen bereits Bestandteil der Sohle sind. Diese Sohlen sind aus Gummi oder Kunststoff. Schraubstollen sind bei schlechtem und nassem Boden von Vorteil, während die Gummistollen auf hartem Untergrund bevorzugt werden. So kann man je nach Wetterlage und Bespielbarkeit des Platzes entscheiden, welche Schuhe man einsetzt. Bedingung ist, dass die Stollen massiv sind. Für Gummistollen gilt: Mindestens zehn pro Sohle müssen es sein.

Originalschuh von Fritz Walter 1954 – der erste Schuh mit auswechselbaren Schraubstollen

Die Ausrüstung früher und heute

An den Bestandteilen der vorgeschriebenen Spielkleidung hat sich im Laufe der Zeit eigentlich nicht viel verändert. Sie waren schon in den Regeln der Football Association von 1863 festgeschrieben. Was heute allerdings anders ist, sind die Materialien, aus denen die Ausrüstung besteht. So waren die Trikots im 19. Jahrhundert noch aus Wolle, hatten einen Schnürkragen und waren vor allem eines: unbedruckt. Auch die Stutzen, die heute aus Synthetikfaser hergestellt werden, haben Vorgänger aus Wolle. Die Fußballschuhe, wohl das wichtigste und teuerste Stück der Ausrüstung, werden mittlerweile speziell angefertigt. Bis etwa zum Jahr 1930 waren noch schwere Stiefel üblich, die Töppen genannt wurden. Das Fußballspiel, das wir heute kennen, wäre mit ihnen kaum denkbar, schnelle Spielzüge unmöglich. Mittlerweile tragen die Spieler leichte, bequeme und vor allem auch modische Schuhe. Sie setzen Trends auf dem Spielfeld. Die Stollen, die für den nötigen Halt auf dem Platz sorgen, sind im Laufe der Zeit ebenfalls angepasst worden.

Positionen & Technik

Die meisten Spieler nehmen in ihrer Mannschaft eine feste Position ein. Das gilt für die Amateure ebenso wie für die Profis. Für jede dieser Positionen braucht der Spieler bestimmte Fähigkeiten und kann technische Tricks anwenden, die ihn im Spiel nach vorn bringen. Hier erfährst du nun alles über die einzelnen Positionen und welche Fähigkeiten du benötigst, um diese besetzen zu können.

Der Torwart

Der Torwart ist der einzige Spieler, der den Ball innerhalb des Strafraums mit Armen und Händen berühren darf. Schließlich besteht seine Aufgabe darin, zu verhindern, dass die gegnerische Mannschaft ein Tor schießt. Der Torwart wird daher auch als Schlussmann bezeichnet. Bei einem Freistoß der gegnerischen Mannschaft platziert der Torwart seine Teamkollegen innerhalb der Mauer. Er hat von hinten einen guten Überblick und kann seine Mannschaftskollegen so auch auf gefährliche Situationen aufmerksam machen.

Der beste Torhüter des 21. Jahrhunderts ist laut Statistik Gianluigi Buffon.

Was muss der Torwart können?

Wer als Torwart Erfolg haben will, braucht ganz besondere Fähigkeiten. Dazu gehören Reaktionsschnelligkeit, Sprungkraft und ein gutes Stellungsspiel. Außerdem muss der Torwart den Ball sicher fangen und fausten können. Zugleich ist der Torwart auch der Spieler, der die Angriffe der eigenen Mannschaft eröffnet. Sobald er den Ball im laufenden Spiel gefangen hat, gibt er ihn an einen frei stehenden Mitspieler mit einem Wurf weiter. Oder er schießt ihn direkt mit einem sogenannten Abschlag möglichst weit in die gegnerische Hälfte hinein. Beim Abstoß hingegen tritt er gegen den ruhenden Ball.

Das Fausten

Generell gilt: Wenn das Fangen für den Torhüter zu riskant ist, etwa weil der Ball zu scharf geschossen wurde, dann versucht er, diesen mit einer oder zwei Fäusten oder auch mit offenen Händen abzuwehren. Wichtig dabei ist, dass der Ball möglichst seitlich abgewiesen wird. Dazu muss der Torwart den Ball in der Mitte treffen, ansonsten prallt er nicht richtig ab.

Das Fangen

Eine gute Fangtechnik ist Voraussetzung für ein erfolgreiches Torwartspiel. Je nach Flugbahn des Balls gibt es unterschiedliche Möglichkeiten. Kommt der Ball flach auf den Torwart zu, so kann er versuchen, den Ball unter seinem Körper zu „begraben“. Dabei geht er in

So faustet der Torwart.

die Knie und lässt den Ball über seine geöffneten Hände in Richtung Körper laufen. Wichtig ist dabei, dass er die Beine geschlossen hält. Sonst könnte der Ball durch die Beine ins Tor rollen. Mit dem fest umschlossenen Ball am Körper kann der Torwart aufstehen und hält den Ball sicher. Fliegt der Ball hingegen in Richtung Torecke, hilft dem Torwart meist nur ein beherzter Sprung. Dabei versucht er, den Ball mit den Händen so weit abzulenken, dass er am Tor vorbeigeht. Der Torwart sollte bei dieser Abwehr niemals den Ball zurück in die Mitte des Feldes abprallen lassen, da die dort stehenden Stürmer der Gegenmannschaft den Ball „abstauben" könnten.

Das Fangen eines halbhohen Balls

Kommt ein halbhoher Ball auf den Torwart zugeflogen, beugt er den Oberkörper etwas nach vorn und formt die Arme wie eine Baggerschaufel. Dabei sollte der Rücken rund gemacht und der Bauch eingezogen werden, um eine Art Höhle zu bilden. So kann der Torwart den Ball meistens sicher kontrollieren und den sofortigen Gegenangriff einleiten. Fliegt der Ball in Richtung Torecke, hilft wieder nur der Sprung. Dabei sollte der Torwart vorher so viele Schritte wie möglich in Richtung des Ziels machen, um exakter springen zu können. Auch hier kann er den Ball mit geschlossenen Händen wegfausten oder ihn mit geöffneten Handflächen ins Toraus oder in Richtung Seitenlinie lenken. Spitzentorhüter schaffen es, auch diese Bälle festzuhalten.

Das Fangen eines hohen Balls

Wenn der Ball hoch geschossen wurde, sollte der Torwart sich so postieren, dass er den Ball in gerader Ausrichtung fangen kann. Die Hände formt er dabei zu einem offenen Dreieck, das zwischen den Daumen und Zeigefingern gebildet wird. Je nach Geschwindigkeit und Schussgenauigkeit bleibt ihm aber auch hierbei manchmal nur ein Sprung. Dabei versucht der Torwart, wenn er den Ball nicht festhalten kann, ihn über die Querlatte oder zur Seitenlinie hin abzulenken. Wichtig ist dabei, den Ball, wenn er zu scharf geschossen wurde, lieber mit der Faust abzuwehren. Das ist sicherer.

Der fünfmalige Welttorhüter des Jahres Iker Casillas

Ecken und Freistöße

Bei Ecken und Freistößen muss der Torwart seinen Mitspielern genaue Anweisungen geben. Meistens legt der Trainer vor dem Spiel fest, wer

DER WELTTORHÜTER DES JAHRES

Seit 1987 wählt ein internationales Expertengremium den weltbesten Torhüter. Die erste Auszeichnung ging 1987 an Jean-Marie Pfaff (Belgien). Die Welttorhüter der letzten Jahre sind:

2003 und 2004: Gianluigi Buffon (Italien)
2005: Petr Čech (Tschechien)
2006 und 2007: Gianluigi Buffon (Italien)
2008 bis 2012: Iker Casillas (Spanien)
2013: Manuel Neuer (Deutschland)

So fängt der Torwart einen hohen Ball.

welchen Gegner bei einem Eckstoß zu verteidigen hat. Dabei ergeben sich feste Paare. Allerdings bestimmt der Torwart, ob er je einen Mitspieler an jedem der beiden Pfosten platziert, die dort einen Schuss auf das Tor abwehren sollen. Außerdem muss der Torwart bei Bällen, die nahe vor das Tor geschlagen werden, selbst herauslaufen und sich in das Spielergetümmel werfen. Da er seine Hände benutzen darf, kann er hohe Bälle abfangen oder wegfausten, bevor ein Gegner zum Kopfball ansetzt. Für diese Aktion ist aber auch eine Menge Mut erforderlich.

Bei Freistößen stellt der Torhüter die Mauer, die den direkten Weg zwischen Ball und Tor abdeckt, auf. Er bestimmt, welche Teile der Mauer hochspringen oder stehen bleiben. Fliegt der Ball trotzdem unter, über oder neben der Mauer entlang, muss der Torwart blitzschnell reagieren, da er den Ball erst spät sehen kann.

Raus aus dem Strafraum

Manchmal ist es für einen Torwart unvermeidbar, nicht nur die Torlinie, sondern sogar den Strafraum zu verlassen, etwa wenn die Abwehrreihe durch die gegnerischen Stürmer bereits überwunden ist. Sieht der Torwart, dass ein Stürmer einem weiten Pass hinterherläuft, kann er versuchen, vor dem Stürmer am Ball zu sein. Außerhalb des 16-Meter-Raums darf er den Ball nur noch mit Kopf und Füßen berühren. Nimmt er hier seine Hände zu Hilfe, gibt der Schiedsrichter eine rote Karte und Freistoß für die Gegenmannschaft. Deswegen sollte der Torwart bei einer weit in die gegnerische Hälfte vorgerückten Vordermannschaft ebenfalls nach vorn laufen, um auf solche Situationen vorbereitet zu sein.

Der Frankfurter Kevin Trapp wehrt den Ball ab.

Das richtige Timing

Sieht der Torwart, dass der gegnerische Stürmer eher an den Ball gelangt, muss er den Einschusswinkel für den Stürmer ins Tor verkleinern. Das richtige Timing für seinen Angriff ist hier entscheidend. Läuft der Torwart zu früh heraus, kann der Stürmer den Ball über ihn hinwegheben oder im weiten Bogen um ihn herum spielen. Bleibt der Torwart zu lange auf der Torlinie stehen, hat der Stürmer freie Auswahl, in welche Ecke er schießen möchte. Der sogenannte Goalie muss also im richtigen Moment auf den Stürmer zulaufen und sich dabei mit Armen und Beinen breit machen. Steht er nahe genug beim Stürmer, kann er sich in den Ball werfen. Der Spieler versucht dann oft, kurz vor diesem Moment einen Haken zu schlagen oder den Ball dennoch zu schießen. Dabei muss der Torwart auch darauf gefasst sein, dass der Stürmer versucht, ihm den Ball durch die Beine zu spielen, ihn also zu „tunneln“.

Vom Fänger zum Mitspieler

Vor allem nach der Einführung der Rückpassregel – der Torwart darf den Ball nicht mehr mit den Händen aufnehmen, wenn er von einem Mitspieler per Fuß zu ihm gespielt wird – ist es immer wichtiger geworden, dass auch ein Torwart

DER „VERRÜCKTE“ TORWART

Torhüter sind aufgrund ihrer einzigartigen Position und des großen Muts, den sie in brenzligen Situationen beweisen müssen, oft außergewöhnliche Persönlichkeiten. So fiel der mexikanische Torhüter Jorge Campos durch seine selbst entworfene Torhüterkleidung auf, die an Surfermode erinnerte. Der Kolumbianer René Higuita ist für seine weiten Ausflüge in das Feld und seine ungewöhnlichen Abwehrmethoden berühmt. So machte er in einem Spiel einen Hechtsprung nach vorn, um den Ball in der Luft mit den Hacken wegzuschlagen. Der deutsche Torwart Oliver Kahn war nicht nur für seinen extremen Ehrgeiz und seine Topleistungen, sondern auch für seine körperlichen Angriffe auf eigene und gegnerische Spieler bekannt. José Luis Chilavert aus Paraguay war nicht nur der unumstrittene Chef auf dem Feld, er schoss auch alle Freistöße und Elfmeter seiner Mannschaft, von denen viele im Tor landeten.

Oliver Kahn

seine Füße einzusetzen weiß. Hin und wieder muss er sogar einen gegnerischen Stürmer ausspielen, um anschließend zu einem freien Mann zu passen. Der moderne Torwart sollte auch in der Lage sein, einen halbhohen Ball mit der Brust zu stoppen und einen Kopfball zumindest zu treffen.

Die Abwehr

Die Abwehr, auch Hintermannschaft genannt, besteht aus Innen- und Außenverteidigern. Je nach Spielsystem können die verschiedenen Verteidiger als Kette nebeneinander spielen oder hintereinander mit Vorstopper und Libero, dem sogenannten letzten Mann. Die Abwehr ist das letzte Bollwerk zwischen Stürmer und Torwart. Sie sollte ebenfalls ein gutes Stellungsspiel beherrschen und gegnerische Pässe vorhersehen können, um so die Passräume zuzulaufen. Ein Verteidiger braucht noch dazu Ausdauer und Entschlossenheit, um einen Stürmer während des gesamten Spiels nicht davonlaufen zu lassen. Sind die gegnerischen Stürmer durch die Abwehrreihe gebrochen, kann nur noch der Torwart mit einer glänzenden Aktion ein Tor verhindern. Oft ist er aber in solchen Situationen machtlos.

Libero und Vorstopper …

Im Jugendfußball und in unteren Spielklassen ist häufig das System mit Libero zu sehen. Dabei spielt

Der deutsche Abwehrspieler Mats Hummels (l.) in Aktion

der Libero hinter der Abwehrkette und wartet auf Bälle, die den Verteidigern entgehen. Da er ohne direkten Gegner ist, kann er sich auch in den Angriff einschalten. Der Vorstopper ist ein vor dem Libero postierter Abwehrspieler. Dieser versucht, den gegnerischen Mittelstürmer zu bewachen. Vorstopper sind sehr kopfball- und zweikampfstark. Guido Buchwald (Deutschland) zum Beispiel bekam während der Weltmeisterschaft 1990, bei der Deutschland den Titel holte, beste Kritiken für sein Vorstopperspiel.

Überwinden kann man diese Abwehrformation, wenn mehr als ein Stürmer auf den Libero zugeht und der Vorstopper bereits überwunden ist. Mit einem Querpass ist auch der letzte Mann ausgespielt und ein Tor ist oft leicht zu erzielen.

HAST DU SCHON GEWUSST,

dass die Abwehr auch zur Spieleröffnung beiträgt? Da die Abwehrspieler das Spiel vor sich „lesen" können, sehen sie, wo freie Räume entstehen, und können durch weite Pässe einen Konter einleiten. Bekannt dafür waren vor allem Liberos wie Franz Beckenbauer und Lothar Matthäus (beide Deutschland). Schließlich schalten sich auch Abwehrspieler in bestimmten Situationen in den Angriff ein.

... oder Viererkette?

Die Innenverteidigung bei einer Viererkette ist im Allgemeinen schwerer zu überwinden. Da die Innenverteidiger auf einer Linie stehen, sind auch Angriffe mehrerer Stürmer leichter zu stoppen. Eine gute Möglichkeit, durch die Abwehr zu gelangen, ist ein diagonaler Pass in den freien Raum. Dabei muss ein schneller Stürmer den Abwehrspieler überlaufen und vor dem Torwart am Ball sein. Die Innenverteidiger müssen in einer Kette gut aufeinander eingespielt sein. So sollten sie sich gleichzeitig nach vorn bewegen, um den Gegner in die Abseitsfalle zu stellen. Im Spitzenfußball sind fast ausschließlich Viererketten zu sehen, bei der die Innenverteidigung auf einer Linie steht. Dadurch kann das komplette innere Abwehrfeld besser abgedeckt werden als beim System mit Libero und Vorstopper, die hintereinander in Reihe stehen.

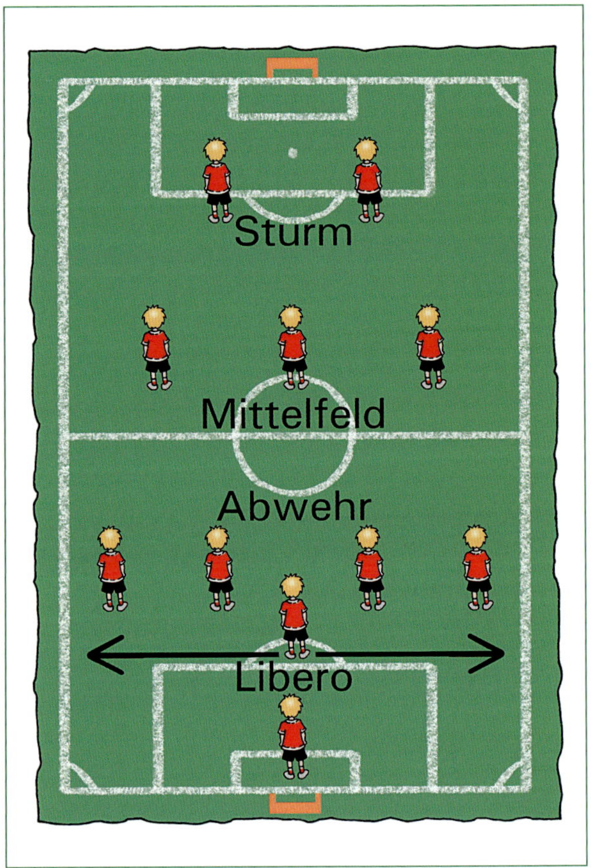

Das Spiel mit Libero

Manndeckung ...

Neben den verschiedenen Systemen gibt es auch zwei Deckungsarten. Die Manndeckung sieht vor, dass ein Abwehrspieler, meist der Vorstopper, während des gesamten Spiels einem Gegner folgt, bei dem es sich oft um den Spielmacher handelt. Der Verteidiger bleibt die ganze Zeit so nahe wie möglich an seinem Gegner und nimmt dabei auch Körperkontakt auf. Er muss sehen, in welche Richtung sich sein Gegner bewegen will, und ebenfalls dorthin laufen. Kommt der Gegner trotz dieser Deckung an den Ball, muss der Verteidiger nicht nur versuchen, ihm den Ball zu „stehlen", sondern auch verhindern, dass der Gegner einen Pass zu einem freien Stürmer spielt. Der Nachteil der Manndeckung ist, dass der gedeckte Spieler in Richtung Außenbahn laufen kann und so den Verteidiger mitzieht, der dann nicht mehr in der Mitte zur Verfügung steht.

Der Außenverteidiger Dani Alves schaltet sich oft ins Offensivspiel ein.

... oder Raumdeckung?

In der Raumdeckung kümmern sich die Verteidiger gemeinsam um angreifende Stürmer. Jeder Verteidiger ist für einen bestimmten Spielabschnitt verantwortlich. Kommt ein Stürmer in diesen Bereich, greift der Verteidiger an. Alle Spieler der Abwehr sind dabei in die Deckungsarbeit eingebunden.

Je nachdem, in welchem Abschnitt des Spielfelds ein Angriff beginnt, verschiebt sich die Abwehr in diese Richtung und schirmt nachrückende Spieler ab. Weicht ein Mittelstürmer auf die Seitenlinie aus, wird er dort vom Außenverteidiger übernommen. Sollten sich mehr Angreifer als Verteidiger in der Spielmitte befinden, müssen nicht nur die Außenverteidiger helfen, sondern auch die Mittelfeldspieler. Der Nachteil an diesem Deckungssystem ist, dass sich ein Stürmer an der Grenze von zwei Abschnitten befinden kann und sich so kein Verteidiger für den Stürmer zuständig fühlt. So kann er den Ball ungehindert annehmen, in Richtung Tor laufen und zum Schuss kommen.

Der Außenverteidiger im Angriff

Auch Verteidiger können sich in bestimmten Situationen in den Angriff einschalten. Oft ist ein Spiel von Erfolg gekrönt, wenn sich die Außenverteidiger auf der Außenlinie nach vorn bewegen. Sie können mit den äußeren Mittefeldspielern zusammenarbeiten und so rasch angreifen. Wenn einer der beiden Spieler die Möglichkeit zur Flanke hat, wird der Ball nach innen geschlagen. Dort können die Stürmer zum Tor einköpfen oder einschießen. Auch dribbelnde Außenverteidiger sind der Schrecken jeder gegnerischen Abwehr. Sie laufen an der Außenbahn entlang und ziehen plötzlich nach innen, um dort einen Diagonalpass zu einem Stürmer zu geben. Oder sie zielen mit ihrer oft großen Schusskraft selbst in Richtung Tor.

SCHON GEWUSST?

Moderne Mannschaften spielen eine Kombination aus Mann- und Raumdeckung. So haben die Spielmacher oft einen direkten Gegenspieler. Der Verteidiger kann den Gegner aber auch an einen anderen Spieler übergeben, wenn er sich zu weit von seinem Abschnitt entfernt. Dazu müssen die Verteidiger gut aufeinander abgestimmt sein und sich gegenseitig Anweisungen geben.

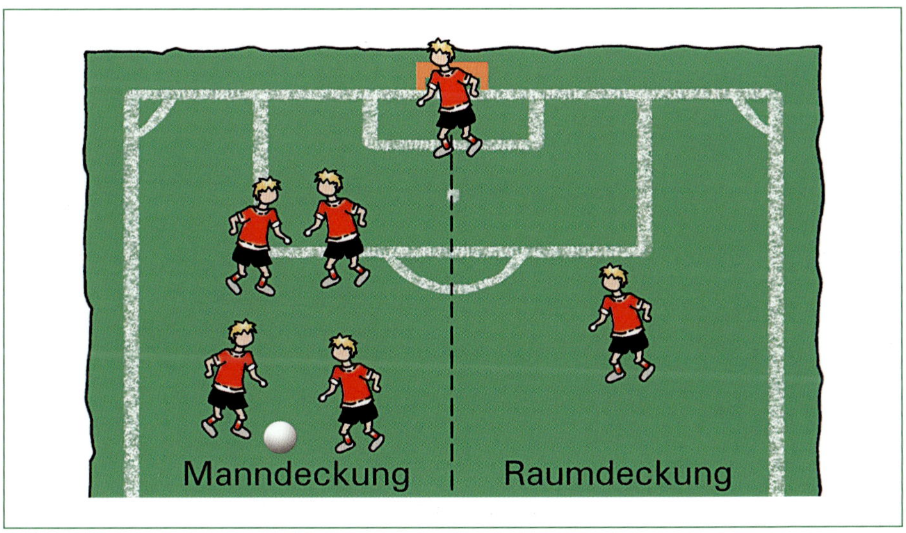

Mann- und Raumdeckung

SCHON GEWUSST?

Bekannt für gefährliche Angriffe sind die Außenverteidiger David Alaba (Österreich), Dani Alves (Brasilien) und Philipp Lahm (Deutschland).

Der englische Innenverteidiger John Terry beim Kopfball

Der Innenverteidiger als Torjäger

Auch Innenverteidiger können zu Torjägern werden, auch wenn sie sich seltener in den direkten Angriff einschalten. Wenn die eigene Mannschaft kurz vor Spielende zurückliegt, kommen sie aber häufig nach vorn, um einen Schuss aus der „zweiten Reihe" zu platzieren. Ihre Hauptaufgabe im Angriff kommt vor allem bei Standardsituationen zum Tragen. Bei einem Eckball oder Freistoß stören sie nicht nur die gegnerischen Deckungsspieler, sondern kommen wegen ihrer Größe oft selbst zu einem gefährlichen Kopfball. Wird ein Freistoß oder Eckball in die Spielfeldmitte abgelenkt, sind auch hier oft Innenverteidiger zu finden, die den Ball in Richtung Tor schießen.

Wie sieht eine gute Deckung aus?

Beim Decken eines gegnerischen Spielers kommt es darauf an, immer zwischen Gegner und Tor zu stehen und somit den kürzeren Weg zum Tor zu haben. Für Angriffe über Außenbahnen bedeutet das, die Innenseite in Richtung Tor abzudecken und dem Stürmer nur die Außenseite „anzubieten". Deckende Spieler müssen sich nicht nur auf den Ball, sondern auch auf den Gegner konzentrieren. Bei einem Eckstoß oder Freistoß in Richtung Tor sollte der Verteidiger Schulter an Schulter mit dem Gegenspieler stehen und sich außerdem seitlich hinter dem Stürmer befinden. Sobald der Ball in Richtung Gegenspieler geht, kann der Verteidiger sich in die bessere Position bringen und den Ball wegköpfen.

Das Kopfballspiel

Besonders gut müssen Verteidiger im Kopfballspiel sein. Dabei ist es wichtig, den Ball auf dem höchsten Sprungpunkt zu treffen und ihn in Richtung Mittelfeld oder in besonders brenzligen Situationen in Richtung Seitenlinie zu köpfen. Um einen Kopfball optimal zu treffen, sollte man das richtige Sprungverhalten üben. Der Ball wird am besten mit der Stirnmitte getroffen, um ihn in die gewünschte Richtung zu lenken und möglichst zu einem eigenen Mitspieler zu passen. Um dem Kopfball genügend Wucht zu geben, muss der Spieler mit dem gesamten Oberkörper nach vorn schnellen und nicht nur mit dem Kopf. Ist es nicht möglich, den Ball zu einem Mitspieler zu köpfen, weil der Verteidiger im direkten Zweikampf mit einem Stürmer ist, versucht er, den Ball weit nach oben und vorn zu köpfen, um seinen Mitspielern die Zeit zu geben, den Ball zu erobern.

Das Blocken

Beim Blocken sucht der Verteidiger den direkten Kontakt zum Gegenspieler. Er läuft auf den Stürmer zu

Der Spanier Carles Puyol erzielte bei der WM 2010 mit dem Kopf das entscheidende Tor gegen Deutschland.

Der Mittelfeldspieler Franck Ribéry – Europas Fußballer des Jahres 2013

und versucht, den Ball mit der Fußinnenseite zu treffen, während der Gegner zum Pass ansetzen will. Es ist wichtig, den Ball in der Mitte zu treffen. Treten allerdings beide Spieler gleichzeitig gegen den Ball, kann dies zu Verletzungen führen. Bei diesem sogenannten Pressschlag greift auch der Schiedsrichter ein und verhängt mindestens einen Freistoß für die gegnerische Mannschaft. Deswegen sollte der Verteidiger leicht seitlich in Richtung Ball treten und den Ball über den Fuß des Gegners heben.

Die Grätsche

Gefährlich ist auch das Grätschen, das für den Verteidiger die letzte Möglichkeit der Abwehr darstellt. Dabei darf er nur den Ball und nicht den Spieler treffen. Besonders bei einem ausgestreckten Bein kann eine Grätsche zu ernsten Verletzungen führen. Der Verteidiger sollte voraussehen können, in welche Richtung sich der ballführende Spieler weiterbewegt, und seine Grätsche so ausrichten, dass er mit dem Fuß genau dort ankommt, wo sich der Ball zu diesem Zeitpunkt befindet. So zwingt er den Gegner zum Fall oder zum Sprung und kann selbst aufstehen und den Ball nach vorn abspielen. Überwindet der Stürmer das „Tackling" durch einen Sprung oder umgeht die Grätsche, hat er freie Bahn in Richtung Tor. Da der Verteidiger erst wieder aufstehen muss, hat er oft keine Chance, den Stürmer noch einzuholen. Die Grätsche ist nicht nur schwierig, sondern auch gefährlich und sollte deswegen regelmäßig trainiert werden. Grätschen von hinten sind seit einigen Jahren verboten. Bei einer Grätsche von hinten, bei welcher der Gegner getroffen wird, zieht der Schiedsrichter die rote Karte.

Das Mittelfeld

Zwischen Abwehr und Sturm befindet sich das Herzstück der Mannschaft: das Mittelfeld. Die Mittelfeldspieler bereiten Tore vor und gehen auch selbst gerne nach vorn, um abzuschließen. Zudem stellen sie auch für die Verteidigung ein unverzichtbares Hilfsmittel dar und müssen da sein, „wenn's brennt". Da die Mittelfeldspieler zwischen Abwehr und Sturm lange Wege zurücklegen, sind dort oft die konditionsstärksten Spieler zu finden. Andere wiederum gelten auch als lauffaul. Dafür können sie fast aus dem Stand exakte Pässe über weite Strecken schlagen und so die gegnerische Abwehr aushebeln. Du findest im Mittelfeld also Arbeiter und Dauerläufer, Strategen und Ballzauberer. Eines haben alle gemeinsam: Sie können mit dem Ball sehr gut umgehen, ihn stoppen, weiterleiten, passen und Dribblings starten. Im Mittelfeld ist auch der Spielmacher zu finden, der immer genau sieht, wo ein Loch in der Abwehr entsteht – und das sowohl in der eigenen als auch in der gegnerischen Verteidigung.

Der Spielmacher

Der Spielmacher steht in der Mitte des offensiven Mittelfeldes und wird meist durch einen defensiven Spieler ergänzt. Gemeinsam mit dem Abwehrchef und dem Mittelstürmer bildet er die „Achse" des Spiels. Der Spielmacher kann, ohne

Der deutsche Spielmacher Mesut Özil im Duell mit David Alaba

DER SPIELMACHER FRÜHER UND HEUTE

Der wohl größte Spielmacher aller Zeiten ist der Brasilianer Pelé. Sein explosiver Stil war ein großer Sprung für die Entwicklung des Spiels insgesamt. Noch heute befindet sich der Kleidungsspind Pelés in der Umkleidekabine seines Vereins FC Santos. Du wirst es kaum glauben, aber dieser ist vergoldet. Es folgten große Namen wie der deutsche Nationalspieler Günter Netzer, der exakte Pässe über weite Entfernungen schlagen konnte, dafür aber als lauffaul galt. Der Niederländer Johan Cruyff war für seine Übersicht bekannt. Auch die Franzosen können auf große Spielmacher stolz sein. Michel Platini aus Frankreich verfügte neben einer guten Übersicht auch über eine ausgezeichnete Ballbehandlung, die durch den „Dribbelkönig" Diego Maradona aus Argentinien noch übertroffen wurde. Der Franzose Zinédine Zidane spielte sich durch blitzschnelle Ballannahmen und sensationelle Tricks in die Herzen der Zuschauer. Der Spielgestalter der deutschen Mannschaft, Mesut Özil, setzt seine Stürmer gekonnt in Szene, glänzt aber ebenso durch seine Schussgewalt und seine Technik. Unterstützt wird der Spielmacher heute vom modernen 6er. So schaltet sich der eher defensivere Bastian Schweinsteiger spielgestalterisch mit in die Offensive ein. Spieler wie der Spanier Xavi überzeugen nicht nur durch ihre Spielübersicht, sondern auch durch genaues Passspiel und präzise Flanken.

Der Spanier Xavi in Aktion für den FC Barcelona

Die Absicherung

Der Spieler direkt hinter dem Spielmacher hat ebenfalls eine wichtige Aufgabe. Er muss die Mitte des Spielfelds abdecken, wenn der „Regisseur", wie der Spielmacher auch genannt wird, eine Offensivaktion startet. Mit viel Laufarbeit stopft er Löcher in der Abwehr und organisiert auch die Abwehrarbeit der

auf den Ball zu blicken, ihn eng am Fuß führen und sehen, wo sich seine Mitspieler freilaufen. Durch einen exakt geschlagenen Pass zu einem sogenannten freien Mann kann dieser eine Flanke schlagen oder mit einem Flachpass einen Stürmer bedienen. Der Spielmacher erkennt, wo eine Überzahlsituation entsteht. Dort sind mehr eigene Spieler als Gegner vorhanden, die so das Spiel nach vorn tragen können. Wegen der besonders guten Schusstechnik ist es oft der Spielmacher, der die Freistöße ausführt. Er kann den Ball über die Mauer oder an der Mauer vorbei schlenzen und erzielt so oft Tore.

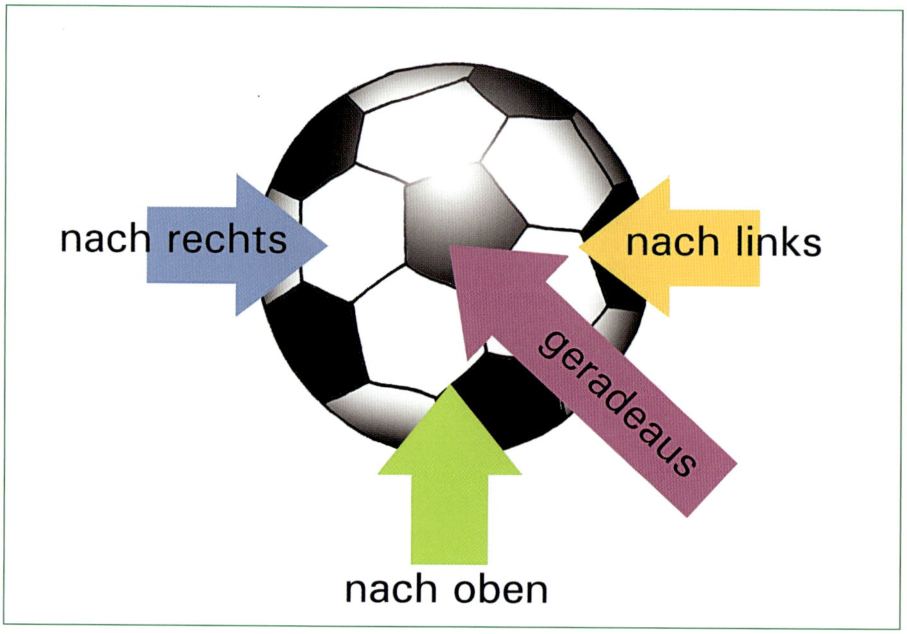

Wohin der Ball fliegt, richtet sich danach, an welcher Stelle er getroffen wird. Hier kannst du die Trefflächen und die Richtungen des Balls genau sehen.

SCHON GEWUSST?

Meistens findest du auf der Position der äußeren Mittelfeldspieler Kicker, die entweder stärker im Angriff oder stärker in der Verteidigung sind. Daran richten sie auch ihre Spielweise aus. Grundsätzlich gilt heutzutage, dass alle Spieler einer Mannschaft zusammen verteidigen und angreifen. So müssen auch die offensiven Spieler defensive Aufgaben erfüllen. Bei gegnerischem Ballbesitz gilt das Motto: „Der Stürmer ist der erste Verteidiger." Als besonders zweikampfstark gilt beispielsweise der englische Spielmacher Frank Lampard, der viel in der Defensive mitarbeitet.

äußeren Mittelfeldspieler. Wird der defensive Mann von der Abwehr aus angespielt, sorgt er für den Aufbau des Spiels bis in die Offensive hinein. Dabei bedient er sich oft sicher gespielter Kurzpässe, um die gegnerischen Reihen auf eine Spielseite zu ziehen und sie durch viel Laufarbeit zu ermüden.

Auch dieser Spieler ist oft in der Lage, einen langen und überraschenden Pass zu schlagen, der die gegnerische Abwehr in Verlegenheit bringt. Im modernen Fußball wechseln sich die beiden zentralen defensiven Mittelfeldspieler bei offensiven Aktionen ab. Während sich der eine nach vorn bewegt, sichert der andere nach hinten ab. Zum Beispiel tauschen Xavi und Sergio Busquets vom FC Barcelona immer wieder ihre Positionen und sichern sich gegenseitig ab, wodurch sie unberechenbarer werden.

Die Gefahr über Außen

Sie sind schnell, wendig und trickreich: Die äußeren Mittelfeldspieler sorgen dafür, dass sich die Abwehrreihen auch auf die Außenbahnen konzentrieren müssen. So ermöglichen sie mehr Raum für die Mittelstürmer. Die Außenspieler im Mittelfeld sind ebenfalls sehr vielseitig, da sie ihre Gegenspieler, die auf der gleichen Position zu finden sind, abdecken und überlisten müssen. Im Angriff vertrauen sie auf ein großes Repertoire an Dribbeltricks, in der Verteidigung gehen sie konzentriert vor. Brechen sie auf der Außenbahn durch, „brennt" es in der Verteidigung. Mit ihren präzisen Flanken und Pässen ermöglichen sie den Stürmern den Torschuss.

Die richtige Ballannahme

Prinzipiell muss jeder Fußballer hervorragend mit dem Ball umgehen können. Mittelfeldspieler sollten aber die Besten sein, wenn es um Ballannahme und Pässe geht. Auch eine gute Schusstechnik ist für Mittelfeldspieler wichtig. Häufig schlagen sie Pässe, die quer über das gesamte Spielfeld gehen. Sie sollten sich durch ein gutes Augenmaß und viel Gefühl auszeichnen. Mit ihren Sololäufen und Dribblings treiben die Mittelfeldspieler die gegnerische Abwehr häufig zur Verzweiflung.

Bälle kommen auf dem Boden, leicht über dem Boden, halbhoch und hoch auf dich zugeflogen. Damit dein Gegner keine Zeit hat, dir den Ball abzunehmen, während du noch versuchst, ihn unter Kontrolle zu bekommen, solltest du vor allem die Ballannahme oft üben.

Der flache Ball

Einen flachen Ball kannst du mit der Innenseite des Fußes annehmen und sogar gleich in die gewünschte Richtung „vorlegen" oder mit einem Direktpass an einen weiteren Spieler abgeben. Bei allen Annahmen ist es wichtig, den Fuß zunächst in Richtung Ball zu bewegen und ihn schnell zurückzuziehen, wenn der Ball ankommt. Dadurch verliert der Ball an Tempo und du kannst ihn sicher annehmen. Bei guten Spielern sieht es so aus, als hätten sie den Ball an ihrem Fuß „kleben". Ist der Ball zu schnell,

Frank Lampard hilft in der Defensive gegen Mario Götze aus.

Der englische Stürmer-Star Wayne Rooney nimmt den Ball mit der Brust an.

solltest du zwischen Boden und deiner Fußsohle einen offenen Keil bilden, in den der Ball hineinlaufen kann. Dann hast du ihn unter Kontrolle und kannst die nächste Aktion planen. Diese solltest du aber tatsächlich erst ausführen, wenn du den Ball wirklich sicher hast. Immer wieder sieht man, dass ein Spieler die nächste Aktion ausführen will, bevor das der Fall ist. Was dann passiert? Meist springt der Ball am Spieler vorbei und landet im Aus oder – schlimmer – beim Gegenspieler.

Der Ball aus der Höhe

Bälle, die etwas höher ankommen, kannst du „herunterpflücken". Dabei stellst du dich so, dass du den hohen Ball etwa auf Kniehöhe annehmen kannst. Nun führst du die gleiche Aktion aus, als würdest du einen flachen Ball mit der Fußinnenseite annehmen, musst den Fuß dabei aber leicht nach unten bewegen. Wenn du dies richtig machst, liegt der Ball sicher am Boden. Franz Beckenbauer beherrschte diese Technik perfekt und leitete nach der Ballannahme gefährliche Angriffe ein.

Kommt der Ball über Kniehöhe an, kannst du ihn mit dem Oberschenkel annehmen. Auch hier hebst du das Bein an und bewegst es nach vorn. Wenn der Ball kommt, nimmst du das Tempo raus, indem du den Oberschenkel mit Ball zurückziehst.

Die Ballannahme mit der Brust

Schwierig ist die Ballannahme mit der Brust. Der Oberkörper sollte dabei wie der Fuß im Moment der Ballannahme nach hinten gehen. Setze für diese Bewegung aber auch die Beine ein. Der Ball sollte auf der oberen Hälfte der Brust landen. Mit viel Übung kannst du den Ball am Körper hinabgleiten lassen. Bleibst du dagegen zu starr, wird der Ball weit abspringen.

Eine Annahme mit dem Kopf ist nicht nur fast unmöglich, sondern auch unpraktisch. Dabei müsstest du den Ball gerade nach oben lenken, um ihn anschließend herunterfallen zu lassen. Praktischer ist es, vor der Ballannahme nach einem Mitspieler Ausschau zu halten und ihm den Ball per Kopf zuzupassen.

Das Passspiel

Das Passspiel ist sehr entscheidend im Fußball. Beherrscht eine Mannschaft das Passspiel gut, muss der Gegner viel laufen, während man selbst Kraft spart. Wenn der Ball richtig gespielt wird, ist er nämlich schneller als der Gegner. Mit einem sicheren Passspiel kann man Spieler somit in die Erschöpfung treiben.

> **SCHON GEWUSST?**
>
> Beim Kurzpassspiel zirkuliert der Ball in den Reihen einer Mannschaft. Der FC Barcelona perfektionierte dieses und hatte oft weit über 70 Prozent Ballbesitz.

Der kurze Pass

Ein kurzer Pass ist ein sicherer Pass. Er wird mit der Innenseite des Fußes gespielt. Vor allem in der Abwehr und im defensiven Mittelfeld sind kurze Pässe zu sehen. Dabei spielt man über alle Stationen der eigenen Reihe und wechselt so die Spielseite. Der Gegner muss mit

Die Ballannahme aus der Luft

seiner Reihe auf die Verschiebung reagieren, ist aber bei richtigen Laufwegen nicht in der Lage, den Ball zu bekommen. Doch auch im Sturm kann ein kurzer, schneller Pass zur richtigen Zeit zum Erfolg führen. Dabei solltest du wissen, wohin dein Mitspieler laufen wird, um den Ball dann „durch die Gasse" zu ihm zu spielen. Dein Mitspieler kann freistehend auf das Tor schießen. Du solltest dich von dem Begriff „kurzer Pass" aber nicht täuschen lassen. Zwischen den beiden Spielern können auch bei einem kurzen Pass mehrere Meter liegen. Entscheidend ist, dass der Ball sicher am Boden in den Lauf des Mitspielers gespielt werden kann.

Carlos Tévez (r.) beim Dribbling

Der lange Pass

Unsicher, aber wirkungsvoll: Mit dem langen Pass kannst du die gegnerische Mannschaft im wahrsten Sinne des Wortes „auf dem falschen Fuß erwischen". Im Mittelfeld kann man sowohl den Seitenwechsel als auch den langen Ball „in die Spitze" sehen. Der Seitenwechsel funktioniert ebenfalls mit der Innenseite des Fußes, obwohl Profis auch hin und wieder die Außenseite benutzen. Weil der Ball den größten Teil des Weges durch die Luft zurücklegen wird, sollte man den sogenannten Effet berücksichtigen. Der „Effet", französisch für „Drehung", entsteht, wenn man den Ball mit der Innen- oder Außenseite des Fußes passt oder schießt. Der Ball dreht sich zu der Seite hin, mit der er auch geschossen wurde. Freistoßkünstler drehen den Ball mit Effet um die Mauer herum. Der Ball sollte in Laufrichtung des Mitspielers gepasst werden, sodass dieser nicht stehen bleiben und auf den Ball warten muss. Diese Art des Passes kannst du einfach mit einem Freund üben, ebenso den Kurzpass.

So dribbelst du richtig: Zuerst spielst du den Ball mit der Fußinnenseite, dann bringst du ihn durch einen Stoß mit der Fußaußenseite wieder in die Laufrichtung.

Der Steilpass

Beim Ball „in die Spitze" kommt es ebenso auf Genauigkeit an. Während man beim Seitenwechsel schon sehen kann, wohin der Ball gehen soll, muss man beim Steilpass ahnen, wohin der Stürmer laufen wird. Der Ball sollte gepasst werden, sobald der Mitspieler losläuft, um so die Abwehr zu überraschen und eine Abseitsstellung zu vermeiden. Der Stürmer sollte den Ball möglichst im Vorwärtslauf „mitnehmen" können, um anschließend aufs Tor zu zielen.

Jay-Jay Okocha zaubert mit dem Ball.

Der Matthews-Trick

Wenn du mit dem Ball – eng am Fuß geführt – auf einen Verteidiger zuläufst, hast du viele Möglichkeiten, ihn zu umspielen. Bekannt ist der Matthews-Trick, der nach dem Engländer Stanley Matthews benannt ist. Du tust so, als würdest du nach links laufen, indem du den ganzen Körper in diese Richtung neigst. Wenn der Verteidiger auf die Bewegung reagiert, lenkst du blitzschnell nach rechts und ziehst am Gegner vorbei. Das funktioniert natürlich auch andersherum.

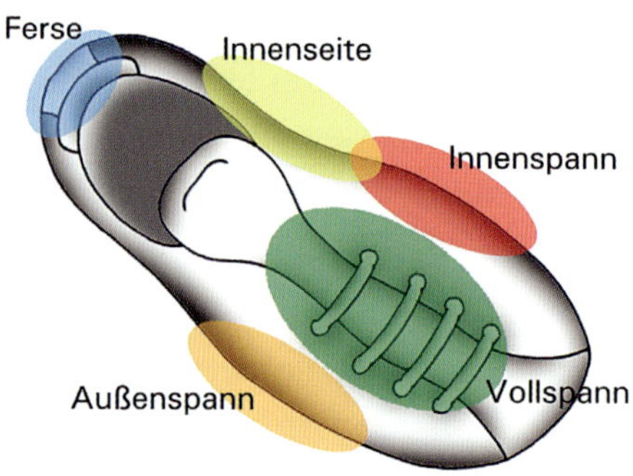

Die Trefflächen des Schuhs

Der Übersteiger

Ein schöner Trick ist auch der sogenannte Bongartz-Übersteiger, der nach dem deutschen Spieler Hannes Bongartz benannt ist. Dabei führst du den ballführenden Fuß über oder vor dem Ball vorbei. Der Verteidiger weiß dann zunächst nicht, was zu tun ist. Du kannst diesen Trick auch mehrfach hintereinander ausführen und dann den Ball mit einer Seite des Fußes in die Richtung lenken, in die du laufen wirst.

Sehr schwer ist der nach dem Argentinier Diego Maradona benannte Maradona-Kreisel. Dabei setzt du einen Fuß auf den Ball, drehst deinen ganzen Körper um den Gegner herum und ziehst den Ball während der Drehung mit dir.

Die besten Dribbelkünstler beherrschen einen äußerst spektakulären Trick: Dabei klemmt man den Ball in vollem Lauf zwischen dem vorderen und hinteren Fuß ein, um ihn anschließend mit der Hacke über den eigenen und den Körper des Gegners zu lupfen. Der Nigerianer Jay-Jay Okocha hat ihn während seiner Zeit bei Eintracht Frankfurt oft gezeigt. Aber Achtung, dies ist eine Übung für Profis!

Das Tunneln

Wenn du siehst, dass sich dein Gegner breitbeinig aufgestellt hat, kannst du versuchen, ihn zu „tunneln“. Dann spielst du den Ball einfach durch seine Beine hindurch und kannst ihn damit blamieren. Manche Verteidiger sind aber darauf gefasst und schließen blitzschnell die Beine, um dich alt aussehen zu lassen.

SPEZIALTIPP

Viele Kicker haben mehr oder weniger erfolgreiche Tricks ausprobiert und sind mit ihnen auch berühmt geworden. Das heißt für dich: Lass' deiner Kreativität freien Lauf! Du solltest nur – wie bei allen Situationen im Fußball – vorher wissen, was du tun willst. Sonst hast du bald selbst einen „Knoten in den Beinen“.

Bei einem schnellen Lauf kannst du den Ball auch am Verteidiger vorbeilegen. Dazu läufst du frontal auf den Verteidiger zu und spielst den Ball auf einer Seite vorbei, während du ihn auf der anderen Seite umläufst und den Ball vor ihm wieder erreichst. Das funktioniert am besten zusammen mit einer Körpertäuschung. Du solltest vorher schauen, ob hinter dem Verteidiger genug freier Raum ist, sodass du den Ball vor einem anderen gegnerischen Mitspieler erreichen kannst.

Juan Arango tunnelt Lars Bender.

DIE TOPSTÜRMER

Topstürmer wie Cristiano Ronaldo, Lionel Messi oder Zlatan Ibrahimović verfügen nicht nur über eine exzellente Schusstechnik. Sie müssen auch sehr schnell sein, die richtigen Laufwege wählen und bei jeder Angriffssituation mitdenken, wie die gegnerische Abwehr am geschicktesten auszuhebeln ist. Mittlerweile gibt es viele sogenannte komplette Stürmer, die sich nicht nur durch Kopfballstärke, einen besonderen „Torriecher" oder einen guten Schuss auszeichnen, sondern alle diese Fähigkeiten besitzen. Somit wird es für die Verteidiger immer schwieriger, die Stürmer von einem Torerfolg abzuhalten. Allerdings müssen Stürmer heute auch immer in der Defensive mithelfen. Besonders tun sich hierbei Mario Mandžukić und Edison Cavani hervor.

Cristiano Ronaldo tritt zum Freistoß an.

Der Sturm

Es heißt oft: „Stürmer werden an den Toren gemessen." Tatsächlich ist es die Hauptaufgabe der Stürmer, Tore zu schießen. Im modernen Fußball müssen sie aber auch Deckungsaufgaben übernehmen, etwa bei einem gegnerischen Eckball. Es gibt unterschiedliche Arten von Stürmern: den Dribbler, der Verteidiger „schwindlig" spielt, den Schussstarken, der auch aus der Distanz auf das Tor schießen kann, den Konterstürmer, der vor allem wegen seiner Schnelligkeit an Verteidigern vorbeiziehen kann, den Sprungstarken, der mit seinem Kopf zur Stelle ist, und den Stürmer mit Torriecher, dem sein Gefühl vorgibt, an der richtigen Stelle zu stehen. Manche Stürmer haben mehrere dieser Talente, aber alle diese Beschreibungen erfüllen nicht mal die Topstürmer der Welt.

Der Stürmer-Star Lionel Messi

Über die Außen

Der Sturm besteht aus Außen- und Mittelstürmern. Heute wird die Position des Außenstürmers, früher auch Läufer genannt, meistens von Mittelfeldspielern eingenommen, sodass mehr Stürmer in die Mitte gestellt werden können.

SCHON GEWUSST?

Es galt früher als eiserne Regel, dass Stürmer in der eigenen Verteidigung nichts zu suchen haben. Heute jedoch müssen auch Stürmer nach hinten absichern, indem sie die gegnerischen Verteidiger beim Spielaufbau stören. Bei gegnerischen Ecken und Freistößen müssen auch sie wegen ihrer Kopfballstärke Deckungsaufgaben übernehmen. Dennoch kommt es immer wieder vor, dass sich die alte Regel bewahrheitet. Nämlich immer dann, wenn der Stürmer, der den Ball wegköpfen wollte, ins eigene Tor köpft. Trotzdem gilt: Stürmer sind in der modernen Spielweise auch in der Abwehr einsetzbar.

Der spanische Mittelstürmer Fernando Torres beim Torschuss

Die Mittelstürmer

Verzichtet man auf Außenstürmer, kann man einen Mittelstürmer mehr einsetzen. Mehr als zwei Mittelstürmer sind nicht sinnvoll, da sie sich gegenseitig „auf die Füße treten". Bei den Mittelstürmern findet man alle beschriebenen Typen. Üblich ist es, einen sogenannten spielenden Stürmer und einen Brecher einzusetzen. Der spielende Stürmer stößt von weiter hinten in die Spitze vor, dribbelt, spielt den letzten Pass und schießt gefühlvoll aufs Tor. Der Brecher kann sich aufgrund seiner Kraft und Körpergröße mit den Innenverteidigern messen und sich entweder körperlich durchsetzen oder den entscheidenden Kopfball gewinnen. Bei Ecken oder Freistößen der eigenen Mannschaft laufen die Stürmer ständig in der Abwehr hin und her, um die Verteidiger zu verwirren und Platz für die nachrückenden eigenen Verteidiger zu schaffen.

Mit Höchstgeschwindigkeit aufs Tor

Die wohl wichtigsten Instrumente des Stürmers sind Kopfball und Schuss. Beim Schuss setzt der Stürmer entweder auf Kraft oder auf Gefühl und Effet. Du solltest als Stürmer genau wissen, was passiert, wenn du den Ball mit der Innen- oder der Außenseite, mit dem Innen-, Voll- oder Außenspann triffst. Mit der Innen- und der Außenseite kannst du den Ball gezielt in eine der Ecken „schieben". Diese Technik kannst du einsetzen, wenn du dicht vor dem Torwart stehst und den Ball an ihm vorbeileiten willst.

Der Spannstoß

Spannstöße sind technisch aufwendiger, für den Torwart aber auch wesentlich schwieriger zu halten. Der Innenspannstoß ist die häufigste Schussart eines Freistoßes, eignet sich aber auch für viele andere Situationen vor dem Tor. Will man den Ball etwa in die lange Ecke, das heißt in die von sich weiter entfernte Torecke, schießen, muss sich der Ball um den Torwart herumdrehen. Dafür ist dieser Schuss ideal. Wichtig dabei ist, den Körper nicht zu weit zurückzulehnen, sonst fliegt der Ball über das Tor. Mit etwas Übung kannst du die Stärke des Effets genau bestimmen. Etwas schwieriger ist der Außenspannstoß. Dabei triffst du den Ball etwa mit den äußeren zwei Fußzehen und deren Verlängerung in Richtung Fußknöchel. Wenn du den Ball richtig triffst, kannst du einen enormen Effet bei hoher Geschwindigkeit erzielen. Außerdem bleibt der Ball etwas niedriger. Trotzdem kann er auch übers Tor hinaus fliegen.

Der Vollspannstoß

Den härtesten Schuss erzielst du mit dem Vollspannstoß. Der Ball sollte genau mit der Fußoberseite getroffen werden. Da dies nur selten exakt gelingt, bekommt der Ball meistens einen unberechenbaren Effet und ein sogenannter Flatterball fliegt auf den Torwart zu. Du solltest dich mit deinem Körper beim Vollspannstoß nur leicht hinter dem Ball befinden, um ihm die optimale Kraft und Flugbahn mitzugeben. Dein Standbein setzt neben dem Ball auf, dann hast du die beste Kontrolle über den Schuss. Wie bei anderen Techniken gilt auch hier: Üben, üben, üben!

So geht der Vollspannstoß.

Spektakuläre Schüsse

Besonders tolle Tore schießt ein Stürmer, wenn er den Ball volley oder per Dropkick nimmt, einen Fallrückzieher oder Seitfallzieher ausführt oder geschickt mit der Hacke einnetzt. Ein Volleyschuss ist ein Ball, der direkt aus der Luft genommen wird. Dabei ist es besonders schwer, Richtung und Höhe des Schusses zu bestimmen. Höchste Konzentration ist gefragt. Beim Dropkick setzt der Ball genau dann auf den Boden auf, wenn du ihn zum Schuss triffst. Diese Bälle werden besonders schnell und gehen, wenn du sie richtig triffst, ganz gerade auf das Tor. Beim Hackenschuss spielst du den Ball mit der Rückseite des Fußes. Das sorgt für große Verwirrung beim Torwart, der damit rechnet, dass du den Ball mit dem Rücken zum Tor erst einmal annimmst und dich dann herumdrehst. Technisch anspruchsvoll sind Seitfallzieher und Fallrückzieher.

DER FLUGKOPFBALL

Beim Kopfball gibt es eine spektakuläre Variante: den Flugkopfball. Hier köpfst du nicht im Stand oder mit einem senkrechten Sprung nach oben, sondern du springst nach vorn ab und spielst den Ball mit dem Kopf. Du solltest den Ball während seines Flugs genau im Auge behalten, leicht in die Knie gehen, um ihn mit einem flachen Hechtsprung genau mit der Mitte der Stirn in die Richtung zu köpfen, die du vorgesehen hast. Karl-Heinz Riedle (Deutschland) hatte den Beinamen Air, weil er oft durch die Luft flog, um den Ball mit dem Kopf im Tor zu versenken.

Seitfallzieher und Fallrückzieher

Beim Seitfallzieher liegt dein Körper seitlich waagerecht in der Luft, nur dein Sprungbein zeigt Richtung Boden. Triffst du den Ball richtig, fliegt er nicht nur halbhoch, sondern auch extrem schnell in Richtung Tor. Auch wenn du den Ball nach vorn in Richtung Boden schlägst, kann er als Aufsetzer gefährlich werden.

Beim Fallrückzieher stehst du mit dem Rücken zum Tor. Du springst dabei mit dem Fuß ab, mit dem du nicht schießt. Dein Rücken liegt waagerecht zum Boden. Das Schussbein schnellt nach oben, sodass der Ball über deinen Körper hinweg in Richtung Tor fliegt.

Zlatan Ibrahimović während seines legendären Fallrückziehers gegen England im November 2012

Der Kopfball

Den Spitznamen Kopfball-Ungeheuer trägt der ehemalige deutsche Nationalspieler und heutige Jugendnationaltrainer Horst Hrubesch, weil er wegen seiner Kopfstöße äußerst gefürchtet war. Seine Technik dabei war vorbildlich: Beim Kopfball setzte er seinen gesamten Körper ein und schnellte mit dem Oberkörper genau im richtigen Moment nach vorn, um dem Ball eine enorme Geschwindigkeit zu geben. Der richtige Absprungszeitpunkt ist hierbei wichtig, um den Ball am höchsten Punkt zu erwischen.

Einführung in die Taktik

Der moderne Fußball kommt ohne Taktik nicht aus. Taktik ist die Kunst, die zur Verfügung stehenden Spieler nicht nur nach ihrem Können, sondern auch nach dem bestmöglichen Zusammenspiel aufzustellen und somit auf die Spielweise des Gegners zu reagieren.

Das 4-4-2-System

4-4-was?

Was meinte Ex-Nationaltrainer Jürgen Klinsmann, als er sagte: „Wir haben heute mit einem klassischen 4-4-2 angefangen“? Was bedeuten Zahlenkolonnen wie 4-1-2-1-2? Was heißt es, wenn man „die Räume eng macht“? Und was ist eigentlich „Pressing“? Eine Bedeutung bekommen diese Begriffe und Zahlenspielereien unter dem Überbegriff Taktik. Sie wird vom Trainer bestimmt. Dabei berücksichtigt dieser nicht nur die besten Einzelspieler seiner Mannschaft, sondern versucht auch, die verschiedenen Positionen je nach ihrer Aufgabe optimal zu besetzen. Daher kann die Taktik auch von Spiel zu Spiel wechseln – je nachdem, wer einem auf dem Platz gegenübersteht.

Was bedeuten die Zahlen?

Kommt man einmal hinter die Bedeutung von Aufstellungen wie 4-4-2, kann man alle Systeme sofort an diesen Zahlen erkennen. Die erste Zahl beschreibt dabei die Anzahl der Abwehrspieler, in diesem Fall also vier. Die zweite Zahl steht für das Mittelfeld, ebenfalls vier Spieler. Ergänzt wird die Zahlenkette durch zwei Stürmer. Der Torwart wird als feststehende Position nicht in die Zahlenkette eingereiht.
Wenn du weißt, welche Zahl welche Spieler betrifft, kannst du auch das kompliziert aussehende 4-1-2-1-2 deuten. Eigentlich ist dieses System nichts anderes als ein 4-4-2. Allerdings ist hier ein Mittelfeldspieler, die erste 1, ein defensiv ausgerichteter Spieler, die zweite 1 ein offensiver. Meistens handelt es sich dabei um den Spielmacher. In dieser Formation bildet das Mittelfeld eine Raute in Form eines Karos. Beim 4-4-2 hingegen steht das Mittelfeld auf einer Linie.

Der Anfang der Spielsysteme

Als der Fußball von England aus seinen Siegeszug um die Welt antrat und dort erste Ligaspiele ausgerichtet wurden, galt die sogenannte Passpyramide als das am meisten ausgereifte Spielsystem. Zwei Verteidiger sicherten drei Mittelfeldspieler ab. Der Mittelläufer war die Schaltzentrale des Spiels und bediente fünf Stürmer. Und warum „Pyramide“? Zieht man Passlinien vom Torwart über die Abwehrspieler und Mittelfeldspieler zu den Stürmern, entsteht eine Pyramide.

Wie ging es weiter?

Mit der Neufassung der Abseitsregel und einer wahren Torflut machten sich die Trainer Gedanken über andere Systeme. Herbert Chapman, Trainer von Arsenal London, legte um 1930 den Grundstein für die noch heute gültigen Varianten. Er schuf das sogenannte WM-System. Dabei bilden zwei offensive Mittelfeldspieler und drei Stürmer ein „W“, zwei defensive Mittelfeldspieler und drei Verteidiger ein „M“. Die vier Mittelfeldspieler wurden außerdem als Magisches Viereck bezeichnet, weil sie das Spiel in jede Richtung entwickeln konnten. Dieses Spielsystem lebt in abgewandelten Formen bis heute weiter.

SCHON GEWUSST?

Die Spielsysteme sind Grundausrichtungen und bedeuten nicht, dass jeder Spieler über 90 Minuten diese Position hält. So gehen Verteidiger auch ab und zu nach vorn, um Druck über die Außenbahnen zu erzeugen, und Mittelfeldspieler laufen zur Absicherung mit nach hinten. Grundsätzlich aber legen die Zahlen fest, wer auf welcher Position seine Aufgabe zu erfüllen hat.

Und heute?

Alle heutigen Spielsysteme sind Abwandlungen des WM-Systems. Entscheidend ist dabei nur, ob der Trainer die Mannschaft mehr defensiv oder offensiv spielen lassen möchte. Am meisten Verwendung findet mittlerweile das 4-5-1-System. Dabei agieren zwei defensive Mittelfeldspieler vor der Abwehr, während drei offensive Mittelfeldspieler den einzigen Stürmer unterstützen. Mit diesem System feierten zum Beispiel der FC Barcelona, Borussia Dortmund und der FC Bayern München große Erfolge. Auch in der Nationalmannschaft setzte sich dieses System erfolgreich durch. Vor jeder Welt- und Europameisterschaft versuchen die jeweiligen Nationaltrainer mehrere Systeme zu entwickeln, um so flexibel wie möglich auf die Gegner reagieren zu können.

Die defensive Ausrichtung

Obwohl jede Mannschaft versuchen muss „ihr Spiel zu spielen“, das heißt, ihre eigene Ausrichtung durchzusetzen, muss ein Trainer auch auf den Gegner reagieren. Spielt man gegen einen deutlich stärkeren Gegner, setzt der Trainer auf die Defensive und stellt mehr Verteidiger und defensive Mittelfeldspieler auf.

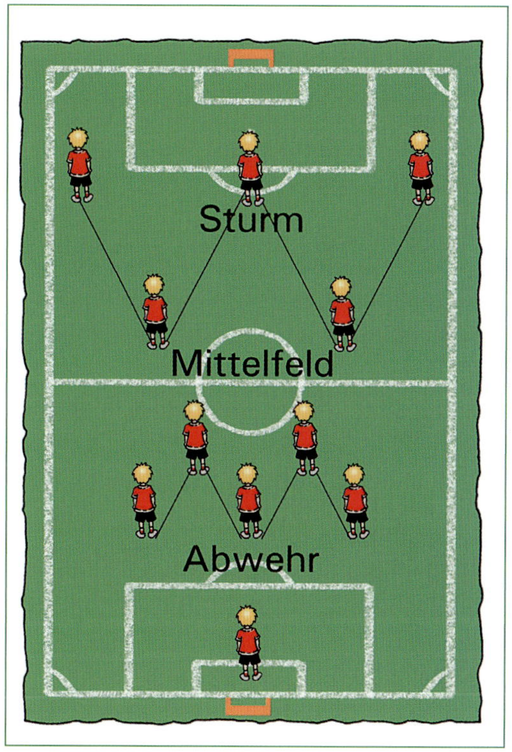

Das WM-System

Geht diese Taktik gut, wird der Gegner immer wütender und auch müder. Dann kann ein geschickt vorgetragener Konter das entscheidende Tor bringen. Viele Mannschaften setzen heute auf eine starke Defensive, da man immer noch ein Unentschieden erlangt, wenn die eigene Mannschaft kein Tor kassiert. Endet darüber hinaus aber auch ein Angriff mit einem Tor, hat man den Sieg in der Tasche. Der Inbegriff des Defensivfußballs ist das italienische „Catenaccio“. Dieses System verbindet eine konzentrierte Abwehrleistung mit blitzschnellen Angriffen über die Außenverteidiger. Viele Spiele in Italien enden deswegen mit Ergebnissen wie 1:0 oder 2:0. Torreiche Spiele sind dabei selten.

DAS SYSTEM IM WETTBEWERB

Während eines Turniers der Nationalmannschaften, in den Pokalwettbewerben oder aber auch im Ligabetrieb müssen die Spieler mehrere Systeme beherrschen. Viele Trainingsstunden sind notwendig, um diese Systeme im Spiel anwenden zu können, und das System durch Einwechslungen auch während eines Spiels zu ändern. Das ist vor allem dann ratsam, wenn die eigene Mannschaft kurz vor Schluss hinten liegt. Aber auch in umgekehrter Situation kommt es häufig zu einem Wechsel des Systems.

Das offensive System

Hat ein Trainer eine stärkere Mannschaft als die gegnerische zur Verfügung, wird er vor allem auf die Offensive setzen. Dabei muss er je nach Wetter, Platzverhältnissen und Können seiner Spieler auf kurze Serien von Pässen oder lange Bälle in die Spitze setzen. Hat die eigene Mannschaft den Ball, muss sie nach einem festgelegten Plan vorgehen, um einen Torerfolg zu erzielen. Dazu können Angriffe über die Verteidiger und Mittelfeldspieler auf die Außenbahnen verlagert werden oder durch eine geschickte Kombination von kurzen Pässen durch die Abwehrmitte. Der FC Barcelona zeigt schon seit Längerem ein sehr beeindruckendes und perfektes Kurzpassspiel mit Xavi (Spanien), Andrés Iniesta (Spanien), Sergio Busquets (Spanien) und Lionel Messi (Argentinien).

Das Pressing

Im Rahmen seines Spielsystems gibt der Trainer vor, auf welche Art und Weise gespielt wird. Will man einen spielstarken Gegner unter Druck setzen, baut der Trainer auf „Pressing". Das Wort kommt aus dem Englischen und bedeutet „bedrängen". Bereits die eigenen Stürmer und Mittelfeldspieler versuchen, die gegnerischen Spieler beim Spielaufbau unter Druck zu setzen, indem sie allein oder mit mehreren Spielern angreifen. So sollen Fehler verursacht werden, welche die eigene Mannschaft in Ballbesitz bringen und gefährliche Angriffe möglich machen. Der Nachteil beim Pressing ist, dass die Spieler durch ihren Laufeinsatz viel Kraft verbrauchen.

Die Abseitsfalle

Bei der Abseitsfalle laufen die in Reihe aufgestellten Abwehrspieler gleichzeitig in Richtung Mittellinie, um mindestens einen gegnerischen Stürmer in eine Abseitsposition zu bringen. Dafür erhält die eigene Mannschaft einen Freistoß und kommt damit in Ballbesitz. So kann der eigene Angriff in Ruhe aufgebaut werden. Auch hier droht die Gefahr, dass ein Spieler mit einem Dribbling durch die vorgerückte Reihe stößt oder ein anderer Spieler, der nicht im Abseits steht, den Ball zugespielt bekommt.

Xavi, Andrés Iniesta und Lionel Messi bejubeln ihr gelungenes Kurzpassspiel.

Die Taktik bei Standardsituationen

Der Dortmunder Marco Reus beim Eckball

Gezielt einüben kann eine Mannschaft die sogenannten Standardsituationen. Dazu gehören Einwürfe, Eckbälle, Freistöße und Elfmeter. Sie werden so genannt, weil diese Situationen nach einer Spielunterbrechung immer wieder vorkommen. Der Trainer gibt dazu genau vor, welcher Spieler bei gewissen Situationen wie zu laufen hat, um einen anderen Spieler in eine aussichtsreiche Position zu bringen. Bei Einwürfen in der Nähe zum gegnerischen Tor wirft zum Beispiel oft ein Spieler mit viel Wurfkraft ein, sodass der Ball wie eine Flanke in den Strafraum fliegt.

Der Eckball

Eckbälle werden oft hoch in den Strafraum geschossen, um dort per Kopf oder Fuß zum Torerfolg verwandelt zu werden. Dabei wird festgelegt, ob der Spieler, der den Eckstoß ausführt, auf den „kurzen" oder den „langen" Pfosten zielt. Dort steht im richtigen Moment ein kopfballstarker Spieler bereit.
Beliebt ist auch die Variante, auf den kurzen Pfosten zu zielen, sodass dort ein Spieler den Ball per Kopf auf den langen Pfosten verlängern kann. Stellt der Gegner keinen Spieler im Mindestabstand zur Eckfahne (9,15 Meter) auf, kann der Eckball auch flach und kurz zu einem Mitspieler ausgeführt werden, um dann per Flanke oder Flachpass in der Mitte zu landen.

Der Freistoß

Freistoßkünstler wie der Engländer David Beckham sind in der Lage, den Ball mit einem fast unglaublichen Effet zu versehen und ihn so um die Mauer herum ins Tor zu schießen. Es gibt aber auch die Variante, den Ball wenige Meter zur Seite „abzulegen", sodass dort ein Spieler mit Kraft an der Mauer vorbeischießen kann. Weiterhin kann der Schütze den Ball gefühlvoll über die Mauer lupfen. Eigene Mitspieler können sich auch in die gegnerische Mauer stellen und eine Lücke freischieben, durch die der Schütze zielt. Der Freistoß bietet unter den Standardsituationen die größte Bandbreite an Möglichkeiten, um zum Torerfolg zu kommen.

Der Elfmeter

Der Elfmeter schließlich ist ein Duell zwischen Torwart und Schütze. Beide versuchen mit Tricks, den Gegner zu verunsichern. Der Schütze kann eine falsche Richtung antäuschen und den Anlauf leicht verzögern, allerdings ohne komplett zum Stillstand zu kommen. Der Torwart kann eine Sprungrichtung antäuschen und dann die andere wählen. Das Duell zwischen Torwart und Schütze findet auch durch Augenkontakt statt. Dabei versuchen beide, ihrem Gegenüber zu vermitteln: „Ich werde meine Aufgabe erfüllen." Unter den Schützen gibt es eiskalte Verwandler und unter den Torhütern die sogenannten Elfmeterkiller, die die Bälle abwehren können.

SCHON GEWUSST?

Die Abseitsfalle geht unter anderem auf den Trainer Ernst Happel aus Österreich zurück. Er war mit seinen Mannschaften Feyenoord Rotterdam und FC Brügge wesentlich an der Entwicklung dieses taktischen Spielzugs beteiligt.

DAS LÄNGSTE ELFMETERSCHIESSEN

Im längsten Elfmeterschießen der Fußballgeschichte fielen 39 Tore. Die Entscheidung zwischen den Argentinos Juniors und dem Racing Club Buenos Aires endete mit 20 : 19.

Dein Weg zum Fußballstar

Die Aussicht, seinen Lieblingssport als Beruf ausüben und damit Geld verdienen zu können, ist natürlich sehr reizvoll. Bis an die Weltspitze ist der Weg allerdings weit. In diesem Kapitel erfährst du, wie du auf dem Weg zum Profifußballer vorankommen kannst.

Was brauche ich?

Wenn du dieses Buch in den Händen hältst, spielst du wahrscheinlich schon Fußball und hast den Sport für dich entdeckt. Vielleicht träumst du auch von einer großen Karriere als Profifußballer. Wenn das so ist, dann hast du schon eine wichtige Voraussetzung erfüllt, um es tatsächlich zu schaffen. Denn: Der Sport erfordert nicht nur eine gute Technik. Mindestens genauso wichtig sind mentale Stärke und das Zusammengehörigkeitsgefühl in der Mannschaft, der sogenannte Teamgeist. In diesem Kapitel findest du unter anderem die Stationen, die ein Fußballer auf dem Weg nach ganz oben durchläuft, sowie besondere Auswahlmannschaften, in denen junge Leute spielen können. Auch stehen hier viele Tipps für deine Fitness und Gesundheit.

Die jungen Wilden

Auch wenn viele Fußballspieler es erst nach einigen Bundesliga-Jahren schaffen, in die Nationalmannschaft zu kommen, gibt es zahlreiche Ausnahmen. Sicherlich hast du bei den letzten Spielen der deutschen Nationalmannschaft bemerkt, dass viele junge Spieler auf dem Platz standen. Junge Fußballer haben zwar nicht so viel Erfahrung, spielen dafür aber unbekümmerter und frecher. Marco Reus, Ilkay Gündogan (beide Borussia Dortmund), Mario Götze (FC Bayern München), Lars Bender (Bayer 04 Leverkusen) oder Julian Draxler (FC Schalke 04) bringen frischen Wind in die Nationalmannschaft. Aufgrund der perfekt durchorganisierten Jugendförderung können sich junge Spieler leichter in die Mannschaften integrieren und diese so mit ihren besonderen fußballerischen Fähigkeiten bereichern und voranbringen.

Die jungen Wilden Ilkay Gündogan, Marco Reus und Mario Götze (v. l.)

Und früher?

Jürgen Klinsmann war nicht der erste Trainer, der junge Spieler in seinen Kader holte. Immer wieder gab es herausragende Talente, die nicht nur in den ersten Mannschaften der Vereine eingesetzt wurden, sondern eben auch in der Nationalelf. Uwe Seeler stürmte bereits mit 17 Jahren für Deutschland, ebenso der große Pelé, der mit 17 Jahren für Brasilien antrat. Paolo Maldini kickte schon mit 16 für den AC Mailand und hatte seinen ersten Länderspielauftritt für Italien ebenfalls mit 17 Jahren.

Muss ich bei einem großen Verein anfangen, um entdeckt zu werden?

Nur die wenigsten Profis haben mit dem Spielen bei einem der ganz großen Fußballvereine begonnen. Die meisten Kicker haben zunächst in ihrer Stadt oder ihrer Gemeinde gespielt. Michael Ballacks erster Verein hieß BSG Motor Karl-Marx-Stadt (heute Chemnitz). Erst mit 21 Jahren wechselte er zum 1. FC Kaiserslautern und später zu Bayer 04 Leverkusen und dem FC Bayern München. Nationalstürmer Miroslav Klose, der heute für Lazio Rom Tore erzielt, begann bei der SG Blaubach-Diedelkopf. Sami Khedira, heute Star-Spieler bei Real Madrid, lernte das Kicken in der Jugend des TV Oeffingen.

Einige Spieler werden früh entdeckt, spielen in den Jugendmannschaften der großen Vereine und besuchen dort ein Fußballinternat. Andere entfalten ihr Talent erst später. Sie alle aber haben eines gemeinsam: Sie haben viel Zeit und Kraft ins Training investiert, um Erfolge feiern zu können.

AB AUFS SPIELFELD

Wer Profi werden möchte, sollte sich zunächst eine Mannschaft suchen, mit der er regelmäßig kicken kann. Das kann die Jugendmannschaft des ortsansässigen Sportvereins oder auch eine Schulmannschaft sein.

Wie geht's los?

Viele Kinder beginnen heute schon in der G-Jugend ihres Heimatvereins. Im Alter zwischen vier und sechs Jahren lernen sie den ersten Umgang mit dem Ball. Dazu gehört für die angehenden Fußballer zunächst, keine Angst vor dem Ball zu haben und ihn in die richtige Richtung lenken zu können. Dabei geht es vor allem um den Spaß an der Bewegung – und nicht um messbaren Erfolg.

VOM „MINI-KICKER" ZUM PROFI

Viele Vereine wie der FC Bayern München und Ajax Amsterdam veranstalten sogenannte Talent-Tage, bei denen Nachwuchskicker ihr Können unter Beweis stellen dürfen. Aus einer großen Anzahl von Bewerbern werden dann einige ausgewählt, die in die Mannschaften des Junior Teams aufgenommen werden. Auch professionelle Talentsucher sind immer wieder unterwegs und halten Ausschau nach neuen Ausnahmespielern.

Bis zur E-Jugend der Acht- bis Zehnjährigen wird mit sieben Spielern auf einem kleineren Feld und mit kleineren Toren als bei den Erwachsenen gespielt. Auch die Spielzeiten sind in den meisten Altersklassen kürzer und gehen erst gegen Ende der Jugendmannschaften auf die vollen 90 Minuten zu. Nach der G-Jugend folgt alle zwei Jahre immer eine weitere Jugend. So geht es von der F-Jugend bis zur A-Jugend der 16- bis 18-Jährigen. Die Ansprüche werden dabei immer höher angesetzt. Die Ausbildung zum Fußballer benötigt also viel Zeit, die aber vor allem mit einem verbunden ist: dem Spaß am Sport in der Mannschaft.

Kicken in der Auswahlmannschaft

Neben den regulären Jugendmannschaften in den Vereinen gibt es zahlreiche Auswahlmannschaften, die nicht an einen Verein gebunden sind. Dies beginnt mit den Kreisauswahlen der verschiedenen Altersklassen. Darin sind die besten Spieler des jeweiligen Fußballkreises zusammengefasst. Übergeordnet ist die Bezirksauswahl, die mehrere Kreise umfasst. Schließlich gibt es noch eine Landesauswahl, in der die besten Jugendspieler eines Bundeslandes gemeinsam spielen.

Die deutsche U-18-Auswahl

DIE U-TURNIERE DER JUNIOREN

U-16-Europameisterschaft
= Junioren-EM für die U 16/U 17
(jedes Jahr)

U-17-Weltmeisterschaft
= Junioren-WM für die U 17
(alle zwei Jahre)

U-19-Europameisterschaft
= Junioren-EM für die U 18 /U 19
(jedes Jahr)

U-20-Weltmeisterschaft
= Junioren-WM für die U 20
(alle zwei Jahre)

U-21-/U-23-Europameisterschaft
= Junioren-EM für die U 21/U 23
(alle zwei Jahre)

Um auch weiterhin gute Fußballer aus dem eigenen Land zu fördern, hat der DFB in den vergangenen Jahren verschiedene Programme gestartet. Dazu gehört zum Beispiel das Programm für Jungtrainer im Alter von 16 bis 20 Jahren, die mit Jugendmannschaften arbeiten. Auch die Jugendleistungszentren der Bundesliga-Vereine, die sich vor allem an elf- bis zwölfjährige Spieler richten, zählen dazu.

Die nationale Auswahl

Ab der C-Jugend gibt es auch deutschlandweite Auswahlmannschaften. Von den sogenannten U-Mannschaften hast du vielleicht schon gehört, denn in ihnen haben viele Kicker der „richtigen" Nationalmannschaft schon gespielt. Diese Nachwuchsauswahlmannschaften fangen bei den U-15-Junioren (für unter und bis 15-jährige Kicker) an, gehen über die U 16, U 17 und U 18 bis hin zur U 19, U 20 und U 21. Die jeweilige Zahl bezieht sich dabei immer auf die Altersgrenze der spielberechtigten Aktiven. Und natürlich spielen sowohl Jungen als auch Mädchen in eigenen Auswahlmannschaften. Zudem stehen bereits Europa- und Weltmeisterschaften auf dem Programm der U-Mannschaften.

Deutsche Meisterschaften

Deutsche Meisterschaften werden in der A- und B-Jugend (seit 1969 beziehungsweise 1977) ausgetragen. In der A-Jugend spielen die teilnehmenden Mannschaften zunächst in drei Regionalligen mit jeweils 14 Teams. Die drei Sieger der Regionalligen sowie der Zweitplatzierte aus der Süd/Südwest-Staffel qualifizieren sich für die Endrunde der Fußballmeisterschaft. Sie bestreiten Spiele im K.-o.-System. In der B-Jugend gibt es fünf regionale Ligen beziehungsweise sogenannte Staffeln. Der Meister 2012/13 in der B-Jugend hieß übrigens VfB Stuttgart, in der A-Jugend konnte sich der VfL Wolfsburg gegen die Konkurrenz durchsetzen. Es gibt außerdem auch einen DFB-Juniorenpokal, den 2012/13 der 1. FC Köln gewann.

Training im Verein, zu Hause und auf dem Bolzplatz

Neben einer guten Technik benötigst du beim Fußball auch Kondition und geistige Stärke. Die meisten Profifußballer haben sich ihren Erfolg mit vielen Übungsstunden – auch allein – erarbeitet. Im Anschluss werden dir einige Übungen gezeigt, die du vielleicht auch schon aus dem Verein kennst. Dazu gibt es Anleitungen, die deine Balltechnik verbessern, sowie Trainingsspiele für kleinere und größere Gruppen.

Die A-Jugend des VfL Wolfsburg feiert die Meisterschaft 2013.

FUSSBALL IN DEN FERIEN

Es gibt zahlreiche Fußballschulen, in denen du während der Ferienzeit deine Technik verbessern kannst. Oft stehen sie unter der Leitung von ehemaligen Profis, die Tipps und Tricks vermitteln. Eine Auswahl von Adressen findest du im Internet unter: www.dfb.de

Talent, Technik und der Kopf

Das Talent zum Fußball hast du von Geburt an. Manche haben ein bisschen mehr davon, andere vielleicht weniger. Aber selbst wenn du merkst, dass andere Spieler mehr Geschick haben als du, kannst du es weit bringen. Denn viele Spieler haben sich trotz ihrer enormen Begabung nicht in der Bundesliga durchsetzen können. Sie gelten dann als „ewige Talente". Dagegen gibt es einige Spieler in der Bundesliga, die zwar kein besonderes Talent mitbringen, aber mit einer soliden Technik und vor allem dem Willen zum Erfolg glänzen. Und: Erst das Zusammenspiel dieser drei Faktoren macht einen guten Fußballer aus.

Training im Kopf

Das Fußballspiel beginnt im Kopf. Du solltest dir zum Beispiel bewusst sein, wie du auf dem Platz stehst und wie deine Erscheinung auf den Gegner wirkt. Ein Tipp: Strecke deinen Körper und signalisiere auf diese Weise Stärke! Ebenso kannst du Bewegungen bereits im Kopf üben. Wenn du dir genau vorstellst, wie zum Beispiel die Annahme mit der Brust funktioniert und du sie dann konzentriert übst, klappt es irgendwann wie von selbst. Diesen Vorgang nennt man übrigens Automatisieren. So kann beispielsweise Franck Ribéry bereits nach seinen Mannschaftskollegen Ausschau halten, während er einen Ball mit dem Fuß annimmt, und so einen schnellen Pass spielen. Aber Achtung! Trotz aller Übung solltest du dich immer auf die nächste Aktion konzentrieren. Wenn du nämlich die zweite Aktion vor der ersten ausführen willst, kann dir der Ball verspringen.

Training ohne Ball

Es macht mehr Spaß, mit dem Ball am Fuß über den Platz zu laufen. Wesentlich gelenkiger bist du aber, wenn du dich vor dem Training oder Spiel richtig aufwärmst. Dabei wird nicht nur dir warm, sondern auch deinen Muskeln. Sie sind dehnbarer, die Gefahr einer Verletzung verringert sich. Außerdem treten Krämpfe erst viel später auf. Um für jede Situation gewappnet zu sein, solltest du alle Körperteile lockern und dehnen. Das beginnt damit, dass du den Kopf für etwa zehn Sekunden zu jeder Seite bewegst und dabei einen Zug im Halsbereich spürst.

SCHON GEWUSST?

Du kannst nicht nur einzelne Übungen im Kopf trainieren, sondern auch den Erfolg. Der Tipp hierzu: Erinnere dich an deine Erfolge! Viele Profis haben sich auf diese Weise den unbedingten Willen zum Sieg „erdacht". Sie wissen, wie man sich fühlt, wenn man gewonnen hat, und wollen dieses Gefühl erneut erleben. Vielleicht erinnerst du dich ja am liebsten an dein erstes Tor oder an einen Triumph als Torwart?

Auch Topspieler wie Mario Gomez wärmen sich vor dem Spiel auf.

Aufwärmen und Dehnen

Auch Schultern und Arme solltest du anheben und absenken, nach hinten und vorn bewegen und so für jeweils einige Sekunden verharren.

Oberkörper und Arme dehnst du, indem du dich breitbeinig hinstellst und mit den ausgestreckten Händen deine Füße berührst. Dabei kannst du auch mit der linken

Hand den rechten Fuß berühren und anders herum. Wichtig: Der Oberkörper sollte dabei keinen Buckel bilden. Damit hast du auch schon den Übergang zum Dehnen der Beine gefunden. Dabei solltest du einen Zug auf der hinteren Seite der Oberschenkel bemerken. Den Oberkörper kannst du auch zur Seite bewegen und so verharren. Strecke dabei den jeweils entgegengesetzten Arm in die Höhe.

So wärmst du dich auf.

Besonders wichtig ist es, den Kniebereich zu dehnen. Denn das Knie verrichtet schließlich die meiste Arbeit. Hebe die Knie abwechselnd in Richtung Oberkörper bis zur Brust und bleibe so etwa zehn Sekunden stehen. Du kannst auch im Stehen mit beiden Händen einen Knöchel umklammern oder gleichzeitig mit jeweils einer Hand einen Fuß berühren. Die Beine sollten dabei durchgestreckt sein.

Die Stars von Real Madrid beim Ausdauertraining

Stärkung der Muskeln

Nach dem Aufwärmen und Dehnen folgen Übungen zur Stärkung der Muskeln und Kondition. Dazu gehören Liegestütze und sogenannte Klappmesser, bei denen du im Liegen Oberkörper und Knie gleichzeitig zueinander führst. Du kannst die Unterschenkel dabei auch gegen eine Wand stützen oder auf dem Ball ablegen, solltest sie aber nicht flach auf dem Boden lassen. Du kannst auch mit dem Oberkörper auf dem Boden liegen bleiben und die Beine anheben. Wie lange schaffst du das?

Sprungübungen und Ausdauertraining

Sprungübungen sind hilfreich für die Stärkung der Sprungkraft bei einem Kopfball. Mit einem Kasten kannst du auch „Treppen steigen", das ist eine sehr gute Übung für die Ausdauer. Dabei hebst du beide Beinen nacheinander auf den Kasten und wieder herunter. Zum Ausdauertraining gehört das Laufen. Dabei kannst du eine bestimmte Anzahl von Minuten laufen oder sogenannte Steigerungsläufe üben. Dabei rennst du zunächst zehn Meter und läufst dann ein kurzes Stück, dann 20 Meter, dann 30 Meter und so weiter. Die Pausen zwischen den Läufen sollten kurz sein und sich mit steigender Strecke weiter verkürzen. Richtig fit wirst du, wenn du diese Übungen zwei- bis dreimal pro Woche wiederholst.

Übungen mit dem Ball

Allein kannst du mit dem Ball auch viele Bewegungen üben. Dabei steht vor allem das Dribbeln im Vordergrund. Versuche zum Beispiel, eine Strecke mit der Fußinnenseite, der Fußaußenseite und dem Spann zu durchdribbeln. Du kannst dir auch Hindernisse in den Weg legen, die du im Slalom umlaufen musst. Du kannst diese Übung natürlich auch beidfüßig trainieren. Versuche, den Ball so lange wie möglich in der Luft zu halten. Benutze dabei die Füße, Oberschenkel, Brust und den Kopf. Wenn du allein trainierst, kannst du auch eine Wand als „Mitspieler" benutzen. Damit lassen sich Kopfbälle

SCHON GEWUSST?

Auch ein Torwart kann mit einer Wand gute Übungen machen. Setze dich dazu hin und wirf den Ball so gegen die Wand, dass du dich zu einer Seite werfen musst, um ihn zu fangen.

So trainierst du deine Treffgenauigkeit.

und Pässe üben. Wenn du die Wand bemalen darfst, zeichne Zielquadrate und versuche, sie aus verschiedenen Entfernungen zu treffen.

Übungen zu zweit

Zu zweit kannst du bis auf das Mannschaftsspiel schon alles üben, was deine Technik verbessert. Flache und hohe Pässe sind möglich und auch Kopfballpässe. Versuche, dein Gegenüber auszuspielen und dabei immer neue Tricks zu trainieren. Ärgere dich nicht, wenn ein Trick misslingt. Vielleicht klappt er schon beim nächsten Mal. Und denke daran: Gehe ihn einfach noch einmal im Kopf durch! Laufe mit deinem Trainingspartner einen Platz hinunter und passt euch den Ball zu, ohne ihn zu stoppen. Dabei können auch Flankenläufe und Kopfbälle auf das Tor geübt werden. Versuche dabei, der Flanke möglichst viel Drall zu geben. Zu zweit kann man zum Beispiel auch Schussübungen auf das Tor ausführen. Ein Spieler steht dabei im Tor.

SPEZIALTIPP

Will bei den Schussübungen zu zweit keiner in das Tor gehen, eignet sich ein besonderes Spiel zur Übung: Ziehe Markierungen in verschiedenen Entfernungen. Nun schießt jeder Spieler von der ersten Position. Trifft er Pfosten oder Latte, darf er zur nächsten Station gehen. Wer zuerst von der letzten Position getroffen hat, gewinnt. Verschärfen kann man das Spiel, wenn der schießende Spieler sofort nach dem Schuss zum Ball sprinten muss und ihn auf der Schussposition seines Mitspielers wieder ablegt. Das steigert die Kondition und die Schussgenauigkeit unter körperlicher Anstrengung.

Übungen in der Gruppe

Noch bessere Übungen sind mit drei und mehr Spielern möglich. Ein klassisches Training mit drei oder mehr Spielern ist das sogenannte Dreiecksspiel. Dabei versuchen zwei Spieler, den Ball an einem Spieler in der Mitte vorbeizupassen oder ihn auszuspielen. Gelangt der mittlere Spieler an den Ball, muss der Spieler,

SCHON GEWUSST?

Mit mehreren Spielern lassen sich auch gute Übungen in ein reguläres Spiel einbauen. Wie findest du folgenden Tipp? Bei einem normalen Spiel auf zwei Tore darf jeder Spieler den Ball während einer Aktion nur zweimal berühren, etwa nur, um ihn anzunehmen und weiterzupassen. Jeder Regelverstoß endet mit Ballverlust. Zwei Stationen eignen sich sehr gut, weil der annehmende Spieler bereits vor der Ballannahme Gegner und Mitspieler im Auge behalten muss, um den richtigen Passweg zu erkennen.

Die Spieler der Nationalmannschaft beim Training

Spezialtipp

Wer sagt, dass es immer zwei Tore sein müssen? Möglich ist auch ein Spiel auf drei Tore mit zwei oder drei Mannschaften. Interessant bei drei Mannschaften ist, dass die ballführende Mannschaft immer mehr Gegner als eigene Mitspieler hat. Dabei sind blitzschnelle Reaktionen gefragt. Bei zwei Mannschaften und mehreren Toren hingegen ist eine sehr genaue Deckungsarbeit gefragt, damit kein Gegner sich davonschleichen kann.

der zuletzt geschossen hat, an dessen Stelle in die Mitte. Schwieriger wird es, wenn mehr Kicker in der Mitte sind. So können zum Beispiel fünf Außenspieler gegen zwei, drei oder sogar vier Innenspieler antreten.

„Hochhalten"

Das wohl bekannteste Spiel ist Hochhalten, das aber auch andere Namen haben kann. Dabei spielen alle Mitspieler gegen einen Torwart. Derjenige, der zu Beginn des Spiels in das Tor geht, erhält zwei Punkte mehr als die anderen Spieler. Pro erzieltes Tor wird dem Torwart ein Punkt abgezogen. Geht ein Ball ins Aus oder wird ein irreguläres Tor erzielt, muss der Spieler, der zuletzt am Ball war, ins Tor und den bisherigen Torhüter ablösen. Tore zählen nur, wenn sie vor dem Schuss nicht mehr den Boden berührt haben, also volley geschossen wurden. Nach einem Pass durch die Luft darf der Ball angenommen und hochgehalten werden. Er muss allerdings geschossen werden, bevor er den Boden berührt. Ansonsten musst du ihn weiterpassen. Eine Selbstvorlage ist nicht möglich. Berührt der Ball vor dem Schuss den Boden, ist ein eventuelles Tor nicht gültig. Lenkt der Torwart den Ball ins Aus, gibt es einen Eckball. Ist ein Torwart bei null Punkten angelangt, „schwimmt" er. Dann darf er sich aussuchen, mit welchem Körperteil der Ball ins Tor geschossen werden muss. Gelingt dies einem Feldspieler, hat der Torwart das Spiel verloren.

Arjen Robben hält den Ball immer hoch.

Hochhalten mit Sonderregeln

Natürlich dürfen auch Sonderregeln vereinbart werden. Üblich ist zum Beispiel, dass ein Ball, der ins Aus geht, vorher aber noch Pfosten oder Latte trifft, „gerettet" ist. Das heißt: Der Feldspieler, der diesen Ball geschossen hat, muss nicht ins Tor rücken. Außerdem gibt es die Möglichkeit des „Luftaus". Dabei ist ein Ball erst dann im Aus, wenn er dort den Boden berührt. Ein Spieler kann also versuchen, den Ball wieder ins Spielfeld zu befördern, solange er noch in der Luft ist. Hochhalten ist ein Übungsspiel. Es geht also nicht darum, möglichst schnell möglichst viele Tore zu schießen oder gar den Torwart fertigzumachen. Es geht vielmehr um exakte Pässe, eine gute Ballbehandlung sowie spektakuläre und riskante Volleyschüsse und Kopfbälle.

Die Mannschaft ist der Star

Talent, Technik und Kondition sind für den einzelnen Spieler unverzichtbar. Um aber gemeinsam Erfolg zu haben, ist der Mannschaftsgeist das Wichtigste. Viele herausragende Einzelspieler haben diese Lektion lernen müssen. Wer auf dem Platz zu wenig Bälle an andere Spieler abgibt und versucht, die komplette gegnerische Mannschaft allein auszuspielen, bemerkt seinen Fehler spätestens dann, wenn keine Pässe mehr von Mitspielern kommen oder er vom

Trainer ausgewechselt wird. Denk daran: Es zeichnet einen guten Mannschaftsführer aus, seine Mitspieler zu beachten und das Spiel mit ihnen zu gestalten.

Hier wird der Mannschaftsgeist beschworen.

Mannschaftsgeist ist gefragt

Die Grundlage des Fußballs ist die Gemeinschaft. Die Mannschaft feiert Tore und Siege gemeinsam und auch Niederlagen werden zusammen verarbeitet. Spieler, die einen Fehler begangen haben, sollten von der Mannschaft aufgerichtet und nicht kritisiert werden. Denn jeder kann der nächste Kicker sein, dem etwas auf dem Platz misslingt. Mannschaften mit einem riesigen Staraufgebot wie Real Madrid versagen hin und wieder, weil jeder der Stars zuerst an sich selbst und nicht an die Mannschaft denkt. Nur Trainer mit einer besonderen Führungsqualität können all diese Stars dazu bringen, an einem Strang zu ziehen. Viele Trainer bevorzugen deswegen übrigens auch eine gut zusammenspielende Mannschaft mit soliden Spielern gegenüber einer Starbesetzung.

Das kannst du am besten beobachten, wenn eine Amateurmannschaft im DFB-Pokal eine Profitruppe besiegt. Denn genau dann gewinnt trotz eindeutiger spielerischer Unterlegenheit der Geist der Mannschaft.

SCHON GEWUSST?

Auf Pizza, Pommes oder Fleisch musst du nicht verzichten. Sie liegen allerdings schwer im Magen, sodass dein Körper viel Energie benötigt, um die Nahrung zu verdauen. Das ist Energie, die dir beim Spielen fehlt. Hamburger, Schokolade und Chips sollten daher die Ausnahme auf deinem Speiseplan bilden. Vor den Trainingseinheiten und besonders vor einem Spiel solltest du am ehesten auf Kraftspender wie Nudeln, Milch und Obst setzen. Auf den nächsten zwei Seiten erfährst du, wie du dich richtig ernährst.

Auch zu zweit kannst du deine Technik verbessern.

Fit und gesund

Wenn du ein erfolgreicher Sportler werden möchtest, solltest du auf deine Ernährung achten. Keine Angst: Du musst nicht von morgens bis abends Sachen essen, die dir nicht schmecken. Im Gegenteil: Ernährung für Fußballer ist nicht nur kraftvoll, sondern kann auch richtig lecker sein.

Was soll ich essen?

Viele Fußballer geben Nudeln als ihr Lieblingsgericht an. Denn diese erzeugen durch ihre Kohlenhydrate viel Kraft. Ein wichtiger Bestandteil des täglichen Essens sollte das Frühstück sein. Damit startest du richtig in den Tag. Frische Vollkornbrötchen und dazu ein Glas Saft, am besten frisch gepresst, oder eine Tasse Kakao geben Energie. Auch Rühreier oder Müsli gehören zu einem ausgewogenen Frühstück. Und wenn du kein Frühstück magst, solltest du auf keinen Fall auf ein Glas Saft, Milch oder Kakao (enthält viel Eiweiß) verzichten und dir einen Joghurt, ein Vollkornbrötchen oder Obst als Pausensnack mitnehmen. Mit leerem Magen aufs Mittagessen zu warten, ist dagegen nicht ratsam.

Die Energielieferanten

Grundsätzlich gilt: Die Fußballer-Ernährung sollte aus viel Kohlenhydraten, Vitaminen, Mineralstoffen und Eiweiß bestehen. Denn Kohlenhydrate liefern dir viel Energie.

Iss lieber Vollkornbrot, Weißbrot solltest du vermeiden.

Du findest sie in Nudeln, Brot, Reis und Kartoffeln. Eiweiß ist in Milch, Käse, Joghurt und Eiern enthalten, aber auch in Fisch, Fleisch und Wurst.

Käse und Ei enthalten viel für dich wichtiges Eiweiß.

Eiweiß wird benötigt, um die Zellen des Körpers aufzubauen. Vitamine und Mineralstoffe sind vor allem im Wachstum besonders wichtig. Aber auch Erwachsene sollten genügend Vitamine zu sich nehmen. Iss so viel Obst, wie du willst. Vitamin C ist übrigens nicht nur gesund, sondern macht auch glücklich.

Auch das Fett, das in Butter, Öl, Chips, Schokolade und Ähnlichem enthalten ist, liefert deinem Körper Energie. Allerdings nimmt man unbewusst oft zu viel davon auf. Dann ist Fett gefährlich und macht nicht nur dick, sondern auch noch krank. Iss lieber mehrmals am Tag kleinere Mahlzeiten und zu den Hauptmahlzeiten dann etwas weniger. Vor dem Spiel sind Nudeln, Milch und Obst am besten geeignet.

Was soll ich trinken?

Getränke sind ebenso wichtig wie die Mahlzeiten. Auch dabei gibt es die bessere und die schlechtere Wahl. Wasser, aber auch Fruchtsaftschorlen sind ideal für Sportler. Sie führen nicht nur das Wasser zu, das durch Schwitzen verloren geht, sondern auch die ebenfalls verlorenen Mineralien und Vitamine.

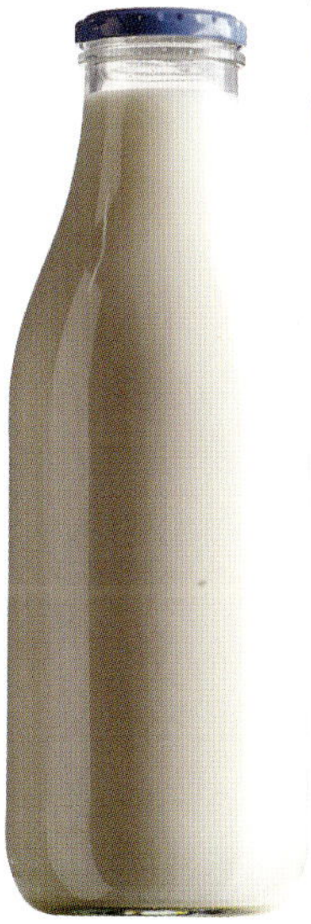

Nicht geeignet sind Cola, Limonade und Eistee. Die in ihnen enthaltene Menge an Zucker ist sehr ungesund. Aber auch hier gilt das Gleiche wie beim Essen: Verzichten musst du auf diese Getränke nicht! Achte nur immer darauf, dass du genug Wasser und Saftschorlen zu dir nimmst. Und während der Halbzeitpause eines Spiels solltest du Wasser nur in kleinen Schlucken und dafür öfter trinken. Wenn du deinen Durst auf einmal stillst, trinkst du oft zu viel, sodass dein Magen voll ist. Dann fühlst du dich anschließend schlapp und schwer. Zu den kleinen Schlucken kannst du übrigens auch Obststückchen essen. Und die zweite Halbzeit ist schon fast gewonnen.

Der Deutsche Fußball-Bund (DFB)

Walther Bensemann, einer der Gründer des DFB im Jahr 1900

Der Deutsche Fußball-Bund, abgekürzt DFB, sorgt in Deutschland für die umfassende Organisation des Fußballsports in den Vereinen.

Was ist der DFB?

Der DFB wurde am 28. Januar 1900 in Leipzig gegründet. Vertreter von 86 Vereinen schlossen sich in diesem Bund zusammen, um den Fußballsport professionell zu organisieren. Über 100 Jahre später gehören dem DFB rund 25.500 Vereine an, in denen mehr als 6,8 Millionen Menschen aktiv und passiv am Ball bleiben. Der DFB regelt alle Liga- und Pokalwettbewerbe in Deutschland und ist auch in Sachen Nationalmannschaft zuständig. Die Aufgaben erstrecken sich zudem auf viele andere Bereiche: Neben der zentralen Verwaltung des Spielbetriebs kümmert sich der DFB auch um die Talentförderung und die Trainerausbildung.

Das Logo des DFB

Die DFB-Führungsriege

An der Spitze des DFB stehen das Präsidium und der Vorstand. Der Präsident heißt Wolfgang Niersbach, er ist seit 2012 im Amt. Außerdem gibt es acht Vizepräsidenten, einen Ehrenpräsidenten, einen Schatzmeister sowie einen Generalsekretär. Diese sind für die verschiedenen Bereiche des DFB verantwortlich. Im Vorstand gibt es wiederum mehrere Ausschüsse, die für alle Fragen rund um ihr Thema zuständig sind. So gibt es zum Beispiel den Jugend- oder den Schiedsrichterausschuss. Übrigens findest du unter www.dfb.de auch eine Junior-Ecke mit vielen Tipps und Adressen.

DER AUFBAU DES DFB

5 Regionalverbände (Nord, West, Süd, Südwest und Nordost)
21 Landesverbände
mit Bezirken und Kreisen
25.456 Vereine

DIE DEUTSCHE FUSSBALL LIGA

Die Vereine der Bundesliga und 2. Bundesliga – der sogenannte Lizenz-Fußball – sind mittlerweile in einem eigenständigen Verband unter dem Dach des DFB organisiert und unter dem Namen DFL Deutsche Fußball Liga GmbH zusammengefasst.
Seit dem 1. Juli 2001 ist der neue Ligaverband verantwortlich für die Bundesliga und die 2. Bundesliga. Die DFL ist als GmbH zuständig für den Spielbetrieb und die Vermarktung der beiden Profiligen.

Der Fußball in der Pyramide

Der deutsche Vereinsfußball ist wie eine Pyramide aufgebaut. Unten stehen die Kreisklassen, in denen Freizeitspieler, die sogenannten Amateure, kicken. Ihnen folgen die Bezirks-, Landes-, Verbands- und Oberligen sowie die fünf Regionalligen, die man als Stufe vom Amateur- zum Profifußball bezeichnen kann. An der Spitze stehen schließlich die Profifußballer der 3. Liga, der 2. Bundesliga und der Bundesliga.

Der DFB-Pokal

Seit 1934/35 hat der DFB ein eigenes Turnier: Einmal im Jahr wird der Vereinspokal, besser bekannt als DFB-Pokal, ausgetragen. Da an diesem Wettbewerb alle deutschen Vereinsmannschaften teilnehmen dürfen, treffen hier Profis und Amateure aufeinander. Gespielt wird nach dem K.-o.-System: Das Team, das sein Spiel verliert, scheidet aus. Welche Mannschaft welchen Gegner bekommt, wird vor der jeweiligen Runde ausgelost. Dafür gibt es in der ersten und zweiten Runde jeweils zwei „Töpfe“. In einem befinden sich zu Beginn die 18 Bundesliga-Vereine sowie die auf Rang 1 bis 14 platzierten Vereine der 2. Bundesliga. Im zweiten Topf landen die vier Absteiger der 2. Bundesliga, die vier Aufsteiger zur 2. Bundesliga und weitere 24 Vereine, die sich in den Pokalrunden für Amateure qualifizieren konnten. Die Teams des zweiten Topfes haben Heimrecht, Amateure behalten es im Verlauf des gesamten Turniers.
Bei der Auslosung zur zweiten Hauptrunde wird wiederum aus zwei Töpfen gelost. Im ersten sind die Vereine des Lizenzfußballs, im zweiten die Amateurvertreter enthalten. Die Begegnungen der Achtel-, Viertel- und Halbfinale, auch Vorschlussrunden genannt, werden nur noch aus einem Lostopf ermittelt. Der zuerst gezogene Verein hat Heimrecht, es sei denn, an einer Spielpaarung nimmt ein Amateurklub teil. Dann geht das Heimrecht auf ihn über. Das Endspiel wird seit 1985 allerdings immer im Berliner Olympiastadion ausgetragen.

Was ist das Besondere am DFB-Pokal?

Anders als in der Bundesliga haben beim Pokalwettbewerb auch die kleineren Vereine eine Chance und können selbst Meistermannschaften wie den FC Bayern München ins Stolpern bringen. So entstand die Redensart: „Der Pokal hat seine eigenen Gesetze.“ Das liegt nicht zuletzt an dem Heimrecht der Amateure, die auf dem eigenen Platz und von ihren Fans bejubelt mit großem Ehrgeiz kicken.

Der DFB-Pokal

Borussia Dortmund feiert den Gewinn des DFB-Pokals 2012.

DIE SIEGER IM DFB-POKAL SEIT 1979

1979	Fortuna Düsseldorf	1996	1. FC Kaiserslautern
1980	Fortuna Düsseldorf	1997	VfB Stuttgart
1981	Eintracht Frankfurt	1998	FC Bayern München
1982	FC Bayern München	1999	SV Werder Bremen
1983	1. FC Köln	2000	FC Bayern München
1984	FC Bayern München	2001	FC Schalke 04
1985	Bayer 05 Uerdingen	2002	FC Schalke 04
1986	FC Bayern München	2003	FC Bayern München
1987	Hamburger SV	2004	SV Werder Bremen
1988	Eintracht Frankfurt	2005	FC Bayern München
1989	Borussia Dortmund	2006	FC Bayern München
1990	1. FC Kaiserslautern	2007	1. FC Nürnberg
1991	SV Werder Bremen	2008	FC Bayern München
1992	Hannover 96	2009	Werder Bremen
1993	Bayer 04 Leverkusen	2010	FC Bayern München
1994	SV Werder Bremen	2011	FC Schalke 04
1995	Borussia Mönchengladbach	2012	Borussia Dortmund
		2013	FC Bayern München

DIE ERFOLGREICHSTEN DFB-POKALSIEGER

Der FC Bayern München sicherte sich am 1. Juni 2013 im Endspiel gegen den VfB Stuttgart mit einem 3:2-Erfolg zum 16. Mal in seiner Vereinsgeschichte den DFB-Pokal. Damit stehen die Bayern mit insgesamt 16 Titeln auf der Liste weit vor dem SV Werder Bremen mit sechs Siegen und der Mannschaft vom FC Schalke 04 mit fünf Titelgewinnen.

Die begehrte Trophäe

Der Pokal, den die Sieger des Wettbewerbs überreicht bekommen, wird auch Pott genannt. Das dritte Exemplar in der Geschichte des DFB-Pokals wird in dieser Form seit 1965 überreicht. Er ist 52 Zentimeter hoch, zwölfeinhalb Pfund schwer und besteht aus vergoldetem Sterlingsilber. Der Künstler Wilhelm Nagel verzierte den Pokal

HAST DU SCHON GEWUSST?

Bei jedem Heimspieltor von Werder Bremen ertönt ein Nebelhorn. Im DFB-Pokal verstummte es zuletzt. Obwohl Bremen mit sechs Titeln zu den erfolgreichsten Pokal-Mannschaften gehört, schied Werder 2011, 2012 und 2013 schon in der ersten Runde gegen Drittligisten aus.

DIE HELDEN DER ENDSPIELE DER LETZTEN JAHRE		
1998	Mario Basler	schoss zwei Minuten vor Schluss den Siegtreffer für den FC Bayern München
1999	Frank Rost	hielt als Torwart von Werder Bremen zwei Elfmeter und schoss selbst den entscheidenden
2001	Jörg Böhme	erzielte für Schalke 04 beide Treffer zum 2:0-Sieg
2003	Michael Ballack	zweifacher Torschütze des FC Bayern München
2004	Tim Borowski	zweifacher Torschütze für Werder Bremen
2007	Jan Kristiansen	schoss den Siegtreffer (3:2) für den 1. FC Nürnberg
2012	Robert Lewandowski	erzielte drei Tore gegen den FC Bayern

außerdem mit Feingold und 42 Edelsteinen. Besonders ins Auge fällt das grüne DFB-Emblem in der Mitte. Der Fuß des Pokals trägt die Namen der Pokalsieger. Bis 1991 waren bereits rund 700 Buchstaben und Ziffern in den Sockel graviert. Danach musste die Basis um fünf Zentimeter erhöht werden, um weiteren Platz für die siegreichen Teams zu schaffen. Diese Sockelfläche reicht nun bis zum Jahr 2020.

Rekorde und Sensationen beim DFB-Pokal

Die längste Siegesserie im DFB-Pokal erspielte sich bislang Fortuna Düsseldorf. Der Verein gewann nämlich zwischen 1978 und 1981 sage und schreibe 18 Spiele in Folge. Und mit 16 Titelgewinnen ist der FC Bayern München natürlich auch hier Rekordsieger. Als bis heute einzige Pokalsieger aus der Riege der Nicht-Bundesligisten gewannen die Vereine Kickers Offenbach und Hannover 96 den Pokal. Kickers Offenbach gelang dies 1970, Hannover 96 im Jahr 1992.

Der FC Bayern gewann 2013 zum 16. Mal den DFB-Pokal.

DER SCHIEFE POKAL

Schalke-Manager Rudi Assauer ließ im Jahr 2002 den DFB-Pokal fallen und beschädigte ihn dabei so, dass er eine ziemlich schiefe Form annahm. Nach eigenen Angaben passierte ihm dies aus Leichtsinn. Der sogenannte schiefe Pokal zu Schalke wurde dann einige Wochen lang im Schalke-Museum ausgestellt, bis er schließlich für einen Preis von circa 32.000 Euro repariert wurde.

Die deutsche Nationalmannschaft

Das erste Länderspiel trug die deutsche Nationalelf 1908 aus. Damals ahnte noch niemand, wie erfolgreich sie einmal sein würde. Mittlerweile hat sie die wichtigsten internationalen Turniere gewonnen: Je drei Siege der Welt- und auch der Europameisterschaft gehen auf ihr Konto. Daneben war sie viermal Vizeweltmeister, viermal WM-Dritter sowie dreimal Vizeeuropameister.

Was ist die Nationalmannschaft?

Die Nationalmannschaft ist eine Auswahl der besten Spieler des Landes. Sie vertritt den Deutschen Fußball-Bund auf internationaler Ebene. Die Nationalmannschaft wird auch DFB-Auswahl genannt. Sie geht bei verschiedenen Spielen an den Start: etwa bei den sogenannten Freundschaftsspielen gegen die Auswahlmannschaften anderer nationaler Verbände oder aber bei den wichtigsten Turnieren wie der Europa- und der Weltmeisterschaft. Die Nationalmannschaft wird vom Bundestrainer und seinem Assistenten, der auch Co-Trainer genannt wird, trainiert. Der DFB entscheidet darüber, wer die Verantwortung für die Nationalelf übernehmen soll, und setzt den Bundestrainer dann offiziell ein.

Wie wird man Nationalspieler?

Die Auswahl der Nationalspieler trifft der Bundestrainer in Absprache mit seinem Co-Trainer. Dazu beobachtet er die infrage kommenden Kicker eine Zeit lang bei ihren Liga-Einsätzen oder anderen Spielen. Denn diese für die Nationalelf interessanten Spieler sind meist schon in den U-Nationalteams aufgefallen, die du im Kapitel „Dein Weg zum Fußballstar" kennengelernt hast. Sie sind daher keine völligen Newcomer. Neben spielerischen Eigenheiten und taktischem Geschick spielt auch eine Rolle, welche Position gerade zu besetzen ist und wie der Trainer die Mannschaft insgesamt aufbauen will. Dabei hat er – anders als ein Vereinstrainer – sozusagen die freie Auswahl.

Der Nationalkader

Wohl jeder Profifußballer träumt davon, bei einem der großen Turniere für sein Land auf dem Platz stehen zu dürfen. Die

Bundestrainer Jogi Löw

Der Kader der deutschen Nationalmannschaft 2012

Aktiven können ihr Land aber nur vertreten, wenn sie auch dessen Staatsangehörigkeit besitzen. Das war früher einmal anders, sodass es auch Spieler gab, die für verschiedene Nationalelfs gespielt haben. Die Zahl der Spiele, die ein Nationalspieler für sein Land bestreiten darf, zeigt übrigens auch, wie gut er im Vergleich zu den anderen Spielern ist. Eine Berufung in die Nationalmannschaft bedeutet allerdings noch nicht den sofortigen Start bei einem Turnier. Denn dazu stellt der Trainer einen sogenannten Kader zusammen, der meist aus 22 bis 25 Spielern besteht. Vielleicht hast du ja auch schon den Satz gehört: „Der Spieler XY ist für den Nationalkader nominiert" – so nennt man den Vorgang nämlich ganz offiziell.

Seit wann gibt es die Nationalmannschaft?

Die Geschichte der deutschen Nationalmannschaft geht zurück bis ins Jahr 1908. Acht Jahre nach der Gründung des DFB hatte dieser mit dem Schweizer Verband einen sogenannten freundschaftlichen Länderkampf verabredet. Das erste Länderspiel fand am 5. April in Basel statt. Die „elf besten Spieler von Deutschland gegen die elf besten Spieler der Schweiz" – so stand es damals im Programm. Es war das erste Länderspiel in der Geschichte der deutschen Nationalelf. Einen Trainer oder Teamchef gab es damals aber noch nicht. Der erste Kapitän dieser Nationalmannschaft und damit der erste überhaupt hieß Arthur Hiller. Er spielte beim 1. FC Pforzheim. Die Schweizer gewannen damals 5:3.

Ein einschneidendes Ereignis

Ein Ereignis in der Geschichte des deutschen Vereinsfußballs prägte die Nationalmannschaft besonders: die Einführung der Bundesliga in der Saison 1963/64. Fortan spielten die Kicker als Profis. Damit wuchs zum einen die Qualität des Fußballs, zum anderen veränderte sich die wirtschaftliche Situation sowohl der Bundesliga-Klubs als auch der DFB-Auswahl sehr zum Vorteil. So gibt es mittlerweile mehrere Firmen als Sponsoren, die Geld in die Kassen des DFB bringen.

Die Entwicklung der Nationalmannschaft und ihre Trainer

Die Geschichte der Nationalmannschaft ist – wie die eines jeden Klubs – auch immer eng mit ihrem jeweiligen Trainer verbunden. Bis heute gab es in der deutschen Nationalmannschaft erst zehn Trainer. Und das in über

DAS FÜHRUNGSTEAM DER DEUTSCHEN NATIONALMANNSCHAFT	
Trainer:	Joachim „Jogi" Löw
Assistenztrainer:	Hans-Dieter Flick
Torwart-Trainer:	Andreas Köpke
Manager:	Oliver Bierhoff

REKORDNATIONALSPIELER	
1. Lothar Matthäus	150 Länderspiele
2. Miroslav Klose	131 Länderspiele
3. Lukas Podolski	112 Länderspiele
4. Jürgen Klinsmann	108 Länderspiele
5. Philipp Lahm/Jürgen Kohler	105 Länderspiele

100 Jahren Teamgeschichte! Obwohl das erste Länderspiel schon 1908 ausgetragen wurde, kam der erste Trainer erst 1926 ins Amt. Wir werfen nun einen Blick zurück auf die Entwicklung der Nationalmannschaft und ihre Trainer.

Der erste Trainer

Den Anfang machte Otto Nerz, ein Volksschullehrer aus Mannheim. Er war von 1926 bis 1936 Trainer. Mit ihm erreichte die DFB-Auswahl unter anderem die WM-Endrunde 1934 und schied erst im Halbfinale gegen die Tschechoslowakei aus. Bei der Olympiade 1936 sah es allerdings weniger gut aus. Nach einem 0:2 gegen Norwegen schied Deutschland aus.

Der erste Nationaltrainer Otto Nerz

Die Ära Herberger

Auf Nerz folgte Josef „Sepp“ Herberger, der die Mannschaft bis 1964 trainierte. Der 1977 verstorbene „Chef“ führte die Elf um Fritz Walter 1954 zum WM-Titel. Bei den Weltmeisterschaften zuvor hatten die Kicker allerdings weniger Glück: Bei der WM 1938 in Paris trat ein Team an, das aus sechs deutschen und fünf österreichischen Spielern bestand. Der Grund: Seit März 1938 gehörte Österreich zum Deutschen Reich. Die nun „großdeutsche“ Mannschaft schied bereits in der Vorrunde gegen die Schweiz aus. In den Jahren 1942 und 1946 fanden wegen des Zweiten Weltkriegs keine Weltmeisterschaften statt. Bei der ersten WM der Nachkriegszeit, die 1950 in Brasilien ausgetragen wurde, durfte die deutsche Elf noch nicht auf den Platz. Bei der WM 1954 gelang der Mannschaft dann jedoch der große Meisterstreich – sozusagen der Weltmeisterstreich. Und die „Helden von Bern“ waren schon zu Lebzeiten Legenden.

SCHON GEWUSST?

Es gibt immer mal wieder Spieler in der Nationalmannschaft, die in ihrem Verein keinen Stammplatz haben. Warum ist das so? In der Bundesliga darf ein Verein mittlerweile beliebig viele Spieler aus dem europäischen und außereuropäischen Ausland verpflichten. So kann ein Klub nur noch aus Kickern bestehen, die nicht die deutsche Staatsbürgerschaft besitzen und deshalb nicht für die deutsche Nationalmannschaft spielberechtigt sind.

DIE MEISTEN TORE

Die meisten Tore in einem Länderspiel erzielte Gottfried Fuchs im Jahr 1912. Der Spieler des Karlsruher FV schoss gegen Russland zehn von insgesamt 16 Treffern. Die deutsche Mannschaft gewann bei diesem Spiel in Stockholm ohne Gegentor 16:0. Die höchste Niederlage kassierte die deutsche Elf schon 1909 gegen England. Die Begegnung endete mit 0:9.

Wie ging es weiter?

Anschließend trainierte Helmut Schön das deutsche Nationalteam in den Jahren 1964 bis 1978. Jupp Derwall war von 1978 bis 1984 am Zuge und Franz Beckenbauer in der Zeit von 1984 bis 1990. Sie alle gewannen in ihrer Amtszeit weitere WM- und EM-Titel. Nachfolger von Beckenbauer wurde Hans-Hubert

SCHON GEWUSST?

Rund 2000 Mark bekam Fritz Walter 1954 für den WM-Sieg in Bern als Prämie. Beim Gewinn der EM 1996 in England durfte sich jeder Spieler über eine Vergütung von etwa 100.000 Mark für den Titel freuen. Bei der EM 2012 hätten die Nationalspieler im Falle des Titelgewinns pro Kopf schon 300.000 Euro erhalten.

„Berti" Vogts. Der Weltmeister von 1990 – diesen Titel hatte die Mannschaft noch unter Beckenbauer gewonnen – erlebte nun Erfolge und auch Misserfolge. Das Finale der EM 1992 verlor die Mannschaft überraschend gegen den Außenseiter Dänemark. Bei der WM 1994 in den USA kamen die Kicker über das Viertelfinale nicht hinaus.

Die DFB-Elf von 2012 bedankt sich bei ihren Fans.

Wechselhafte Jahre unter Vogts und Ribbeck

Im Jahr 1996 lief es wesentlich besser: Bei der EM 1996 in England wurde Deutschland durch den 2:1-Finalsieg gegen die Tschechische Republik erneut Europameister. Oliver Bierhoff erzielte in der Verlängerung das Golden Goal. Doch schon zwei Jahre später, bei der WM in Frankreich, war im Viertelfinale erneut Endstation. Nach einem Platzverweis für Christian Wörns konnten die Deutschen nichts mehr ausrichten – und kassierten eine echte Schlappe. 0:3 endete dieses Spiel gegen Kroatien. Wieder hieß es für die Mannschaft von Vogts: Koffer packen! Kurz nach dieser Weltmeisterschaft trat Vogts zurück.

Sein Nachfolger wurde Erich Ribbeck als Teamchef. So wird übrigens der Trainer genannt, wenn er keine vollwertige Trainerlizenz besitzt. Mit Ribbeck reiste die deutsche Elf zur EM 2000, die in Belgien und den Niederlanden ausgetragen wurde. Hier schnitt die Mannschaft allerdings so schlecht ab, wie es nie zuvor bei einem internationalen Wettbewerb der Fall gewesen war. Sie erreichte in den Gruppenspielen nur ein Unentschieden gegen Rumänien und verlor die beiden anderen Partien gegen England und Portugal. Das Aus in der Vorrunde machte gleichzeitig den Weg frei für Trainer Nummer acht.

Rudolf „Rudi" Völler nach dem Aus bei der EM 2004

Und die Entwicklung bis heute?

Rudi Völler übernahm das Amt des Teamchefs. Wie auch Beckenbauer war er 1990 Weltmeister geworden – als Spieler. Ein gutes Zeichen? Mit ihm erreichte die DFB-Auswahl bei der WM 2002 in Korea und Japan jedenfalls das Finale. Dort musste sie sich jedoch Brasilien geschlagen geben. Ronaldo erzielte die beiden Tore, die seinem Land den fünften Weltmeistertitel sicherten. Zwei Jahre später jedoch schied der Vize-Weltmeister bei der EM in Portugal in der Vorrunde aus. Völler erklärte seinen Rücktritt und am 29. Juli 2004 präsentierte der DFB Jürgen Klinsmann als neuen Bundestrainer. Unter ihm erspielte sich die DFB-Elf den dritten Platz beim Konföderationen-Pokal 2005. 2006 folgte schließlich die Weltmeisterschaft in Deutschland, unter dem Motto: „Die Welt zu Gast bei Freunden". Trainer Klinsmann setzte auf eine jüngere Mannschaft und neue Trainingsmethoden und erreichte am Ende den dritten Platz. Das ungewohnt offensive Spiel begeisterte und die Mannschaft wurde von den Fans liebevoll zum „Weltmeister der Herzen" gekürt. Klinsmann legte nach der WM sein Amt nieder. Bei der Europameisterschaft 2008 konnten erst die Spanier das deutsche Team im Finale stoppen. Erneut unterlag die deutsche Mannschaft den Spaniern im Halbfinale der Weltmeisterschaft 2010. Auch 2012 konnten sich Jogis Jungs nicht im EM-Halbfinale gegen Italien durchsetzen. Nun bereitet sich die DFB-Elf auf eine erfolgreiche WM 2014 vor.

Fußball in der DDR

Die Oberliga war die höchste Spielklasse in der Deutschen Demokratischen Republik und wurde 1949 gegründet. Bis zur Wiedervereinigung im Jahr 1990 gab es eine eigene Meisterschaft.

Matthias Sammer 1989 (links)

Die Organisation

In der Deutschen Demokratischen Republik (DDR) hieß die für die umfassende Organisation des Fußballs zuständige Vereinigung Deutscher Fußball-Verband (DFV). Er wurde 1952 in den Fußball-Weltverband FIFA aufgenommen. Als landesweiter Pokalwettbewerb wurde unter dem Dach des DFV der sogenannte FDGB-Pokal ausgetragen. Nach der Wiedervereinigung kam es zur Auflösung des DFV im November 1990. Die über 4400 Vereine mit rund 390.000 Mitgliedern gehören seitdem zum DFB. Außerdem wurden verschiedene Fußballverbände in Ostdeutschland neu gegründet.

Viele erfolgreiche Spieler, deren Namen du vielleicht kennst, stammen aus der DDR. Neben Matthias Sammer, der bei Dynamo Dresden zum Einsatz kam und 1990 zunächst vom VfB Stuttgart unter Vertrag genommen wurde, spielte zum Beispiel auch Ulf Kirsten in der Oberliga. Er stand später für Bayer 04 Leverkusen auf dem Platz.

Die Vereine

Die erfolgreichsten Vereine in den insgesamt 41 Spielzeiten der Oberliga, die es noch bis 1991 gab, sind der FC Carl Zeiss Jena, der Berliner FC Dynamo und Dynamo Dresden. Der Berliner Klub wurde zehnmal Meister, knapp gefolgt von den Kickern aus Dresden, die sich den Titel insgesamt achtmal sichern konnten. Der FC Hansa Rostock war der letzte Klub der DDR, der noch in der Bundesliga vertreten war – zumindest manchmal, so in der Saision 2007/08. Danach folgte der Abstieg bis in die 3. Liga. Zwischen Bundesliga-Mannschaften und Oberliga-Klubs gab es insgesamt übrigens 31 Begegnungen, von denen die Vertreter der Bundesliga 28 gewannen.

SCHON GEWUSST?

Matthias Sammer war der erste „Ost-Kicker", der nach der Wiedervereinigung für die deutsche Nationalmannschaft auf den Platz ging.

Viele gute Spieler, wenige internationale Erfolge

Ihr erstes offizielles Länderspiel bestritt die DDR-Auswahl im Jahr 1952 gegen Polen. Sie verlor die Partie in Warschau allerdings mit 0:3. Auch sonst ist die Bilanz bei internationalen Begegnungen eher mager. Mit einem Tor schrieb die Nationalelf der DDR allerdings Geschichte:

Im Vorrundenspiel während der Weltmeisterschaft besiegte sie im Juni 1974 den Gastgeber BRD mit 1:0. Jürgen Sparwasser machte den entscheidenden Treffer in der 78. Minute. Da das Team die weiteren Spiele gegen Brasilien und die Niederlande jedoch verlor und auch gegen Argentinien nur ein Unentschieden erreichte, war das Kapitel WM bald beendet. Die Mannschaft der Bundesrepublik Deutschland hingegen holte den Titel.

Ehrung der DDR-Nationalmannschaft bei Olympia 1976

DER FUSSBALLER DES JAHRES

Natürlich gab es auch in der DDR den Fußballer des Jahres. Die erste Auszeichnung ging in der Saison 1962/63 an Manfred Kaiser vom SC Wismut Karl-Marx-Stadt. 1990/91 bekam Torsten Gütschow vom 1. FC Dynamo Dresden den Titel letztmalig verliehen.

Der Triumph gegen Mailand und olympisches Gold

Ebenfalls 1974 glänzte der 1. FC Magdeburg im Finale des Europacups der Pokalsieger. Gegner war der AC Mailand, der auch als Favorit in diese Begegnung ging. Dennoch gelang den Kickern aus Magdeburg ein klares 2:0. Dieser Titelgewinn ist neben dem Gewinn der Goldmedaille bei den Olympischen Sommerspielen 1976 in Montreal wohl der wichtigste in der Geschichte des DDR-Fußballs. Mit einem 3:1 gegen Polen sicherte sich die Mannschaft von Trainer Georg Buschner den Olympiasieg. Das letzte Länderspiel bestritt die DDR-Auswahl am 12. September 1990 in Brüssel gegen Belgien. Dieses Freundschaftsspiel war das 293. Spiel der Nationalmannschaft. Und was für eins! Ihren Abschied konnten die Kicker mit einem 2:0 feiern. Beide Tore erzielte Matthias Sammer.

DER SCHNELLSTE PLATZVERWEIS

Eduard Geyer, Spieler bei Dynamo Dresden und später Trainer der DDR-Nationalmannschaft, ist deutscher Rekordhalter in der Disziplin „Schnellster Platzverweis in einem Europapokalspiel". In der Partie gegen Leeds United im November 1970 wurde Geyer in der 76. Minute eingewechselt. Bereits acht Minuten später wurde er wieder des Feldes verwiesen. Dresden gewann dennoch 2:1.

DIE ERFOLGREICHSTEN TORSCHÜTZEN

Die erfolgreichsten Torschützen der DDR-Oberliga sind Joachim Streich (229 Treffer), Eberhard Vogel (188 Treffer) und Peter Ducke (153 Treffer). Jürgen Sparwasser kam auf 111 Tore. Die meisten Spiele absolvierten Eberhard Vogel (440), Alois Glaubitz (428) und Henning Frenzel (420).

Die schönsten Fußballbegriffe

Weißt du, was eine Zweiraumwohnung ist? So wurde und wird eine Zweizimmerwohnung in Ostdeutschland genannt. Auch im Fußball gab es unterschiedliche Begriffe für dieselbe Sache. Ein Doppelpass wurde „Dublette" genannt. Spieler, die im Westen als Linksfuß oder Rechtsfuß bezeichnet wurden, hießen im Osten „Linksbeiner" oder „Rechtsbeiner". Und aus dem Konter entwickelte sich das „schnelle Umkehrspiel".

Die Bundesliga

Die Bundesliga ist die höchste Spielklasse für Profifußballer. Diese werden auch Lizenzspieler genannt.

Die Idee

In Deutschland gab es schon seit 1932 die Idee, eine zentrale Spielklasse zu gründen. In ihr sollten die stärksten Vereine gebündelt werden. Vorbild dazu waren die Erste und Zweite Englische Division, die beiden stärksten Ligen in England. Anfang der 1950er-Jahre wurden die Pläne dann konkreter, aber sie waren heftig umstritten. Zu dieser Zeit gab es bei uns fünf Oberligen, deren Sieger in einer Endrunde um die Deutsche Meisterschaft spielten. Am Ball waren Amateure, trainiert und gespielt wurde also nur in der Freizeit.

Die Geburtsstunde der Bundesliga

Erst am 28. Juli 1962 gab der DFB in der Dortmunder Westfalenhalle schließlich grünes Licht für die Bundesliga. Knapp ein Jahr später, nämlich am 24. August 1963, ertönte endlich der Anpfiff für die erste Bundesliga-Saison. 46 Vereine aus den bis dahin führenden Oberligen hatten sich beworben, 16 von ihnen durften nun im sogenannten Oberhaus des Fußballs kicken. Neben ihrem bisherigen Rang in einer der Oberligen waren noch andere Punkte für die Aufnahme wichtig: Die Vereine mussten zum Beispiel ein Stadion mit mindestens 35.000 Plätzen besitzen und auch die wirtschaftliche Lage der Klubs war ausschlaggebend.

Die Vereine der ersten Stunde

Als erste Vereine gingen an den Start: 1. FC Kaiserslautern, 1. FC Köln, 1. FC Nürnberg, 1. FC Saarbrücken, Borussia Dortmund, Eintracht Braunschweig, Eintracht Frankfurt, Hamburger SV, Hertha BSC Berlin, Karlsruher SC, MSV Duisburg, Preußen Münster, FC Schalke 04, TSV 1860 München, VfB Stuttgart und Werder Bremen. Von den Vereinen, die nicht aufgenommen wurden, reichten übrigens mehr als zehn Beschwerde ein – jedoch ohne Erfolg. Unter ihnen waren auch der FC Bayern München und Borussia Mönchengladbach. Diesen beiden Klubs gelang der Aufstieg erst zwei lange Jahre später.

Der 1. FC Köln feiert mit seinen Fans 1964 die erste Meisterschaft der Bundesliga-Geschichte.

SCHON GEWUSST?

Als bisher einzigem Verein gelang es 1998 dem 1. FC Kaiserslautern unter Trainer Otto Rehhagel, direkt nach dem Aufstieg in die Bundesliga Deutscher Meister zu werden.

Wusstest du, dass bis heute allein der Hamburger SV als einziger Verein ohne Unterbrechung dabei ist? Das erste Tor nach Anpfiff der Bundesliga schoss übrigens Timo Konietzka von Borussia Dortmund. Die 2. Bundesliga entstand in der Saison 1981/82 aus ihrer Vorläuferin Zweite Liga, die der DFB bereits 1974 eingeführt hatte.

Die Bundesliga heute

Inzwischen bestehen die Bundesliga und die 2. Bundesliga aus jeweils 18 Mannschaften. Am Ende der Saison steht der Deutsche Meister, der Tabellenerste der Bundesliga, fest. Die Saison entspricht bei uns nicht etwa einem Kalenderjahr, sondern dauert meist von August bis Mai. Am Ende des letzten Spieltags werden anhand der Tabelle die Absteiger in die 2. Bundesliga ermittelt. Die beiden Letztplatzierten steigen direkt ab, während sich der Drittletzte in zwei Relegationsspielen gegen den Dritten der 2. Bundesliga noch retten kann. Verliert er aber diese Begegnungen, muss der Erstligist absteigen und der Dritte der 2. Bundesliga steigt in die Bundesliga auf.

SCHON GEWUSST?

Die ersten vier ausländischen Spieler der Bundesliga waren Heinz Versteeg und Jacobus Prins aus den Niederlanden sowie Petar Radenković aus Jugoslawien und Wilhelm Huberts aus Österreich. Sie waren schon beim allerersten Spieltag der Bundesliga am 24. August 1963 mit dabei.

Die Bundesliga als Massenereignis

Vor allem die Spiele der Bundesliga sind heute aus dem öffentlichen Leben nicht mehr wegzudenken. Der Anpfiff samstags um halb vier ist zu einer festen Institution in vielen deutschen Haushalten geworden. Hunderttausende Menschen pilgern in die Stadien, Millionen lauschen dem Radio oder warten ungeduldig auf die Fernsehberichterstattung. Die Popularität der Bundesliga lässt sich nur schwer mit anderen öffentlichen Veranstaltungen vergleichen und ist bis heute ungebrochen. Apropos Fernsehen: Auch wenn es heute kaum denkbar erscheint, die ersten Übertragungen von Fußballspielen waren schwarz-weiß und die Bilder wurden meist nur mit einer Kamera gefilmt. Heute hat eine Vielzahl von Kameras das ganze Spielfeld im Blick und natürlich kannst du das Geschehen auf dem Platz in Farbe verfolgen.

Die Münchner Meisterfeier zieht Massen von Fans auf den Marienplatz.

DIE SPIELKLASSEN IN DEUTSCHLAND

Bundesliga
2. Bundesliga
3. Liga
Regionalliga
Oberliga
Verbands- bzw. Landesliga
Bezirksliga
Kreisliga
Kreisklasse

Das Ligasystem

Beim Ligasystem treten mehrere Klubs gegeneinander an und kämpfen um Tore und Punkte. Im Verlauf eines Spieljahrs, also in der sogenannten Saison, treffen sich alle Mannschaften der Liga zweimal: einmal auf dem eigenen Platz (Heimspiel), das andere Mal auf dem Rasen des gegnerischen Teams (Auswärtsspiel). Bei 18 Mannschaften kommen so 34 Spieltage zusammen. Die Resultate aller Spiele werden in einer Tabelle notiert. Für einen Sieg gibt es drei Punkte, ein Unentschieden schlägt mit einem Punkt für beide Mannschaften zu Buche und Verlierer gehen leer aus. Die Drei-Punkte-Regel gilt seit der Saison 1995/96. Neben der Punktzahl werden auch die Tore gezählt. Der Verein, der am Ende der Saison in der Bundesliga die meisten Punkte erzielt hat und damit den ersten Tabellenplatz belegt, ist Deutscher Meister. Bei Punktgleichheit werden die Tordifferenz und die Anzahl der erzielten Tore zur Ermittlung des Meisters herangezogen. Das Ligasystem gilt mit Ausnahme der Tordifferenz auch für alle anderen Spielklassen.

Der Meister VfB Leipzig im Jahr 1906

Die Deutsche Meisterschaft

Hier kannst du einen Streifzug durch die Geschichte der Deutschen Meisterschaft erleben, um die auch schon vor der Einführung der Bundesliga gekämpft wurde.

Die erste Deutsche Meisterschaft

Um den ersten Meisterschaftstitel spielten deutsche Vereine schon im Jahr 1903. Als erster Deutscher Meis-

Jubel über den Aufstieg in die Bundesliga bei Eintracht Braunschweig 2013

DER TORREICHSTE SPIELTAG

Den torreichsten Spieltag gab es bislang in der Saison 1983/84. Insgesamt 53-mal landete der Ball im Netz. Und auch vom FC Bayern München gibt es mal wieder einen Rekord zu vermelden: Die Mannschaft hat in der Saison 1971/72 die magische Grenze von 100 Toren durchbrochen. Genau 101-mal konnten sich die Kicker über einen Treffer freuen.

ter ging der VfB Leipzig in die Fußballgeschichte ein. Im Finale besiegten die Kicker den Deutschen Fußballklub Prag mit 7:2. Insgesamt fünf Siege hatten den Leipzigern gereicht, um sich den Titel zu sichern. Im Gegensatz zu heute gab es nämlich nicht so viele Vereine – nur sechs Mannschaften nahmen an der ersten Meisterschaft teil. Zudem ähnelte sich die Spielstärke der einzelnen Mannschaften und auch die Qualifikation war wesentlich leichter. Auch wurde hier noch im K.-o.-System wie beim DFB-Pokal gespielt.

SCHON GEWUSST?

Ohne Mannschaftsfotos kannst du dir heute wohl weder den Saisonstart noch die Meisterfeier vorstellen. Leider gibt es kein offizielles Foto des Teams vom VfB Leipzig, das mit dem ersten Meistertitel Fußballgeschichte schrieb. Das erste Finale um die Meisterschaft hatte noch mehr Kurioses zu bieten. Denn obwohl die Spieler parat standen, konnte das Spiel nur mit Verzögerung beginnen. Der Ball fehlte und erst nach einer guten halben Stunde hatte man einen Ersatz organisiert.

Die Meisterschaft in den 1920er-Jahren

Während des Ersten Weltkriegs wurde die Deutsche Meisterschaft nicht ausgetragen. Erst 1920 fand wieder ein Endspiel statt, in dem sich der 1. FC Nürnberg gegen die SpVgg (Greuther) Fürth durchsetzen konnte. In den 1920er-Jahren stieg die Beliebtheit des Fußballs enorm. Waren sonst zwischen 5000 und 10.000 Zuschauer bei einem Meisterschaftsendspiel gezählt worden, so kamen zur Partie zwischen Nürnberg und Greuther Fürth schon rund 35.000 Fans. Im folgenden Jahr gelang den Nürnberger Kickern etwas, das bis dahin noch keine Mannschaft geschafft hatte: Sie konnten ihren Titel verteidigen. Bis 1927 entschied der 1. FC Nürnberg noch weitere drei Male die Meisterschaft für sich. Du siehst: Es gab in der Geschichte der Deutschen Meisterschaft schon immer Klubs, die den Fußballsport über Jahre prägten und anführten.

Die Rivalen aus Westdeutschland

In den 1930er-Jahren übernahm der FC Schalke 04 die dominierende Rolle und das Zentrum des Fußballs wanderte vom Süden in den Westen Deutschlands. Von 1933 bis 1942 ging der Meistertitel sage und schreibe sechsmal nach Gelsenkirchen. Was diesen Klub jedoch auch zu einer Ausnahme machte, war Folgendes: Die meisten Spieler waren Kinder von einfachen Bergleuten. Der Verein gewann 1937 auch als erster das sogenannte Double – das bedeutet, in einer Saison Meisterschaft und DFB-Pokal zu erlangen. Dieses Kunststück sollte erst 32 Jahre später eine weitere Mannschaft schaffen: Der FC Bayern München besiegte ausgerechnet die Schalker Kicker. Mittlerweile schafften die Bayern neunmal das Double (1969, 1986, 2000, 2003, 2005, 2006, 2008, 2010, 2013) und liegen auch in dieser Statistik ziemlich weit vorn. Nur der 1. FC Köln (1978), Werder Bremen (2004) und Borussia Dortmund (2012) triumphierten zwischendurch gleich doppelt in einer Saison.

SCHON GEWUSST?

Die Begeisterung wuchs: Die magische Grenze von 40.000 Zuschauern wurde in Deutschland erstmals im Jahr 1920 durchbrochen. Im Berliner Grunewaldstadion spielte die heimische Mannschaft gegen Budapest und gewann 2:1.

Die Meistermannschaft des FC Bayern München 1932

Die Mannschaft von Eintracht Frankfurt feierte 1959 die Meisterschaft.

SCHON GEWUSST?

Apropos Borussia Dortmund: Auch in den Jahren 1956 und 1957 ging die Meisterschaft nach Dortmund. Das Besondere: Die Mannschaft war in derselben Aufstellung an den Start gegangen!

Die Meisterschaft nach dem Zweiten Weltkrieg

Mit Beginn des Zweiten Weltkriegs im Jahr 1939 wurde es immer schwieriger, Spiele abzuhalten. Zwischen 1945 und 1947 fand schließlich keine Deutsche Meisterschaft statt. In der Saison 1947/48 holte sich wieder einmal der 1. FC Nürnberg den begehrten Titel und wurde somit erster deutscher Nachkriegsmeister. 1963 wurde die Deutsche Meisterschaft ein letztes Mal mit einem Endspiel ausgetragen. Danach ging das Ligasystem an den Start. Borussia Dortmund holte sich diesen „letzten" Titel in einem spannenden Spiel mit einem 3:1-Erfolg gegen den eigentlichen Favoriten, den 1. FC Köln.

Die Meisterschaft in der Bundesliga

Den ersten Meistertitel in der Bundesliga sicherte sich 1964 der 1. FC Köln. Weniger Glück hatten dagegen die Mannschaften des 1. FC Saarbrücken und des MSV Duisburg – sie mussten nach nur einer Saison im Oberhaus absteigen.

Heute wird die höchste deutsche Spielklasse sehr stark von dem Rekordmeister FC Bayern München geprägt, der sich in der Saison 2012/13 den 23. Titel holte. Wusstest du, dass die Vereine seit der Saison 2004/05 ihre Meisterschaftserfolge auf den Trikots für alle sichtbar machen können? Ab drei Titeln dürfen sie einen Stern, ab fünf Titeln zwei Sterne und ab zehn Titeln drei Sterne tragen. Und natürlich werden nicht nur Meisterschaften und Tore gezählt – auch jede einzelne Partie schlägt für die Spieler zu Buche. Während du vielleicht schon von Karl-Heinz „Charly" Körbel gehört hast, der die Liste mit den meisten Spielen anführt, so dürfte ein Name wie Aleksandar Abutovic relativ unbekannt sein. Der Unterschied zwischen beiden: Körbel absolvierte 602 Bundesliga-Spiele, und zwar einzig und allein für Eintracht Frankfurt. Deshalb wird er auch „Der treue Charly" genannt. Der für Nürnberg kickende Abutovic hingegen stand nur für ein einziges Bundesliga-Spiel auf dem Platz. Das war in der Saison 1988/89.

DER SPIELERTRANSFER

Den Wechsel eines Spielers von einem Verein zu einem anderen nennt man „Transfer". Der neue Verein muss eine Ablösesumme an den alten Verein zahlen. Bei uns gibt es im August und im Januar die Möglichkeit für die Vereine, auf „Einkaufstour" zu gehen. Vor dem Start der Bundesliga-Saison 2013/14 gaben die 18 Fußball-Erstligisten circa 215 Millionen Euro für neue Spieler aus. Bisheriger Bundesliga-Top-Transfer ist Javi Martínez, dessen Dienste sich der FC Bayern München für 40 Millionen Euro sicherte. Auch den zweitteuersten Transfer leisteten sich die Bayern und holten für 37 Millionen Mario Götze aus Dortmund. Teuerster deutscher Spieler aller Zeiten ist Mesut Özil, der für 50 Millionen von Arsenal London verpflichtet wurde. Den absoluten Rekord-Transfer fädelten die eigentlich hochverschuldeten „Königlichen" aus Madrid ein. Für circa 97 Millionen Euro wechselte Gareth Bale zu Real Madrid.

DIE DEUTSCHEN REKORDMEISTER

24 Titel:	FC Bayern München
9 Titel:	1. FC Nürnberg
8 Titel:	Borussia Dortmund
7 Titel:	FC Schalke 04
6 Titel:	Hamburger SV

Die Meisterschale

Die beste Bundesliga-Mannschaft einer Saison bekommt am Ende der Spielzeit die Meisterschale überreicht. Allerdings nur für ein Jahr, denn sie ist eine Wandertrophäe und wird an den nächsten Meister weitergegeben. Umgangssprachlich nennt man sie auch Salatschüssel. Der 1. FC Nürnberg konnte als erster deutscher Nachkriegsmeister 1948 die Meisterschale noch nicht in Empfang nehmen, da sie erst ein Jahr später hergestellt wurde. Sie rückte an die Stelle der im Zweiten Weltkrieg wohl verschwundenen Trophäe Viktoria. Auf der Meisterschale sind alle Deutschen Meister – angefangen beim VfB Leipzig von 1903 – eingraviert. 1981 war die aus Sterlingsilber gefertigte Meisterschale, die mit Edelsteinen verziert ist, jedoch zu klein geworden. Sie wurde erweitert, um wieder Platz für neue Namen zu schaffen. Mittlerweile hat die Meisterschale einen Durchmesser von 59 Zentimetern und wiegt rund elf Kilogramm. Ihr Wert wird vom DFB mit etwa 25.000 Euro angegeben.

Verpasste Meisterschaften und andere Dramen

Doch nicht nur erfolgreiche Mannschaften und ihre Titelgewinne gehen in die Fußballjahrbücher ein. Ebenso haben dort dramatische Entscheidungsspiele, knapp verpasste Meisterschaften und ähnliche Dramen ihren Platz. Besonders spannend ist die Bundesliga, wenn erst der letzte Spieltag die Entscheidung bringt, wer Meister wird. Die Saison 1991/92 hatte einen solchen Entscheidungstag zu bieten: Während Eintracht Frankfurt sich zumindest vor dem letzten Spieltag noch als Deutscher Meister wähnte, dann aber gegen Rostock 1:2 verlor, war Borussia Dortmund noch näher dran. Die Kicker führten in ihrer Partie 1:0 gegen Duisburg, der Titel war zum Greifen nahe. Doch dann gelang dem VfB Stuttgart der entscheidende Siegtreffer gegen Leverkusen. Mit diesem 2:1 sicherte sich das Team den Titel.

In der Saison 2000/01 traf es den FC Schalke 04 noch härter. Ihr Spiel gegen die Spielvereinigung Unterhaching war schon beendet und die Mannschaft fühlte sich als Meister. Man nahm an, dass das andere Entscheidungsspiel, in dem sich der FC Bayern München und der Hamburger SV gegenüberstanden, schon beendet sei. Dann aber gelang den Bayern mit dem letzten Schuss der Saison in der 94. Minute noch der Ausgleich. Schalke hatte die schon sicher geglaubte Meisterschaft verloren und die Enttäuschung war natürlich riesengroß.

Ähnlich dramatisch war die Entscheidung am letzten Spieltag der Saison 1998/99, an dem in drei Begegnungen um den Klassenerhalt gekämpft wurde. Im Verlauf der Spiele waren – je nach Spielstand – abwechselnd die Vereine Hansa Rostock, Eintracht Frankfurt und der 1. FC Nürnberg abgestiegen. Rostock gewann sein Spiel mit 3:2

Die Meisterschale

DER EIGENTORKÖNIG

Als „Eigentorkönig" ging Manfred Kaltz in die Geschichte der Bundesliga ein. Mit sechs Eigentoren ist er bis heute Rekordhalter in dieser „Disziplin".

gegen Bochum und war „durch", wie es umgangssprachlich auch heißt. Und Frankfurt schoss sich mit einem überragenden 5:1-Sieg gegen Kaiserslautern zum Klassenerhalt. Denn hinsichtlich Punktzahl und Tordifferenz waren sie mit Nürnberg gleich auf – nur hatten die „Adler" mehr Tore erzielen können. Der 1. FC Nürnberg war damit der Verlierer dieses spannenden Saisonschlusses.

Die Bayern-Spieler um Kapitän Philipp Lahm bejubeln die gewonnene Meisterschaft 2013.

Der Supercup

Der Supercup hat seinen ganz besonderen Reiz, da der Meister und der Pokalsieger der abgelaufenen Saison zu Beginn der neuen Saison in einem Spiel ihre Kräfte messen. Schafft es ein Verein, das Double zu gewinnen, so tritt der Vizemeister der vorangegangenen Saison im Spiel um den Supercup an. Endet das Spiel unentschieden, so wird der Sieger ohne Verlängerung sofort im Elfmeterschießen ermittelt.
Schon zwischen 1987 und 1996 wurde der Supercup ausgetragen, danach allerdings zugunsten des Ligacups nicht mehr ausgespielt. 2010 wurde er wiederbelebt. Heute werden sogar Forderungen laut, den Supercup in Asien auszutragen, damit die Bundesliga mit ihren zwei stärksten Teams international mehr Werbung für den deutschen Fußball machen kann.

Dortmund feiert den Gewinn des Supercup 2013.

Bisher gewannen der BVB und die Bayern am häufigsten den Supercup. Beide Klubs konnten ihn sich je viermal sichern.

DER „FC HOLLYWOOD"

Der FC Bayern München ist der wohl erfolgreichste Klub des deutschen Fußballs. Über zehn Millionen Fans hängen an ihrem Verein, der mittlerweile über 200.000 Mitglieder zählt. Vielleicht hast du außerdem schon vom „FC Hollywood" gehört. Denn auch damit sind die Kicker aus München gemeint. Jeder Einzelne von ihnen ist ein Star – und manche benehmen sich auch jenseits des Platzes so. Die Geschichte des Klubs ist gerade in den letzten Jahren auch immer wieder mit privaten Schlagzeilen, Affären und Skandalen verbunden.

DIE SIEGER DER DEUTSCHEN MEISTERSCHAFT SEIT 1965

1965	SV Werder Bremen	1992	VfB Stuttgart
1966	TSV 1860 München	1993	SV Werder Bremen
1967	Eintracht Braunschweig	1994	FC Bayern München
1968	1. FC Nürnberg	1995	Borussia Dortmund
1969	FC Bayern München	1996	Borussia Dortmund
1970	Borussia Mönchengladbach	1997	FC Bayern München
1971	Borussia Mönchengladbach	1998	1. FC Kaiserslautern
1972–74	FC Bayern München	1999	FC Bayern München
1975–77	Borussia Mönchengladbach	2000	FC Bayern München
1978	1. FC Köln	2001	FC Bayern München
1979	Hamburger SV	2002	Borussia Dortmund
1980	FC Bayern München	2003	FC Bayern München
1981	FC Bayern München	2004	SV Werder Bremen
1982	Hamburger SV	2005	FC Bayern München
1983	Hamburger SV	2006	FC Bayern München
1984	VfB Stuttgart	2007	VfB Stuttgart
1985	FC Bayern München	2008	FC Bayern München
1986	FC Bayern München	2009	VfL Wolfsburg
1987	FC Bayern München	2010	FC Bayern München
1988	SV Werder Bremen	2011	Borussia Dortmund
1989	FC Bayern München	2012	Borussia Dortmund
1990	FC Bayern München	2013	FC Bayern München
1991	1. FC Kaiserslautern	2014	FC Bayern München

Die beiden Überraschungsmeister der letzten Jahre (v. l.): der VfB Stuttgart (2007) und der VfL Wolfsburg (2009)

Die Vereine der Bundesliga

Neben den Spielern sind noch viele andere Personen im Gefüge eines Vereins tätig und unersetzlich. Darüber kannst du hier mehr erfahren. Außerdem findest du im Anschluss Kurzporträts aller Vereine der Bundesliga, die in der Saison 2013/14 in der höchsten Spielklasse kicken.

Wer gehört zu einem Verein?

Die Kicker auf dem Platz stehen im Mittelpunkt eines jeden Spiels. Doch es gibt noch einige andere wichtige Positionen und Funktionen, die dafür sorgen, dass es im Verein und auf dem Spielfeld gut läuft. Dazu gehören die Trainer, der Präsident, der Manager, der Zeugwart sowie der Mannschaftsarzt und der Physiotherapeut aus der Gesundheitsabteilung.

Präsident und Manager

Der Präsident ist der Chef eines Fußballvereins. Er repräsentiert den Verein nach außen und steuert ihn nach innen. Dabei bekommt er Unterstützung von anderen sogenannten Verantwortlichen des Klubs. Der Präsident braucht nicht nur fußballerisches Wissen, sondern auch unternehmerisches Talent. Sehr bekannt ist zum Beispiel Reinhard Rauball, der Präsident von Borussia Dortmund.

Die Aufgaben des Managers sind nicht klar abgegrenzt. Das heißt konkret: Jeder Verein kann seinem Manager spezielle Aufgaben zuteilen. Häufig regelt der Manager die wirtschaftlichen Geschicke, also alles Finanzielle rund um den Verein. Meist hat ein Verein übrigens verschiedene Bereiche, aus dem seine Einnahmen stammen. Dazu gehören die Stadioneinnahmen, die aus dem Verkauf der Eintrittskarten

HAST DU SCHON GEWUSST,

dass der erste deutsche Fußballverein der Bremer Football Club war? Er wurde bereits 1880 gegründet. Der älteste noch heute bestehende Klub ist der Berliner FC Germania. Turniere wurden damals aber nur innerhalb der Städte ausgetragen. In einem weiteren Schritt schlossen sich mehrere Vereine zu regionalen Verbänden zusammen. Doch erst durch die Gründung des Deutschen Fußball-Bundes im Jahr 1900 wurden der Fußball und die Vereine auf Landesebene organisiert.

Präsident Reinhard Rauball mit dem Dortmunder Kevin Großkreutz

Giovanni Trapattoni erhielt für seine legendäre Rede die Auszeichnung des Goldenen Löwen.

DIE „HABE FERTIG"-REDE

Berühmt wurde der ehemalige Trainer des FC Bayern München, Giovanni Trapattoni, als er in seiner „Habe fertig"-Rede feststellte: „Ich habe immer die Schulde über diese Spieler." Dazu muss man sich Trapattonis Temperament, seinen italienischen Akzent und vor allem seine Wut in diesem Moment vorstellen. Denn hinter diesem Satz verbirgt sich die einfache Erkenntnis, dass der Trainer als Erster zur Verantwortung gezogen wird, wenn die Mannschaft die gewünschte Leistung nicht abrufen kann.

stammen. Hinzu kommen die Einkünfte aus den Sponsorenverträgen und dem Verkauf von Fanartikeln. Und auch die Fernsehübertragungen sowie die Einnahmen aus Champions League und Europa League lassen die Klubkassen klingeln.

Der Trainer

Der Trainer ist der Chef der Mannschaft. Er baut das Training auf, entscheidet über die Taktik, stellt die Mannschaft zusammen und bestimmt, welche Spieler bei einer Partie zum Einsatz kommen. Außerdem muss er seine Mannschaft motivieren. Der Trainer wird manchmal auch als sportlicher Betreuer bezeichnet und trägt die Verantwortung für die Kicker – und den Erfolg des Teams. Um seinen Job ausüben zu können, benötigt ein Trainer die entsprechende Lizenz als Nachweis für seine Qualifikation. Wichtig ist auch, dass die Mannschaft ihren Trainer akzeptiert, denn sonst redet dieser schnell gegen eine Wand.

Welche weiteren Trainer gibt es?

Unterstützung bekommt der Trainer von seinem Co-Trainer, der auch Trainerassistent genannt wird. Er ist, wie du dir sicher denken kannst, der zweite Trainer

Jürgen Klopp ist einer der erfolgreichsten Trainer der letzten Jahre.

der Mannschaft. Diese Position wird unter Umständen auch mit einem jungen und nicht ganz so erfahrenen Trainer besetzt, der dann vom Chef lernen kann. Da aber der Trainer durchaus auf einem wackligen Stuhl sitzt, kommt es in der Praxis oft vor, dass der Co-Trainer auf den entlassenen Cheftrainer folgt. Ist diese Nachfolge nur von kurzer Dauer, spricht man vom sogenannten Interimstrainer.

Da ein Torwart ganz besondere Fähigkeiten benötigt, die auch anders trainiert werden wollen, als die der übrigen Spieler, gibt es auch einen speziellen Torwarttrainer. Dieser Posten wird meist mit jemandem besetzt, der selbst als Torwart aktiv und erfolgreich war. Fast alle Mannschaften leisten sich zusätzlich einen Konditionstrainer, der dafür sorgt, dass den Spielern auf dem Platz nicht die Puste ausgeht.

Rund um die Gesundheit

Gesundheit und Fitness sind für Sportler unverzichtbar. Deshalb gehören der Mannschaftsarzt

Der Mannschaftsarzt leistet auf dem Spielfeld Erste Hilfe.

und Physiotherapeut auf jeden Fall zum Team. Sie sitzen während der Partien am Spielfeldrand, um bei einer Verletzung Erste Hilfe leisten zu können. Aber sie sind auch für die „zweite Hilfe" zuständig und unterstützen Spieler dabei, nach einer verletzungsbedingten Pause wieder gesund zu werden. Zu ihren Aufgaben gehört aber auch, es gar nicht erst so weit kommen zu lassen: Sie sollten dazu immer die Fitness und den Leistungsstand der Sportler im Blick haben.

DIE ABKÜRZUNGEN:

BV	Ballsportverein
FC	Fußballclub
FSV	Fußballsportverein
SC	Sportclub
SV	Sportverein
TSG	Turn- und Sportgemeinschaft
VfB	Verein für Bewegungsspiele
VfL	Verein für Leibesübungen

Der Zeugwart

Der Zeugwart ist für die Ausrüstung der Spieler verantwortlich. Zu seinen Pflichten gehören neben dem Reinigen und Warten auch das Bereitstellen der Kleidung, Schuhe und Bälle. Außerdem stellt der Zeugwart die benötigten Trainingsgeräte, wie zum Beispiel die Hütchen, zur Verfügung und ist auch für das Bedrucken der Trikots zuständig. Während der Zeugwart im Profifußball Angestellter seines Vereins ist, arbeiten die Zeugwarte bei den Amateuren oftmals ehrenamtlich. Das Schöne an diesem Job: Der Zeugwart pflegt engen Kontakt zu den Spielern und wird meist auch als Vertrauensperson betrachtet. Und natürlich kennen echte Fans nicht nur die Namen ihrer Spieler, sondern auch den des Zeugwarts.

Eintracht Braunschweig

- Gründungsjahr: 1895
- Vereinsfarben: Blau-Gelb
- Stadion: Eintracht-Stadion, 25. 540 Plätze
- Internet: www.eintracht.com

Erstmals spielen die „Löwen" aus Braunschweig, wie die Spieler auch genannt werden, seit der Saison 2013/14 wieder in der Bundesliga. 1971 war Eintracht Braunschweig in den Bundesliga-Skandal verwickelt, in dem es um Spielmanipulationen und Schmiergelder ging. Vorreiter waren die Braunschweiger in Sachen Trikotwerbung. Als erster Bundesliga-Verein warben sie auf ihren Trikots für ein Produkt: Jägermeister. Nach langen Jahren in der Unterklasse sollen nun Spieler wie Jan Hochscheidt, Ken Reichel und Daniel Davari sowie der Trainer Torsten Lieberknecht den Klassenerhalt sichern.

SCHON GEWUSST?

Klaus Augenthaler war in seiner Trainerlaufbahn auch mal Co-Trainer beim FC Bayern München. In einem Spiel trug er die Verantwortung und leistete sich einen folgenschweren Fehler. Er wechselte insgesamt vier Spieler ein. Laut Reglement war das einer zu viel – Fortuna Düsseldorf legte aber am letzten Spieltag keinen Protest mehr ein.

SC Freiburg

- Gründungsjahr: 1904
- Vereinsfarben: Rot-Weiß
- Stadion: MAGE SOLAR-Stadion, 24. 000 Plätze
- Internet: www.scfreiburg.com

Seit der Saison 2009/10 spielt der SC Freiburg in der Bundesliga. Herzstück der Breisgauer ist das vereinseigene Jugendinternat. Ohne die Möglichkeiten viel Geld in neue Spieler zu investieren, baut der SC Freiburg auf die eigene Jugendarbeit. Unter Trainer Christian Streich wird diese Philosophie erfolgreich weitergeführt. So konnte sich der SC Freiburg in der Saison 2012/13 erstmals seit elf Jahren wieder für die Europa League qualifizieren. Nun wollen u. a. Oliver Baumann, Karim Guédé und Sebastian Freis auch in Europa für Furore sorgen. Für den Sport-Club bleibt der Klassenerhalt das Ziel.

1. FSV Mainz 05

- Gründungsjahr: 1905
- Vereinsfarben: Rot-Weiß
- Stadion: Coface Arena, 34.000 Plätze
- Internet: www.mainz05.de

Der „Karnevalsverein" aus Mainz hat sich seit 2009 in der Bundesliga etabliert. Nachdem Mainz 05 zunächst gegen den Abstieg spielte, entwickelte sich der Verein in den letzten Jahren unter Trainer Thomas Tuchel zu einem starken Gegner, den auch die Großen der Bundesliga nicht unterschätzen. Langsam schielt der FSV nach Europa. Beim ersten Versuch in die Europa League vorzustoßen scheiterten die Mainzer 2011/12 knapp. Nun wollen die Spieler rund um Nicolai Müller und Dani Schahin das europäische Geschäft erreichen.

DIE HÖCHSTE TRIKOTNUMMER IN DER BUNDESLIGA

In der Bundesliga gibt es keine Beschränkungen für die Höhe der Trikotnummer. So trug zum Beispiel der beim Karlsruher SC spielende Andreas Görlitz die Nummer 77 auf seinem Trikot.

TSG 1899 Hoffenheim

- Gründungsjahr: 1899
- Vereinsfarben: Blau-Weiß
- Stadion: WIRSOL Rhein-Neckar-Arena, 30.150 Plätze
- Internet: www.achtzehn99.de

Die TSG Hoffenheim etablierte sich seit 2005 durch große Investitionen , bis dahin spielte sie lediglich in der Kreisklasse und seit 2000 in der Regionalliga. Dem Aufstieg in die 2. Bundesliga 2007 folgte 2008 der Aufstieg in die Bundesliga, nachdem in den vier Jahren zuvor eine vollständig neue Mannschaft eingekauft worden war. Darunter sind viele junge Talente aus Traditionsvereinen, doch auch die eigene Jugendförderung wird großgeschrieben. Nun tritt Hoffenheim in der Saison 2013/14 mit Spielern wie Anthony Modeste, Roberto Firmino und Kevin Volland an. Als Trainer wurde Markus Gisdol verpflichtet, der das Team nach einigen Rückschlägen wieder ins gesicherte Mittelfeld führen soll.

Bayer 04 Leverkusen

- Gründungsjahr: 1904
- Vereinsfarben: Rot-Weiß-Schwarz
- Stadion: BayArena Leverkusen, circa 30.000 Plätze
- Internet: www.bayer04.de

Das „Bayer" im Namen verdankt der Leverkusener Klub seiner Zugehörigkeit zum großen Chemiekonzern Bayer. Obwohl die Mannschaft zu den besten Teams der Liga gehört, konnte Bayer noch nie die Meisterschaft gewinnen. Viermal landete man bereits, einmal sogar in allerletzter Minute, auf Platz 2, was dem Verein den Spitznamen „Vizekusen" einbrachte. Jetzt versuchen Simon Rolfes, Sidney Sam und Stefan Kießling die Qualifikation für die Champions League zu sichern. Trainer ist seit April Sascha Lewandowski.

Borussia Mönchengladbach

- Gründungsjahr: 1900
- Vereinsfarben: Grün-Weiß-Schwarz
- Stadion: Borussia-Park (früher: Bökelbergstadion), circa 54.000 Plätze
- Internet: www.borussia.de

Spieler wie Günter Netzer haben den Verein vor allem in den 1970er-Jahren erfolgreich gemacht. Die Spieler waren zum Teil sehr jung, sodass die Mannschaft den Spitznamen „Die Fohlen" bekam. Fünf Meisterschaften, drei Pokalsiege und zwei UEFA-Cup-Gewinne erreichten die Kicker in ihrer Glanzzeit. Unter Trainer Lucien Favre wollen die Spieler rund um Patrick Herrmann, Juan Arango und Max Kruse wieder an alte Erfolge anknüpfen. Vorerst ist aber das Ziel, sich für das internationale Geschäft zu qualifizieren und eine gute Rolle in der Liga zu spielen.

Borussia Dortmund

- Gründungsjahr: 1909
- Vereinsfarben: Schwarz-Gelb
- Stadion: Signal Iduna Park, 80.645 Plätze
- Internet: www.bvb.de

Der Verein Borussia Dortmund ist seit 2000 als einziger Verein der Bundesliga eine an der Börse notierte Aktiengesellschaft. Die Borussen gehören zu den stärksten Konkurrenten der Bayern, wenn es um Titelgewinne geht. Für großes Aufsehen sorgte der BVB in den Spielzeiten 2010/11 und 2011/12, in denen die Mannschaft sich souverän den Meistertitel holte und im Pokalfinale 2011/12 den FC Bayern München besiegte. In der Saison darauf erreichten sie das Champions-League-Finale, mussten sich dort allerdings den Bayern geschlagen geben. Mit Marco Reus, Mats Hummels und Henrikh Mkhitaryan will nun der BVB mit seinem Trainer Jürgen Klopp sowohl in der Bundesliga als auch international wieder um Titel spielen.

1. FC Nürnberg

- Gründungsjahr: 1900
- Vereinsfarben: Rot-Weiß
- Stadion: Grundig Stadion, 50.000 Plätze
- Internet: www.fcn.de

Bis 1987 war der 1. FC Nürnberg mit neun Meistertiteln deutscher Rekordmeister. Nach großen Erfolgen und Titeln in der Vergangenheit entwickelten sich die Nürnberger im Laufe der Zeit zu einer „Fahrstuhlmannschaft": Der Verein stieg aus der Bundesliga ab, danach sofort wieder auf, um anschließend wieder abzusteigen. Hinzu kamen interne Streitereien und große finanzielle Probleme. So entwickelte sich das Sprichwort: „Der Club ist ein Depp". Seit der Saison 2010/11 halten sich die „Cluberer" in der Bundesliga und konnten sich die letzten Jahre immer weiter vom Abstieg distanzieren. Auch beim 1. FCN baut man zunehmend auf junge Spieler. Ziel unter Trainer Gertjan Verbeek mit seinen Spielern Javier Pinola, Alexander Esswein und Raphael Schäfer ist allerdings nach wie vor der Klassenerhalt.

DER VERLETZUNGSKÖNIG DER BUNDESLIGA

Ein trauriger Rekord: Während seiner Fußballerkarriere erlitt Uwe Seeler zahlreiche Verletzungen. Allein von 1961 bis 1971 erwischte es ihn 65-mal – achtmal so schwer, dass er operiert werden musste.

Eintracht Frankfurt

- Gründungsjahr: 1899
- Vereinsfarben: Rot-Schwarz-Weiß
- Stadion: Commerzbank-Arena (früher: Waldstadion), circa 51.000 Plätze
- Internet: www.eintracht-frankfurt.de

Die „Adler" sind einmal Deutscher Meister geworden und konnten viermal den DFB-Pokal sowie einmal den UEFA-Cup gewinnen. Die Mannschaft trägt auch den Spitznamen „Launische Diva“, während ihre Fans zu den lautesten der Liga gehören. In der Saison 2013/14 möchten die Frankfurter in der Europa League für Furore sorgen. Den Adler auf der Brust tragen Talente wie Sebastian Jung und Václav Kadlec, aber auch alteingesessene Größen wie Alex Meier. Ihr aktueller Trainer ist Armin Veh.

FC Bayern München

- Gründungsjahr: 1900
- Vereinsfarben: Rot-Weiß
- Stadion: Allianz Arena (früher: Olympiastadion), 71.137 Plätze
- Internet: www.fcbayern.de

Die Münchener Kicker sind die Mannschaft mit den meisten Titelgewinnen – und das mit Abstand. Sie haben die Deutsche Meisterschaft bereits 24-mal gewonnen und sind 16-mal Pokalsieger geworden. Fünfmal konnten die Bayern den Europacup der Landesmeister bzw. die Champions League, einmal den Europokal der Pokalsieger, den UEFA-Cup, den europäischen Supercup und zweimal den Weltpokal gewinnen. 2012/13 gelang es dem FCB als erstem deutschen Team, das Triple zu holen. Mit neuen Spielern wie Mario Götze und Thiago Alcántara versucht nun der Trainer Pep Guardiola, was noch nie gelang: die Champions League zu verteidigen.

FC Schalke 04

- Gründungsjahr: 1904
- Vereinsfarben: Blau-Weiß
- Stadion: Veltins-Arena (früher: Arena Auf Schalke), circa 62.000 Plätze
- Internet: www.schalke04.de

Schalke ist die einzige Mannschaft, die nach einem Stadtteil benannt ist. Dieser gehört zu Gelsenkirchen. Die Mannschaft trägt auch den Namen „Die Knappen“. Denn früher haben viele Bergleute beim FC Schalke gespielt. Aufgrund der überwiegend blauen Farbe der Trikots werden die Spieler heute auch gerne „Die Königsblauen“ genannt. Die Kicker waren bereits siebenmal Deutscher Meister, haben fünfmal den Pokalwettbewerb und einmal den UEFA-Cup gewonnen. Benedikt Höwedes, Kevin-Prince Boateng, Joel Matip und Klaas-Jan Huntelaar tragen das blau-weiße Trikot. Jens Keller als ihr Trainer führt die Truppe an.

DER ELFMETER-PECHVOGEL DER BUNDESLIGA

Der Spieler Bruno Labbadia schoss in seiner Laufbahn immerhin 103 Bundesliga-Tore. Am Elfmeterpunkt war er allerdings recht glücklos. Er vollbrachte das „Kunststück“, vier Elfmeter in Folge zu verschießen, nachdem er seinen ersten Strafstoß in der höchsten deutschen Spielklasse hatte verwandeln können. Für den Klub Arminia Bielefeld trat er in der Saison 1999/2000 dreimal zum Elfmeter an. Dreimal verpasste er das Tor und hatte damit auch Anteil am Abstieg seines Teams.

Hamburger SV (HSV)

- Gründungsjahr: 1887
- Vereinsfarben: Blau-Weiß-Schwarz
- Stadion: Imtech Arena, 57.000 Plätze
- Internet: www.hsv.de

Hamburg ist einfach „erstklassig“. Der Verein spielt seit Bestehen der Bundesliga in der Oberklasse mit. Das hat kein anderer Verein geschafft und die Hamburger haben die Deutsche Meisterschaft sechsmal gewonnen und waren dreimal deutscher Pokalsieger. Außerdem konnte der Verein je einmal den Europacup der Pokalsieger und den Europacup der Landesmeister für sich entscheiden. Wichtigster und bekanntester Spieler ist Rafael van der Vaart, der als Kapitän das Team des HSV zum Erfolg führen soll. Die Nationalspieler Marcell Jansen, Heiko Westermann und René Adler kicken neben anderen Spielern für die Hamburger. Trainiert werden sie von Mirko Slomka.

Hannover 96

- Gründungsjahr: 1896
- Vereinsfarben: Schwarz-Weiß-Grün
- Stadion: HDI-Arena, circa 49.000 Plätze
- Internet: www.hannover96.de

Der Klub heißt auch schlicht „Die Roten“ – trotz des schwarz-weiß-grünen Logos. Die Hannoveraner waren bisher zweimal Deutscher Meister und einmal deutscher Pokalsieger. Seit der Saison 2002/03 spielt die Mannschaft wieder „erstklassig“. Ein 6:0-Erfolg am 30. März 2002 hatte schon fünf Spieltage vor Schluss den Aufstieg perfekt gemacht. Nun peilen Trainer Tayfun Korkut und seine Spieler Ron-Robert Zieler, Szabolcs Huszti, Didier Ya Konan und Jan Schlaudraff die oberen Tabellenplätze an, um die Fans auch auf europäischer Bühne zu begeistern.

Hertha BSC

- Gründungsjahr: 1892
- Vereinsfarben: Blau-Weiß
- Stadion: Olympiastadion, circa 74.500 Plätze
- Internet: www.herthabsc.de

Den Vereinsnamen „Hertha“ verdankt der Berliner Verein einer offenbar sehr beeindruckenden Dampferfahrt, die Mitbegründer Fritz Lindner auf einem Schiff dieses Namens unternommen hatte. Auf dem Schornstein eben jener Hertha leuchteten die Reedereifarben: Weiß mit blauen Streifen – das sind bis heute die Vereinsfarben. Die kickende Hertha war schon zweimal Deutscher Meister – das ist allerdings schon lange her (1930 und 1931). Nach dem Wiederaufstieg in die Bundesliga 2013 sollen Thomas Kraft, Änis Ben-Hatira und Sami Allagui für den Klassenerhalt sorgen. Trainer ist Jos Luhukay.

FC Augsburg

- Gründungsjahr: 1907
- Vereinsfarben: Rot-Grün-Weiß
- Stadion: SGL Arena, circa 30.600 Plätze
- Internet: ww.fcaugsburg.de

Die Augsburger spielen seit der Saison 2011/12 wieder in der Bundesliga. Vor jeder Saison gilt die Mannschaft als Abstiegskandidat, doch konnte sie sich mit viel Kampf- und Teamgeist durch die letzten beiden Spielzeiten retten. Auch diese Saison gilt es unter Trainer Markus Weinzierl den Klassenerhalt zu schaffen. Damit dies gelingt, baut der FCA auf Sascha Mölders, Halil Altıntop, Marcel de Jong und Jan-Ingwer Callsen-Bracker.

SV Werder Bremen

- Gründungsjahr: 1899
- Vereinsfarben: Grün-Weiß
- Stadion: Weser-Stadion, circa 42.500 Plätze
- Internet: www.werder.de

Die Bremer haben einem Trainer 14 Jahre lang die Treue gehalten. Das ist Bundesliga-Rekord! Otto Rehhagel winkte sogar ein unbefristeter Vertrag – dennoch verließ er die Mannschaft 1995. Die Bremer Kicker haben viermal den Meistertitel geholt und waren sechsmal die Gewinner des DFB-Pokals. Zudem haben sie einmal den Europacup der Pokalsieger gewonnen – natürlich unter Rehhagel. Die meisten Tore in der Geschichte des Vereins erzielte übrigens Marco Bode mit 101 Treffern. Derzeit gehören zum Beispiel Clemens Fritz, Mehmet Ekici, Aaron Hunt und Nils Petersen zum Kader. Neuer Trainer ist Robin Dutt.

VfB Stuttgart

- Gründungsjahr: 1893
- Vereinsfarben: Weiß-Rot
- Stadion: Mercedes-Benz Arena, circa 60.000 Plätze
- Internet: www.vfb.de

Fünf Meisterschaften und drei Pokalsiege gehen auf das Konto des VfB Stuttgart. An der Hauptrunde der Champions League nahm der Verein erstmals 2004 teil. Zum Titel reichte es zwar nicht, das Team feierte aber unter anderem einen 2:1-Erfolg gegen den Weltklub Manchester United. Das Maskottchen des Vereins heißt übrigens Fritzle. Nach der überraschenden Meisterschaft 2007 kämpft der VfB nun gegen das Mittelmaß an. Mit Arthur Boka, Moritz Leitner, Martin Harnik und Vedad Ibišević soll unter Trainer Huub Stevens eine erfolgreiche Saison gelingen.

VfL Wolfsburg

- Gründungsjahr: 1945
- Vereinsfarben: Grün-Weiß
- Stadion: Volkswagen-Arena, circa 30.000 Plätze
- Internet: www.vfl-wolfsburg.de

Die Spieler des VfL Wolfsburg werden auch „Die Wölfe" genannt. 1997 wurde der VfL unter dem Trainer Willi Reimann Vizemeister der 2. Bundesliga und stieg zum ersten Mal in der Vereinsgeschichte in die Bundesliga auf. Mit Wolfgang Wolf hatten sie dann auch von 1998 bis 2003 den Trainer mit dem passenden Namen. Unter Felix Magath wurde die Mannschaft 2009 Meister. Heute versuchen Diego Benaglio, Naldo, Diego, Luiz Gustavo und Ivica Olić unter Trainer Dieter Hecking wieder an diese erfolgreiche Zeit anzuknüpfen. Das Maskottchen – ein Wolf – heißt im Übrigen Wölfi.

DEUTSCHLANDS FUSSBALLER DES JAHRES SEIT 1997

1997	Jürgen Kohler (Borussia Dortmund)
1998	Oliver Bierhoff (Udinese Calcio)
1999	Lothar Matthäus (FC Bayern München)
2000	Oliver Kahn (FC Bayern München)
2001	Oliver Kahn (FC Bayern München)
2002	Michael Ballack (Bayer 04 Leverkusen, FC Bayern München)
2003	Michael Ballack (FC Bayern München)
2004	Aílton (Werder Bremen)
2005	Michael Ballack (FC Bayern München)
2006	Miroslav Klose (SV Werder Bremen)
2007	Mario Gómez (VfB Stuttgart)
2008	Franck Ribéry (FC Bayern München)
2009	Grafite (VfL Wolfsburg)
2010	Arjen Robben (Bayern München)
2011	Manuel Neuer (Bayern München)
2012	Marco Reus (Borussia Mönchengladbach)
2013	Bastian Schweinsteiger (Bayern München)

Bastian Schweinsteiger ist der deutsche Fußballer des Jahres 2013.

Der deutsche Frauenfußball

Frauenfußball gewinnt stetig an Bedeutung. Sogar die FIFA sagt: „Die Zukunft des Fußballs ist weiblich." Vor allem das deutsche Team hat Grund zum Jubeln: Mit den Weltmeistertiteln 2003 und 2007 sowie dem achten Europameistertitel im Jahr 2013 haben sich die Frauen an die Weltspitze gespielt.

Erschwerte Anfänge

Frauen begeisterten sich schon Anfang des 20. Jahrhunderts für Fußball. Zum einen als Zuschauer, zum anderen aber auch auf dem Platz. Die erste Frauenfußballmannschaft gab es natürlich in England – dem „Mutterland des Fußballs". Sie trug den Namen British Ladies und wurde 1894 von Nettie Honeyball gegründet. Allerdings wurden Frauenfußballspiele Anfang des 20. Jahrhunderts erst einmal wieder verboten. Man war der Meinung, dass die kurzen Hosen für Frauen nicht angebracht seien. Kurze Zeit später wurde dann sogar das Spiel selbst für Frauen als ungeeignet bezeichnet.

Seit 1920 spielten ebenfalls die deutschen Frauen Fußball. Dies wurde jedoch auch hierzulande angefeindet, da man der Meinung war, der Fußball würde die Frauen „vermännlichen" und von den weiblichen Tugenden wie der Mutterschaft ablenken.

SCHON GEWUSST?

Der Frauenanteil beträgt in der FIFA derzeit circa zehn Prozent. In den USA liegt er mit 40 Prozent am höchsten.

Frankfurt – Fußballstadt mit Tradition

In Deutschland wurde der Frauenfußball Mitte der 1950er-Jahre populärer. Der erste Deutsche Damen-Fußball-Klub war schon 1930 in Frankfurt gegründet worden, hatte aber bereits nach einem Jahr den Spielbetrieb wieder eingestellt. Nachdem die Kickerinnen des 1. FFC Frankfurt bis in die Saison 2007/08 national den deutschen Frauenfußball dominierten und auch international große Erfolge feiern konnten, etablierte sich mit dem 1. FFC Turbine Potsdam eine neue Spitzenmannschaft in der deutschen Frauen-Bundesliga. Viermal in Folge (2008–12) entschieden die Spielerinnen aus Potsdam die Deutsche Meisterschaft für sich. Der VfL Wolfsburg durchbrach diese Siegesserie und gewann in der Saison 2012/13 sensationell das Triple: die Meisterschaft, den DFB-Pokal und die Champions League der Frauen.

Die Entwicklung des deutschen Frauenfußballs

Die sogenannte eingleisige Bundesliga führte der DFB zur Saison 1997/98 ein. Zuvor hatten

SCHON GEWUSST?

Tina Theune (damals Theune-Meyer) führte die deutsche Fußballnationalmannschaft der Frauen in 135 Spielen. Davon konnte ihre Elf 93 gewinnen.

die Frauen seit 1991 in zwei Gruppen (Nord und Süd) gespielt. Wusstest du, dass erst seit 1993 die weiblichen Kicker auch die bekannte Spielzeit von zweimal 45 Minuten haben? In den Jahren davor war die Spielzeit insgesamt zehn Minuten, also pro Halbzeit fünf Minuten, kürzer. Über 1,2 Millionen Mitglieder des DFB sind übrigens Frauen.

Die Frauen-Nationalmannschaft

Die Erfolge der Nationalmannschaft sind untrennbar mit dem Namen Christina („Tina") Theune-Meyer verbunden. Sie war die erste Frau, die die Lizenz als Fußball-Lehrerin erwarb. Das war 1985. Vor ihrer Trainerlaufbahn war sie selbst auf dem Platz aktiv, so wie die meisten Fußballtrainer. Sie hat die Frauen-Nationalmannschaft seit 1996 geführt und mit ihr drei der acht Europameistertitel sowie die Weltmeisterschaft 2003 gewonnen. 2005 übernahm die bisherige Trainerassistentin Silvia Neid ihre Nachfolge.

Die Meisterschaft der Frauen-Bundesliga

Mit einer eigenen Deutschen Meisterschaft und dem DFB-Pokalwettbewerb nimmt der Frauenfußball mittlerweile eine feste Position bei uns ein. Den ersten Fußballmeistertitel für Frauen vergab der DFB in der Saison 1973/74. Damals wurde die Meisterschaft noch als Turnier ausgespielt. Heute tritt wie bei den Männern jede Mannschaft zweimal gegen jede andere an: einmal zu Hause, also im eigenen Stadion, und einmal auswärts. Seit der Saison 1995/96 wird nach der Drei-Punkte-Regel gespielt und eine Tabelle geführt. Der Sieger einer Begegnung erhält drei Punkte, bei einem Unentschieden entfällt auf jedes Team ein Punkt, der Verlierer einer Partie bekommt keinen Punkt.

Am Ende der Saison wird abgerechnet: Der Tabellenführer ist Deutscher Meister und die beiden Tabellenletzten steigen direkt ab.

Bundesligistin Martina Müller (l.) beim Zweikampf

Die deutsche Frauen-Nationalmannschaft 2013

DER HÖCHSTE SIEG

Der höchste Sieg im internationalen Frauenfußball gelang der japanischen Nationalmannschaft in der kontinentalen Qualifikation. Japan gewann gegen die Elf aus Guam in Guangzhon (China) mit einem sagenhaften 21:0.

SCHON GEWUSST?

Keine gute Saison erwischte der Bundesligist 1. FC Saarbrücken 2003/04: Die Kickerinnen kassierten 115 Gegentore und platzierten den Ball selbst nur siebenmal im gegnerischen Tor. Die Folge: Der Abstieg!

Die freien Plätze in der Bundesliga werden mit den jeweils Erstplatzierten der 2. Frauen-Bundesliga, Gruppe Nord und Süd, belegt. Steigen weniger als zwei Vereine auf, so wird auch die Zahl der Absteiger angepasst. Derzeit spielen übrigens zwölf Frauenklubs in der Bundesliga.

Keine andere prägte den Frauenfußball so wie Birgit Prinz.

Die Mannschaft des FC Bayern München feiert den DFB-Pokal 2012.

Der DFB-Pokal

Die Frauen kicken seit 1980/81 auch um den DFB-Pokal. Teilnehmen dürfen die zwölf Bundesliga-Vereine, bis zu 24 Vereine der 2. Frauen-Bundesliga, die fünf Aufsteiger in die 2. Bundesliga und die 21 Pokalsieger der Landesverbände Das erste siegreiche Team war 1981 die SSG 09 Bergisch Gladbach. Mit acht Siegen führt der 1. FFC Frankfurt die Liste der siegreichen Teams an, gefolgt vom TSV Siegen mit fünf Titeln. Das DFB-Pokalfinale der Frauen findet übrigens seit 2009 in Köln statt. Wusstest du, dass das Finalspiel der Frauen jeweils vor dem der Männer ausgetragen wird? Zwar ist der Siegerpokal der Frauen nicht ganz so wertvoll und imposant wie der der Männer, aber mit einer Höhe von 45 Zentimetern und einem farbigen Band aus neun Schmucksteinplatten als Kontrast zum Silber ist auch dieser eine begehrte Trophäe.

DIE OLYMPIA-GEWINNER

2000	Norwegen
2004	USA
2008	USA
2012	USA

Profis oder Amateure?

Trotz der steigenden Popularität sind die Spielerinnen der Frauenklubs größtenteils noch Amateure, üben ihren Sport also nicht als Beruf aus. Zum Vergleich: Während 1400 Männer in Deutschland Fußball professionell betreiben, gibt es bei den Frauen nur 25 Profifußballerinnen. Hierbei nimmt die USA eine Vorreiterrolle ein. Nachdem die ersten Versuche einer Frauenfußballprofiliga scheiterten, wurde die National Women's Soccer League gegründet und ist damit die einzige Frauenfußballprofiliga der Welt. Auch in Deutschland wird der Ruf nach einer Professionalisierung des Frauenfußballs immer lauter. Hilfreich sind dabei die großen Erfolge und die steigende Popularität der Nationalmannschaft der Frauen, die es geschafft hat, den Frauenfußball einer breiteren Öffentlichkeit bekannt zu machen und die Beliebtheit des Frauenfußballs nachhaltig zu steigern.

DIE DFB-POKAL-SIEGER DER FRAUEN SEIT 1998

1998	FCR Duisburg
1999–2003	1. FFC Frankfurt
2004–2006	1. FFC Turbine Potsdam
2007	1. FFC Frankfurt
2008	1. FFC Frankfurt
2009	FCR 2001 Duisburg
2010	FCR 2001 Duisburg
2011	1. FFC Frankfurt
2012	FC Bayern München
2013	VfL Wolfsburg

DIE DEUTSCHEN MEISTER DER FRAUEN SEIT 1990

1990–1992	TSV Siegen	2001–2003	1. FFC Frankfurt
1993	TuS Niederkirchen	2004	1. FFC Turbine Potsdam
1994	TSV Siegen	2005	1. FFC Frankfurt
1995	FSV Frankfurt	2006	1. FFC Turbine Potsdam
1996	TSV Siegen	2007	1. FFC Frankfurt
1997	Grün-Weiß Brauweiler	2008	1. FFC Frankfurt
1998	FSV Frankfurt	2009–2012	1. FFC Turbine Potsdam
1999	1. FFC Frankfurt	2013	VfL Wolfsburg
2000	FCR Duisburg		

Der Frauen- und der Männerfußball

Vergleicht man all dies mit dem Männerfußball, sieht man, dass der Frauenfußball bei Weitem noch nicht so populär ist wie der der Männer. Das zeigt dir auch ein Blick auf die Stadien: Die Commerzbank-Arena, in der bei den Männern der Bundesligist Eintracht Frankfurt zu Hause ist, bietet 51.500 Zuschauern Platz. Der 1. FFC Frankfurt der Frauen kickt im Stadion am Brentanobad, in das nur 5500 Besucher hineinpassen. Tatsächlich kommen derzeit aber im Durchschnitt bloß rund 1100 Zuschauer zu einem Bundesliga-Spiel der Frauen.

Wie sieht es international aus?

Der Frauenfußball ist vor allem international auf dem Vormarsch. Besonders in China und den USA sind Frauen am Ball ein Publikumsmagnet. Um die erste Europameisterschaft spielten die Frauen 1984, die erste Weltmeisterschaft fand 1991 in China statt. Die erfolgreichste Nation des Frauenfußballs sind bislang die USA. Sie gewannen 1991 und 1999 die Weltmeisterschaft und haben 2012 den Olympiasieg errungen. Seit 2001/02 treten die europäischen Teams auch zur UEFA Women's Champions League an.

Fatmire Bajramaj im Nationaltrikot

Die DFB-Elf gewann die EM 2013.

FINALBEGEGNUNGEN DER UEFA WOMEN'S CHAMPIONS LEAGUE SEIT 2009

2009	**FCR 2001 Duisburg** – Zvezda-2005	1:1 (6:0)
2010	**1. FFC Turbine Potsdam** – Olympique Lyonnais nach Elfmeterschießen	7:6 (0:0)
2011	1. FFC Turbine Potsdam – **Olympique Lyonnais**	0:2
2012	1. FFC Frankfurt – **Olympique Lyonnais**	0:2
2013	**VfL Wolfsburg** – Olympique Lyonnais	1:0

Die UEFA Women's Champions League

Seit 2001/02 wird ein Wettbewerb für europäische Fußball-Vereinsmannschaften der Frauen ausgetragen. Seit 2008/09 nennt man diesen Wettbewerb UEFA Women's Champions League. Übrigens ist dies der einzige Europapokal-Wettbewerb im Frauenfußball.

Der aktuelle Titelträger ist der VfL Wolfsburg. Ebenfalls aus Deutschland stammt mit drei Titeln der Rekordtitelhalter dieses Wettbewerbs: der 1. FFC Frankfurt. Qualifiziert für den Europapokal sind der nationale Meister und der Vizemeister der acht besten Länder im Fünf-Jahres-Ranking. Wird in Ländern keine Meisterschaft ausgespielt, qualifiziert sich der Pokalsieger. Nach einer Gruppenphase mit acht Gruppen zu je vier Teams müssen sich die Mannschaften in K.-o.-Spielen mit Hin- und Rückspiel behaupten, um ins mit Spannung erwartete Finale einzuziehen.

Der VfL Wolfsburg freut sich über den Gewinn der Champions League 2013.

Die begehrte Trophäe

Natürlich haben auch in diesem Wettbewerb die Frauen ihren eigenen Pokal. Ein Jahr lang dürfen die Siegerinnen den Pokal behalten, danach geht er an die UEFA zurück. Nur wenn ein Verein dreimal in Folge oder insgesamt fünfmal die Women's Champions League gewinnt, bleibt der Pokal für immer in der Trophäensammlung des Vereins. Bisher gelang das aber noch keinem. Nach einem siegreichen Finale dürfen die Spielerinnen die 60 Zentimeter große, zehn Kilogramm schwere und aus Sterlingsilber gefertigte Trophäe in die Höhe stemmen und den Fans präsentieren. Der Name des Siegervereins wird eingraviert.

Die Europameisterschaft der Frauen

Bereits 1969 und 1979 hatten europäische Frauenmannschaften um den Titel der besten Mannschaft Europas gespielt – allerdings inoffiziell. 1969 gewann Italien dieses fußballerische Kräftemessen, 1979 war es Dänemark. Der erste offizielle Wettbewerb auf dieser Ebene hieß Europäische Meisterschaft für Frauenfußball. Im Finale standen sich 1984 Schweden und England zweimal gegenüber. Die erste Partie gewann Schweden 1:0, beim Rückspiel stand es nach 90 Minuten hingegen 1:0 für England. Die Entscheidung fiel im Elfmeterschießen, das Schweden 4:3 gewann. Der Wettbewerb fand noch bis 1997 alle zwei Jahre statt, nach einer Änderung durch die UEFA, danach alle vier Jahre. Mittlerweile trägt das Turnier übrigens den Namen UEFA-Europameisterschaft für Frauen (EM). Die deutsche Nationalmannschaft hat diesen Wettbewerb so oft gewonnen wie keine andere – nämlich achtmal.

Wie funktioniert die Qualifikation?

Die Qualifikation für die Europameisterschaft der Frauen funktioniert etwas anders als im Männerfußball. Zunächst werden in zwei kleinen Turnieren der schwächsten acht Mannschaften zwei Sieger ermittelt, die dann mit den restlichen 36 Mannschaften in sieben Gruppen um die Teilnahme an der EM spielen. Dabei qualifizieren sich die Gruppenersten und der beste Gruppenzweite direkt für die Endrunde. In einer Relegation treten die restlichen Gruppenzweiten gegeneinander an, wobei sich der Sieger in Hin- und Rückspiel durchsetzen muss. Automatisch für die Europameisterschaft qualifiziert ist das Gastgeberland.

Wie geht es im Turnier weiter?

Die Endrunden-Teams werden in drei Gruppen aufgeteilt. Bei zwölf Mannschaften sind das vier pro Gruppe. In der Gruppenphase spielt jeder gegen jeden. Auch hier werden die Punkte im Liga-System verteilt: drei Punkte für einen Sieg, bei einem Unentschieden je einen Punkt pro Mannschaft sowie kein Punkt für eine Niederlage. Nach den Gruppenspielen stehen die Platzierungen innerhalb der Gruppe fest. Im Finale stehen sich dann zwei Mannschaften gegenüber, die sich im Viertelfinale und im Halbfinale, welche nach dem K.-o.-System ausgetragen werden, durchsetzen konnten. Ein Spiel um Platz drei findet nicht statt.

DIE EUROPAMEISTER DER FRAUEN SEIT 1991

1991	Deutschland
1993	Norwegen
1995	Deutschland
1997	Deutschland
2001	Deutschland
2005	Deutschland
2009	Deutschland
2013	Deutschland

Der EM-Pokal

Nachdem die deutsche Nationalmannschaft 2001 den Titel zum dritten Mal in Folge gewann, ging die EM-Trophäe in den Besitz des DFB über. Es wurde also Zeit für einen neuen Pokal! Dieser ist 42 Zentimeter groß und wiegt vier Kilogramm. Entworfen und hergestellt wurde der Pokal von der Mailänder Kunstschmiede Bertoni. Aus ihr stammt auch der UEFA-Pokal der Männer. Charakteristisch für den silbernen Cup sind vor allem seine fließenden Linien.

SCHON GEWUSST?

In der Qualifikation zur Europameisterschaft 2013 konnte sich der amtierende Europameister, die deutsche Fußballelf, mit neun Siegen in zehn Spielen und einer Tordifferenz von 64:3 durchgesetzen.

Nia Künzer bejubelt ihr Golden Goal – Deutschland ist Weltmeister 2003.

Die Weltmeisterschaft der Frauen

Die Fußballweltmeisterschaft ist nicht nur bei den Männern der größte und wichtigste Wettbewerb, den es gibt. Alle vier Jahre treffen sich die besten Nationalmannschaften aus der ganzen Welt, um die beste unter sich zu finden. Während die erste Weltmeisterschaft (WM) der Männer bereits im Jahr 1930 ausgetragen wurde, gibt es den Wettbewerb der Frauen erst seit 1991.

DIE WELTMEISTER DER FRAUEN SEIT 1995	
1995	Norwegen
1999	USA
2003	Deutschland
2007	Deutschland
2011	Japan

Wie funktioniert die Qualifikation?

Im Prinzip kann jedes Land der Erde eine Mannschaft zur WM schicken. Doch zuvor durchlaufen alle Teams auf ihrem Kontinent eine Qualifikation. Insgesamt stehen nämlich nur 16 Startplätze für die sogenannte Endrunde des Turniers zur Verfügung – sonst würde das Turnier ja aus allen Nähten platzen. Die 16 Teams, die an den Start gehen, sind also schon die besten der Welt.

Wie geht es im Turnier weiter?

Die 16 Mannschaften werden in vier Gruppen mit je vier Teams eingeteilt. In einer Gruppe spielt jede Mannschaft einmal gegen jede andere. Die Punkteverteilung kennst du schon aus anderen Wettbewerben – auch hier kommt nämlich wieder die Drei-Punkte-Regel zur Geltung. Die Teams, die nach dieser Gruppenrunde jeweils auf Platz 1 und 2 ihrer Gruppentabelle stehen, kommen ins Viertelfinale. Zu diesem Zeitpunkt sind also noch acht Mannschaften im Turnier dabei. Von jetzt an wird allerdings im K.-o.-System gespielt. Das heißt: Wer verliert, ist raus. Die deutsche Nationalmannschaft der Frauen konnte bei der WM 2011 im eigenen Land den Titel nicht verteidigen. Die begehrte Trophäe gewann Japan und ist damit amtierender Weltmeister.

Die deutsche Nationalmannschaft gewann die WM 2007.

Der WM-Pokal

Für die dritte Weltmeisterschaft im Frauenfußball 1999 bestellte die FIFA einen neuen Pokal. Das Kunstwerk stammt aus der Hand von William Sawaya, der bei einem Mailänder Kunsthandwerksbetrieb arbeitet.

DIE GASTGEBERLÄNDER DER WM SEIT 1995	
1995	Schweden
1999	USA
2003	USA
2007	China
2011	Deutschland
2015	Kanada

Der Pokal ist 37 Zentimeter groß und wiegt rund zwei Kilogramm. Alle Metallteile sind vergoldet, der Fuß ist aus poliertem Marmor. An diesem ist eine Plakette aus poliertem Messing angebracht. Der auf dem Pokal ruhende Ball ist ebenfalls aus Messing.

Das olympische Fußballturnier der Frauen

Seit 1996 gibt es auch für Frauen ein olympisches Fußballturnier. Daran nehmen zehn Mannschaften teil, darunter der amtierende Weltmeister. Zunächst findet eine Gruppenphase mit drei Gruppen (G, E und F) statt. Der Viertplatzierte aus der Vierer-Gruppe G und der schlechtere Drittplatzierte aus den Gruppen E und F scheiden aus. Der Rest gelangt direkt ins Viertelfinale. Ab diesem wird dann bis zum Finale im K.-o.-System weitergespielt. Die Verlierer der Halbfinalbegegnungen ermitteln im sogenannten Kleinen Finale den Bronzemedaillengewinner. Im Endspiel werden der Olympiasieger und der Silbermedaillengewinner ausgespielt. Die deutsche Mannschaft konnte sich für die Olympischen Spiele 2012 in London leider nicht qualifizieren.

BERÜHMTE DEUTSCHE SPIELERINNEN

Die bekannteste deutsche Fußballspielerin ist Birgit Prinz. Achtmal in Folge (2001–08) wurde sie Fußballerin des Jahres. Für die deutsche Nationalmannschaft schoss sie in 214 Spielen 128 Tore. Sie hat alle Titel, die im Frauenfußball vergeben werden, gewonnen und hält mehrere Rekorde wie die meisten WM-Teilnahmen oder auch die meisten WM-Tore. 2011 beendete sie ihre Karriere.
Ihre Nachfolgerinnen sind nicht weniger erfolgreich. Fatmire Bajramaj, Célia Šašić und Martina Müller sind ebenfalls torgefährlich und haben viele Titel gesammelt. Dagegen ist Nadine Angerer fürs Toreverhindern zuständig. Die Torfrau wurde 2013 zu Europas Fußballerin des Jahres gewählt.

DEUTSCHLANDS FUSSBALLERIN DES JAHRES

2009	Inka Grings (FCR 2001 Duisburg)
2010	Inka Grings (FCR 2001 Duisburg)
2011	Fatmire Bajramaj (1. FFC Turbine Potsdam)
2012	Célia Šašić (SC 07 Bad Neuenahr)
2013	Martina Müller (VfL Wolfsburg)

Europäische Vereinswettbewerbe

Die Organisation aller europäischen Fußballwettbewerbe gehört zu den Hauptaufgaben der UEFA. Die Wettbewerbe selbst unterteilen sich in die Pokalwettbewerbe der Vereinsmannschaften und die Europameisterschaft der Nationalmannschaften, über die du im nächsten Kapitel mehr erfährst.

Was ist die UEFA?

Die UEFA ist die europäische Fußballvereinigung. Die Abkürzung steht für Union des Associations Européennes de Football. Alle nationalen Fußballverbände in Europa sind Mitglieder der UEFA. Die UEFA wurde am 15. Juni 1954 in Basel ins Leben gerufen. 25 Verbände gehörten damals zu den Gründungsmitgliedern. Heute sind 54 Landesverbände dabei. Die Organisation der europäischen Turniere umfasst die Wettbewerbe für Vereine, wie die Europa League, die UEFA Women's Champions League und die Champions League, sowie die Europameisterschaft für die Nationalmannschaften.

SCHON GEWUSST?

Die höchste zulässige Rückennummer in der Europa League ist übrigens die Nummer 99. So steht es nämlich in den UEFA-Richtlinien.

Welche Vereinswettbewerbe gibt es in Europa?

Die europäischen Vereinswettbewerbe, auch Pokalwettbewerbe genannt, krönen jede Fußballsaison. Bis 1999 gab es drei Europapokale. Unter ihnen ist der Europapokal der Landesmeister, der seit 1956 ausgetragen wird. In diesem Wettstreit treffen die jeweiligen Meister der nationalen Ligen aufeinander. Vielleicht kennst du dieses Turnier ja schon? Seit 1993 heißt es nämlich Champions League. Um den UEFA-Pokal, der

Die Europapokalspiele ziehen die Fans in die Stadien.

auch UEFA-Cup genannt wurde, spielten zunächst die Teams, die sich auf Rang 2 und 3 der nationalen Ligen platzieren konnten. Noch bis 1971 hieß der UEFA-Pokal Messepokal. Er wurde zum ersten Mal im Jahr 1955 ausgetragen. Als erster Sieger ging der FC Barcelona in die Fußball-Jahrbücher ein.
1999 wurde der UEFA-Pokal mit dem Europapokal der Pokalsieger zusammengelegt. In ihm hatten bis dahin die Gewinner der nationalen Pokalwettbewerbe, wie zum Beispiel des DFB-Pokals, um den Titel gespielt. Nach der Saison 2008/09 wurde der UEFA-Pokal in Europa League umbenannt.

Chelsea gewann die Europa League 2013.

Die Europa League

Die Anzahl der Mannschaften, die pro Land an der Europa League teilnehmen dürfen, hängt von den Erfolgen ab, die in den beiden UEFA-Wettbewerben, also der Europa League und der Champions League, erzielt werden. Denn die UEFA führt die sogenannte Fünf-Jahres-Wertung. Alle Ergebnisse, die Mannschaften sowohl in der Europa League als auch in der Champions League innerhalb der letzten fünf Jahre erzielt haben, fließen in diese Wertung ein. Für einen Sieg werden pro Land zwei Punkte, für ein Unentschieden ein Punkt notiert. Teams, die das Viertel- oder Halbfinale oder sogar das Endspiel erreichen, heimsen Bonuspunkte für ihr Land ein. Auch die Qualifikation für die Gruppenspiele der Champions League bringt zusätzliche Punkte auf das Landeskonto. Maximal gehen vier Teams aus einem Land an den Start. Spanien führt in der UEFA-Fünf-Jahres-Wertung zurzeit vor England und Deutschland. Italien liegt vor Portugal und Frankreich auf dem vierten Platz.

DIE RANGLISTE DER UEFA-FÜNF-JAHRES-WERTUNG

1.	Spanien
2.	England
3.	Deutschland
4.	Italien
5.	Portugal
6.	Frankreich
7.	Russland
8.	Niederlande
9.	Ukraine
10.	Belgien

(Stand: Oktober 2013)

Wer darf mitspielen?

Die aus ganz Europa stammenden Mannschaften müssen im schlimmsten Fall insgesamt vier Qualifikationsrunden für die Europa League überstehen, je nachdem welchen Platz der Landesverband in der UEFA-Fünf-Jahres-Wertung belegt. In der Play-off-Runde, der vierten und letzten Qualifikationsrunde, finden die 38 finalen Duelle statt. Der Sieg berechtigt zur Teilnahme an der Gruppenphase. Die übrigen zehn Plätze gehen an die Mannschaften, die in der Qualifikation für die Champions League kein Glück hatten.

Wie wird das Turnier gespielt?

Nachdem sich die 48 Teams qualifiziert haben, werden sie in Runde 1 auf zwölf Gruppen zu je vier Mannschaften aufgeteilt. In der Gruppenphase müssen die Mannschaften

DEUTSCHE UEFA-POKAL-GEWINNER

Borussia Mönchengladbach (1975, 1979)
Eintracht Frankfurt (1980)
Bayer 04 Leverkusen (1988)
FC Bayern München (1996)
FC Schalke 04 (1997)

EUROPA-LEAGUE-GEWINNER SEIT 1990

1990	Juventus Turin
1991	Inter Mailand
1992	Ajax Amsterdam
1993	Juventus Turin
1994	Inter Mailand
1995	AC Parma
1996	FC Bayern München
1997	FC Schalke 04
1998	Inter Mailand
1999	AC Parma
2000	Galatasaray Istanbul
2001	FC Liverpool
2002	Feyenoord Rotterdam
2003	FC Porto
2004	FC Valencia
2005	ZSKA Moskau
2006	FC Sevilla
2007	FC Sevilla
2008	Zenit St. Petersburg
2009	Schachtar Donezk
2010	Atlético Madrid
2011	FC Porto
2012	Atlético Madrid
2013	FC Chelsea

jeweils in Hin- und Rückspiel gegeneinander antreten. Zusammen mit den Drittplatzierten der Champions League ziehen die Erst- und Zweitplatzierten der Runde 1 ins Sechzehntelfinale ein. Bis zum Finale, das seit 1998 in nur noch einem Spiel ausgetragen wird, ist es ein langer Weg über Achtelfinale, Viertelfinale und Halbfinale. Im Vergleich zur Champions League ist die Europa League finanziell weit weniger lukrativ und wurde von Franz Beckenbauer sogar mal als Cup der Verlierer betitelt. Trotzdem ist das Prestige der Europa League nach wie vor ungebrochen und für viele Mannschaften aus ganz Europa ist es ein Traum, diese ehrwürdige Trophäe in den Händen halten zu dürfen. Spannend ist dieser Wettbewerb, wie allein die Finals der letzten Jahre zeigten, allemal.

Der UEFA-Pokal

Der UEFA-Pokal ist das Schwergewicht unter den europäischen Vereinspokalen. Er wiegt stolze 15 Kilogramm. Hergestellt hat ihn die Designschmiede Bertoni in Mailand. Der Pokal ist 65 Zentimeter hoch und hat zwei Besonderheiten: Der untere Teil zeigt Fußballspieler. Statt einer ganzen Elf hat der Künstler Alex Diggelmann, der den Wanderpokal entworfen hat, jedoch nur neun Spieler auf dem Pokal abgebildet. Der Marmorsockel ist mit den Landesfähnchen der Staaten verziert, die der UEFA angehören. Der Erweiterung auf mittlerweile 54 Mitglieder konnte die UEFA jedoch zumindest auf dem Pokal noch nicht folgen – dort sind derzeit erst 35 Länder vertreten. Übrigens: Mannschaften, die den UEFA-Cup gewonnen haben, behalten lediglich eine Kopie der Trophäe. Um sie unterscheiden zu können, muss die Nachbildung kleiner als das Original sein.

Der UEFA-Pokal

Die Champions League sorgt für die großen Duelle der Stars.

Die Champions League

Die Champions League ist in der Saison 1992/93 an die Stelle des Europapokals der Landesmeister getreten. Auch dieser Wettbewerb wird unter dem Dach der UEFA ausgetragen. Er ist der bedeutendste und für die teilnehmenden Vereine auch lohnendste. Sicher hast du schon von der „Königsklasse" oder „Eliteliga" gehört. Damit ist diese „Liga der Champions" gemeint.

Ein Blick zurück

Im Dezember 1954 äußerte der französische Journalist Gabriel Hanot in der Sportzeitung „L'Équipe" einen interessanten Gedanken. Sein Vorschlag: Alle Landesmeister sollten mit Hin- und Rückspielen im K.-o.-System den Europameister der Vereinsmannschaften ermitteln. Zuvor hatte sich nämlich der englische Meister Wolverhampton nach Siegen über den russischen Meisterklub Spartak Moskau und den ungarischen Meister Honved Bukarest quasi selbst zum europäischen Meister ernannt – zu Unrecht, wie Hanot befand. Im März 1955 stimmte die UEFA seiner Idee zu, kurz darauf gab auch die FIFA ihr Einverständnis.

Real Madrids Siegerjubel 2002

SCHON GEWUSST?

Die meisten Spiele in der Champions League absolvierte Ryan Giggs von Manchester United. Seit 1993 brachte er es auf über 140 Spiele. Die meisten Tore (71) erzielte Raúl.

Die ersten Teilnehmer

Ein neuer Fußballwettstreit war geboren: der Europapokal der Landesmeister. 16 Klubs spielten 1955/56 um den ersten Titel des europäischen Landesmeisters. Mit dabei waren der Deutsche Meister Rot-Weiß Essen und der 1. FC Saarbrücken als Meister des damals noch unabhängigen Saarlands. Real Madrid zeigte die beste Leistung während des Turniers und gewann das Finale gegen Stade de Reims aus Frankreich mit 4:3. Bis heute hat der Klub aus Madrid den Titel noch weitere achtmal eingeheimst. 1983 stand der Hamburger SV an der Spitze der europäischen Teams und war damit der letzte deutsche Sieger im alten Europapokal der Landesmeister.

Wer spielt heute mit?

Direkt in den Wettbewerb der Champions League einsteigen dürfen die jeweiligen Landesmeister und die zweitplatzierten Vereine. Aber auch die Klubs, die in den wichtigsten nationalen Ligen weitere vordere Plätze belegen, können dabei sein. Für die Teilnahme gilt ein spezieller UEFA-Verteilerschlüssel. Das bedeutet, dass es unterschiedliche Kriterien für die Qualifikation der Mannschaften gibt. Da die UEFA-Fünf-Jahres-Wertung auch hier angewendet wird, gilt grundsätzlich: Spielstarke Fußballverbände schicken mehr Teilnehmer als schwache. Die drei besten Länder der Wertung dürfen bis zu vier Teams an den Start bringen. Bei weniger erfolgreichen muss sogar der Meister in die Qualifikation. Insgesamt starten 32 Mannschaften in den Wettbewerb. Doppelt so viele kämpfen vorab um die zur Verfügung stehenden Plätze. Der Titelverteidiger, die Landesmeister der zwölf besten europäischen Ligen, die Zweitplatzierten der sechs besten Ligen und die Tabellendritten der besten drei Ligen sind qualifiziert. Um die verbleibenden zehn Startplätze wird in einer Qualifikation gespielt. Der UEFA-Fünf-

DIE ERSTE DEUTSCHE MANNSCHAFT IM FINALE

Eintracht Frankfurt war der erste Klub aus Deutschland, der ins Finale des Europapokals einziehen konnte. Das war 1959/60, als Frankfurt sich die Deutsche Meisterschaft gesichert hatte. Im Hinspiel des Halbfinales gewannen die Adler gegen die Glasgow Rangers mit 6:1 – ein toller Erfolg! Im Rückspiel lief es noch besser, denn die Kicker konnten sogar auswärts gegen die Rangers punkten, diesmal mit 6:3. Im Finale hieß der Gegner dann Real Madrid. Erst dort mussten sich die Frankfurter geschlagen geben, denn Real gewann mit 7:3.

Jahres-Wertung kommt dabei also eine große Bedeutung zu, da sie festlegt, wie viele Teilnehmer eine Liga zur Königsklasse schicken darf.

Wie funktioniert die Qualifikation?

In der Qualifikation spielen 54 Teams um die freien 10 Plätze. Gespielt werden drei Runden im K.-o.-System mit Hin- und Rückspiel. In diesen drei Runden spielen die Vereine je zwei Begegnungen gegeneinander – ein Heim- und ein Auswärtsspiel. Die Mannschaft, die mehr Tore verbuchen kann, gelangt in die nächste Runde. Haben beide Mannschaften die gleiche Anzahl von Toren erzielt, so kommt die Elf mit mehr Auswärtstreffern weiter. Seit der Saison 2003/04 folgt der Qualifikation nur noch eine Gruppenphase. In ihr werden aus 32 Mannschaften in acht Gruppen mit je vier Teams die jeweils zwei Erstplatzierten ermittelt. Diese ziehen ins Achtelfinale ein. Die acht Mannschaften, für die es „nur" zum dritten Platz gereicht hat, können in die dritte Runde der Europa League einsteigen. Die Viertplatzierten scheiden aus, ohne weiter an einem anderen Wettbewerb teilnehmen zu dürfen.

Wann entscheidet das Torverhältnis?

Haben nach dem Ende der Gruppenspiele zwei oder mehr Mannschaften die gleiche Punktzahl erreicht, so zählt zunächst der direkte Vergleich der Teams untereinander. Wenn das nicht weiterhilft, schaut man sich das Torverhältnis in den Spielen gegeneinander an. Wenn dann noch immer keine Entscheidung gefallen ist, zählen die auswärts erzielten Tore in den direkten Vergleichen. Erst ganz zum Schluss wird das Torverhältnis aus allen Gruppenspielen verglichen.

Wie geht es weiter?

Das Achtel-, Viertel- und das Halbfinale werden im K.-o.-System mit Hin- und Rückspielen bestritten. Im Finale gibt es allerdings kein Rückspiel. Es findet übrigens auf einem neutralen Platz statt, den die UEFA schon vor Beginn des Wettbewerbs festlegt. So soll keiner der Finalisten einen Vorteil durch sein Heimstadion bekommen. Steht nach Ablauf der regulären Spielzeit noch kein Gewinner fest, gibt es zunächst Verlängerung. Wenn auch dann noch keine der beiden Mannschaften vorn liegt, kommt es zum Elfmeterschießen. Der Sieger des

Trainer Ottmar Hitzfeld gewann mit dem FC Bayern München 2001 die Champions League zum zweiten Mal, nachdem er 1997 mit Borussia Dortmund gesiegt hatte.

DER TRAUM VOM TITEL PLATZT

Besonders dramatische Champions-League-Finale erlebte der FC Bayern München. 1999 führten die Bayern bis zur 91. Minute mit 1:0 gegen Manchester United. Der Titel war zum Greifen nahe. Doch in der Nachspielzeit drehte ManU innerhalb weniger Minuten den Spies um. In der 91. und in der 93. Minute schossen Teddy Sheringham und Ole Gunnar Solskjær die Tore zum Sieg der Engländer.
2011 unterlag der FC Bayern ähnlich dramatisch dem FC Chelsea im „Finale dahoam". Im eigenen Stadion lag der FCB 1:0 vorn, doch gelang Didier Drogba nach einer Ecke in der 88. Minute der Ausgleich. Nach Ende der regulären Spielzeit wies die Statistik 27:7 Schüsse und 17:1 Ecken zugunsten der Bayern auf. In der Verlängerung vergaben die Bayern jedoch weitere zahlreiche Chancen und einen Elfmeter. Im Elfemeterschießen bewies Chelsea die stärkeren Nerven und entschied das Spiel für sich.

Der enttäuschte Oliver Kahn 1999

DIE GEWINNER DES EUROPAPOKALS DER LANDESMEISTER SEIT 1983

1983	Hamburger SV	1998	Real Madrid
1984	FC Liverpool	1999	Manchester United
1985	Juventus Turin	2000	Real Madrid
1986	Steaua Bukarest	2001	FC Bayern München
1987	FC Porto	2002	Real Madrid
1988	PSV Eindhoven	2003	AC Mailand
1989	AC Mailand	2004	FC Porto
1990	AC Mailand	2005	FC Liverpool
1991	Roter Stern Belgrad	2006	FC Barcelona
1992	FC Barcelona	2007	AC Mailand
Ab 1993:	**Champions League**	2008	Manchester United
1993	Olympique Marseille	2009	FC Barcelona
1994	AC Mailand	2010	Inter Mailand
1995	Ajax Amsterdam	2011	FC Barcelona
1996	Juventus Turin	2012	FC Chelsea
1997	Borussia Dortmund	2013	FC Bayern München

Der FC Bayern gewann 2013 den langersehnten Titel.

Endspiels ist schließlich die beste Vereinsmannschaft Europas – zumindest bis zum nächsten Jahr. Bislang haben zwei deutsche Klubs die Champions League gewonnen: Borussia Dortmund 1997 und Bayern München 2001 sowie 2013. Im Jahr 1983 hatte der Hamburger SV noch den Europapokal der Landesmeister geholt, wie du ja bereits weißt.

Die begehrte Trophäe

SCHON GEWUSST?

Das Finale der Champions-League-Saison 2013/14 findet in Lissabon statt. Der Sieger wird am 24.05.2014 im Estádio do Sport Lisbao e Benfica gekürt.

Der Champions-League-Pokal

Der Pokal, den der Sieger in der Champions League überreicht bekommt, wiegt acht Kilogramm und ist 74 Zentimeter hoch. Derzeit ist das fünfte Exemplar im Umlauf. Die anderen vier stehen nämlich in den Vereinsvitrinen besonders erfolgreicher Mannschaften. Ein Klub, der den Titel dreimal hintereinander oder zum fünften Mal gewinnt, darf die Originaltrophäe behalten. Über fünfmal gewonnen haben bislang Real Madrid (insgesamt bereits neunmal) und der AC Mailand (insgesamt bereits siebenmal). Dreimal nacheinander siegreich waren in den 1970er-Jahren der FC Bayern München und Ajax Amsterdam. Diese Vereine durften die Trophäe folglich mit nach Hause nehmen.

Die besten Vereine Europas

Hier findest du Kurzporträts einer Auswahl der besten europäischen Vereine.

AC Mailand

Eine wahre Flut an Erfolgen hat der 1899 gegründete Klub in den Farben Schwarz und Rot aufzuweisen. 18 Meistertitel, fünf Pokalsiege, sieben Erfolge in der Champions League, zweimal der Pokal der Pokalsieger und viermal der Weltpokal (zuletzt 2007) gehören dazu. Die Mannschaft von Trainer Clarence Seedorf spielt im Fußballtempel Giuseppe Meazza. Zu den aktuellen Stars gehören der Italiener Mario Balotelli, Robinho und Kaká aus Brasilien und Philippe Mexès aus Frankreich.

Borussia Dortmund

Nach großen Erfolgen Mitte der 1990er-Jahre geriet der BVB in eine finanzielle Schieflage und versank sportlich im Mittelmaß. Mit Ausnahme einer Meisterschaft 2002 konnte der BVB keine Erfolge vorweisen, bis Trainer Jürgen Klopp eine junge und schlagkräftige Truppe zusammenstellte, die mit begeisterndem Fußball 2011 die Meisterschaft und 2012 das Double holte. 2013 drang die Mannschaft bis ins Champions-League-Finale vor, konnte es aber nicht für sich entscheiden.

Ajax Amsterdam

Gemeinsam mit Feyenoord Rotterdam und dem PSV Eindhoven gehört Ajax zu den erfolgreichsten Teams der Niederlande. 1900 gegründet, feierte der Verein mit Johan Cruyff in den 1970er-Jahren große Siege. Der Klub in Rot-Weiß ist bekannt für seine Fußballschule, aus der immer wieder Weltstars hervorgehen – zuletzt unter anderen Rafael van der Vaart (Hamburger SV). Trainer Frank de Boer versucht seit 2010 mit einem jungen Team und Talenten wie Siem de Jong und Mounir El Hamdaoui an die glorreichen Zeiten anzuknüpfen. Die Mannschaft, die ihre Heimspiele in der Amsterdam Arena austrägt, wurde 32-mal Meister, 18-mal Pokalsieger, viermal Pokalsieger der Landesmeister/Champions League und gewann einmal den Europapokal der Pokalsieger sowie den UEFA-Cup.

Manchester City

Lange Zeit fristete der Klub ein tristes Leben im Schatten des großen Rivalen Manchester United ohne nennenswerte Erfolge. Doch 2009 übernahm der Scheich Mansour bin Zayed Al Nahyan die Citizens und investierte seitdem circa 900 Millionen Euro in den Verein. Dadurch konnten zahlreiche Top-Spieler wie Samir Nasri, Yaya Touré, Edin Džeko oder Sergio Agüero verpflichtet werden. „Geld schießt Tore", besagt ein Sprichwort und so gewann ManCity nach 43 Jahren erstmals wieder einen Titel: den FA-Cup. 2012 folgte die englische Meisterschaft.

Benfica Lissabon

32 Meisterschaften und 24 Pokalsiege in Portugal kann Benfica vorweisen. Dazu kommen zwei Siege im Landesmeisterpokal 1961 und 1962, an denen der Spieler Eusébio maßgeblich beteiligt war. Der portugiesische Meister der Saison 2009/10 in den Farben Rot-Weiß versucht unter Trainer Jorge Jesus an alte Erfolge anzuknüpfen. 2013 stand Benfica im Finale der Europa League, verlor aber gegen Atlético Madrid. Im Stadion des Lichts sind heute André Gomes, Nemanja Matić und Rodrigo die Stars.

FC Arsenal

Der 1886 von Waffenfabrikarbeitern gegründete Verein aus dem Norden Londons legte in der Spielzeit 2003/04 und 2004/05 eine nahezu unglaubliche Erfolgsserie hin. Unter Trainer Arsène Wenger verloren die Gunners in der Saison 2003/04 kein einziges ihrer 38 Spiele und bauten diese Serie in der kommenden Saison auf insgesamt 49 Spiele ohne Niederlage aus. Ein historischer Rekord! Danach ging es jedoch etwas bergab, viele Spieler verließen den Verein. Einer der Stars ist derzeit Mesut Özil. Der Verein ist 13-facher englischer Meister, zehnfacher Pokalsieger und gewann den Pokal der Pokalsieger 1994.

FC Barcelona

Barca gilt als eine der besten Fußballmannschaften der Welt. Der Dauerrivale von Real Madrid gewann viermal die Champions League, holte sich 22-mal die spanische Meisterschaft und 26-mal den spanischen Pokal. Nicht nur ihre Trophäensammlung beeindruckt Fans auf der ganzen Welt, vor allem fasziniert die offensive und attraktive Spielweise der Katalanen. Dem Trainer Gerardo Martino stehen Weltklasse-Spieler wie Lionel Messi, Xavi, Andrés Iniesta und Neymar zur Verfügung. Wie in jeder Saison gehört der FC Barcelona zu den Topfavoriten auf alle wichtigen Titel in Europa.

FC Bayern München

Der deutsche Rekordmeister (24 Meisterschaften und 16 Pokalsiege) zählt zu den Top-Vereinen in Europa. Neben drei Titeln im Europapokal der Landesmeister, dem Gewinn des UEFA-Cups 1996 und der Champions League 2001 war der Höhepunkt der Vereinsgeschichte das Triple 2013. Als erste deutsche Mannschaft holten sich die Münchner die Meisterschaft, den DFB-Pokal und die Champions League. Trainer Pep Guardiola soll die Erfolgsgeschichte weiterführen.

FC Chelsea

Der Klub aus dem reichen Westen Londons besitzt seit der Übernahme des Vereins durch den russischen Ölmagnaten Roman Abramowitsch 2003 eines der teuersten Teams der Welt. Allein bis 2006 lockte er für circa 524 Millionen Euro neue Spieler zu den Blues. Sportlich lohnten sich die Investitionen. 2005, 2006 und 2010 gewann Chelsea die englische Meisterschaft, 2007, 2009, 2010 und 2012 den englischen Pokal. Bis zum ganz großen Triumph mussten die Fans an der Stamford Bridge aber bis 2012 warten. Die Londoner gewannen in einem dramatischen Finale gegen den FC Bayern die Champions League. Nun soll Trainer José Mourinho mit

Spielern wie Petr Čech, Frank Lampard und André Schürrle für eine Wiederholung dieses Erfolgs sorgen.

FC Liverpool

Die Reds gehören zu den Dauerrivalen von Manchester United. Überraschend wurden die Liverpooler unter Trainer Rafael Benítez in der Saison 2004/05 Champions-League-Sieger gegen den AC Mailand und holten damit ihren fünften Titel im größten europäischen Wettbewerb. Seitdem erzielten sie keine großen Erfolge mehr. Dazu kommen 18 Meistertitel, sieben Pokalsiege und drei UEFA-Pokal-Erfolge. Der 1892 gegründete Verein spielt an der Anfield Road. Zu den Stars gehören der Engländer Steven Gerrard und Luis Suárez aus Uruguay.

FC Porto

1893 wurde der Verein gegründet, der im Estádio do Dragao spielt. Zu den Erfolgen gehören zwei Champions-League-Titel (1987 und 2004) und zwei Europa-League-Siege (2003 und 2011). Außerdem wurde der Verein 27-mal Meister und 16-mal Pokalsieger in Portugal. Unter Trainer Luís Castro spielen Stars wie Maicon und Kléber aus Brasilien, Jao Moutinho aus Portugal und Luis Gonzalez aus Argentinien. Die Vereinsfarben sind Blau und Weiß.

Paris Saint-Germain

Paris Saint-Germain wurde 2011 von einer Investorengruppe aus Katar erworben. Seitdem investierte man 360 Millionen Euro in neue Spieler. Unter anderem sollen Thiago Motta, Zlatan Ibrahimović und Edinson Cavani für sportlichen Erfolg sorgen. Nachdem der Klub in den 1990er-Jahren sehr erfolgreich war, geriet er aber in finanzielle Schwierigkeiten. Mit dem Geld aus Katar versucht Trainer Laurent Blanc an die erfolgreiche Vergangenheit anzuknüpfen und auch auf internationaler Bühne für Furore zu sorgen.

Inter Mailand

Der große Konkurrent des AC Mailand ist Inter Mailand, der 1908 von abtrünnigen Mitgliedern des AC gegründet wurde. Seitdem trennt diese beiden Mannschaften eine heftige Rivalität, wie sie in einer Stadt selten zu finden ist. Inter Mailand spielt in den Farben Blau und Schwarz unter dem derzeitigen Trainer Walter Mazzarri. Der Verein läuft im gleichen Stadion wie der AC Mailand auf. 18 Meisterschaften, sieben nationale Pokalsiege, der dreimalige Gewinn der Champions League und drei UEFA-Pokalsiege sind die wichtigsten Erfolge des Vereins. Er läuft aktuell mit Stars wie Zdravko Kuzmanović (Kroatien), Wálter Samuel und Diego Milito (Argentinien) auf.

Juventus Turin

Der 1897 gegründete Verein mit den Farben Schwarz und Weiß wird „La vecchia signora", „Die alte Dame" genannt. Er ist der erfolgreichste Klub Italiens und hat unter anderem 31 Meistertitel, neun Pokalsiege, drei Erfolge im UEFA-Pokal, einen Sieg beim Pokal der Pokalsieger und zwei Champions-League-Titel vorzuweisen. Außerdem wurde der Klub zweimal Weltpokalsieger. Nach dem Zwangsabstieg in die Seria B aufgrund von Spielmanipulationen knüpft Juventus seit dem Wiederaufstieg 2007/08 mit Spitzenspielern wie Gianluigi Buffon, Arturo Vidal, Andrea Pirlo und Carlos Tévez wieder an frühere Zeiten an. 2012 und 2013 wurden sie italienischer Meister.

Schachtar Donezk

Der Klub konnte bisher achtmal die ukrainische Meisterschaft und neunmal den ukrainischen Pokal gewinnen. Internationaler Höhepunkt war der Sieg im Finale des UEFA-Pokals 2009. Der aus Donezk stammende Großmagnat Rinat Achmetow baute mit seinem Geld den Verein konsequent auf. Viele Brasilianer und andere internationale Stars prägen seither das Gesicht der Mannschaft aus Donezk. Mit Trainer Mircea Lucescu versuchen Fred, Luiz Adriano, Bernard (Brasilien) und Eduardo (Kroatien) weiter an die Spitzenvereine Europas heranzurücken.

Manchester United

Die „Red Devils" oder „Roten Teufel" sind eines der Aushängeschilder des englischen Fußballs. Unter Trainer Sir Alex Ferguson, der von 1986 bis 2013 als Trainer bei ManU arbeitete und von der englischen Königin geadelt wurde, sammelte die Mannschaft aus der nordenglischen Industriestadt zahlreiche Titel. Insgesamt hat der 1878 gegründete Verein 20 Meistertitel, elf Pokalsiege, drei Champions-League-Titel und einen Gewinn des Pokalsieger-Pokals auf seinem Konto. Zu den aktuellen Topspielern gehören der Engländer Rio Ferdinand, der Niederländer Robin van Persie, der Engländer Wayne Rooney und der Japaner Shinji Kagawa. Das Stadion ist ebenfalls ein Star: Old Trafford wird das „Theater der Träume" genannt.

Real Madrid

Eigentlich heißen sie die Königlichen, da sie nicht nur die Krone im Wappen, sondern auch im Namen tragen. Denn „real" heißt auf deutsch „königlich". Tatsächlich ist der spanische König Juan Carlos hin und wieder im Stadion Santiago Bernabeu zu sehen. Zwischendurch wurde die Truppe der teuersten Spieler der Welt sogar „Die Galaktischen" genannt. „Das weiße Ballett" hat Stars wie Sergio Ramos und Iker Casillas aus Spanien sowie Cristiano Ronaldo und Sami Khedira unter Vertrag. Tore schießen die Königlichen fast immer genug. Wenn sie unterliegen, dann meist wegen ihrer zu offensiven Abwehr.

Zuletzt gewann der 1902 gegründete Klub die Champions League 2002. Insgesamt waren die Madrilenen neunmal Sieger des Landesmeister-Pokals und der Champions League, 32-mal spanischer Meister und 18-mal spanischer Pokalsieger.

EUROPAS FUSSBALLER DES JAHRES AB 1984	
1984	Michel Platini (Frankreich)
1985	Michel Platini (Frankreich)
1986	Igor Belanow (UdSSR)
1987	Ruud Gullit (Niederlande)
1988	Marco van Basten (Niederlande)
1989	Marco van Basten (Niederlande)
1990	Lothar Matthäus (Deutschland)
1991	Jean-Pierre Papin (Frankreich)
1992	Marco van Basten (Niederlande)
1993	Roberto Baggio (Italien)
1994	Hristo Stoitchkov (Bulgarien)
1995	George Weah (Liberia)
1996	Matthias Sammer (Deutschland)
1997	Ronaldo (Brasilien)
1998	Zinedine Zidane (Frankreich)
1999	Rivaldo (Brasilien)
2000	Luís Figo (Portugal)
2001	Michael Owen (England)
2002	Ronaldo (Brasilien)
2003	Pavel Nedvěd (Tschechien)
2004	Andrij Schewtschenko (Ukraine)
2005	Ronaldinho (Brasilien)
2006	Fabio Cannavaro (Italien)
2007	Kaká (Brasilien)
2008	Cristiano Ronaldo (Portugal)
2009	Lionel Messi (Argentinien)
Im Jahr 2010 wurde der Preis nicht vergeben.	
2011	Lionel Messi (Argentinien)
2012	Andrés Iniesta (Spanien)
2013	Franck Ribéry (Frankreich)

Die Europameisterschaft

Die Europameisterschaft ist der Wettbewerb, in dem die Nationalmannschaften Europas die beste in ihren Reihen suchen.

Von der Idee zum Wettbewerb

Die Idee zu dem Wettbewerb unter Europas Nationalteams stammt von Henri Delaunay. Der Franzose hatte bereits 1927 der FIFA diesen Vorschlag unterbreitet. Leider zu einem schlechten Zeitpunkt – die Verantwortlichen steckten bereits bis über beide Ohren in den Vorbereitungen für die erste Weltmeisterschaft, die 1930 in Uruguay anstand. Delaunays Sohn Pierre und der Journalist Gabriel Hanot wagten 1957 einen erneuten Vorstoß, diesmal allerdings bei der UEFA. Und sie hatten mehr Glück. Noch im selben Jahr gab es grünes Licht. Die beiden ersten Wettbewerbe wurden 1960 und 1964 noch unter der Bezeichnung Europapokal der Nationen ausgetragen. Danach bekam das Turnier seinen heutigen Namen: Europameisterschaft (EM). Sie wird seit 1968 jeweils alle vier Jahre in der Mitte zwischen zwei Weltmeisterschaftsendrunden ausgetragen. Der Abstand zwischen einer Europa- und einer Weltmeisterschaft beträgt daher immer zwei Jahre.

Der amtierende Europameister Spanien feiert den Sieg 2012.

Wer qualifiziert sich für die Europameisterschaft?

An der EM-Qualifikation dürfen die Nationalteams aller europäischen Länder teilnehmen. Die Mannschaft des jeweiligen Gastgeberlandes muss nicht in der Qualifikation spielen, da sie auf jeden Fall gesetzt ist. Die Qualifikationsspiele finden innerhalb von zwei Jahren statt. Die Mannschaften werden dazu in Gruppen eingeteilt, in der jedes Team in einem Hin- und Rückspiel gegen jedes andere antritt. In der Qualifikation für die EM-Endrunde 2012 sah das so aus: Die Mannschaften der Gastgeber Polen und Ukraine waren gesetzt. 51 europäische Länder spielten um die übrigen 14 Plätze im Turnier. Es wurden neun Gruppen mit je fünf bzw. sechs Teams gebildet. Die neun Gruppensieger und der beste Gruppenzweite qualifizierten sich direkt für die Endrunde. Die zweitplatzierten Mannschaften spielten dann in den sogenannten Playoffs, bei denen die Begegnungen ausgelost wurden, die letzten vier Plätze aus.

Oliver Bierhoff schießt bei der EM 1996 das erste Golden Goal in der Geschichte des Fußballs.

Wie beginnt das Turnier?

Bis zur Europameisterschaft 2012 nahmen jeweils 16 Nationalmannschaften aus Europa an diesem europäischen Fußballfest teil. Michel Platini, der Präsident der UEFA, vergrößert jedoch zur Europameisterschaft 2016 das Teilnehmerfeld stark und ändert auch den Spielmodus ab. So werden beim nächsten Turnier 24 Mannschaften ihre Kräfte messen. Die Teams werden auf sechs Gruppen aufgeteilt. Neu ist auch, dass sich nicht nur die Gruppenersten und -zweiten für das Achtelfinale qualifizieren, sondern auch die insgesamt vier besten Gruppendritten. Wurde bisher die Europameisterschaft in einem oder zwei Gastgeberländern ausgetragen, so soll nun das Turnier europaweit stattfinden. Einzelne Städte, zum Beispiel München, Berlin, Paris oder London, haben sich bereits dafür beworben, einige Spiele der EM ausrichten zu dürfen. Die Spieler und Trainer werden also nicht nur guten Fußball abliefern, sondern auch viel reisen müssen.

DAS GOLDEN GOAL

Das Golden Goal bezeichnet die Spielentscheidung durch das nächste erzielte Tor in der Verlängerung. Es bedeutet ein sofortiges Ende des Spiels. Von 1996 bis 2002 galt diese Regelung, 2003 aber wurde sie vom Silver Goal abgelöst, welches nur bei einem Turnier zur Anwendung kam und danach sofort wieder abgeschafft wurde. Das erste Golden Goal in der Geschichte des Fußballs erzielte Olivier Bierhoff im Finale der Europameisterschaft 1996. Nach 90 Minuten stand es zwischen der Tschechischen Republik und Deutschland 1 : 1. Bierhoff sicherte der Nationalmannschaft mit seinem Tor den bislang letzten deutschen Titelgewinn. Heute gibt es bei Gleichstand wieder zweimal 15 Minuten Verlängerung. Sollte dann immer noch keine Entscheidung gefallen sein, kommt es zum nervenaufreibenden Elfmeterschießen.

Wie geht es im Turnier weiter?

Ab dem Achtelfinale wird im K.-o.-System gespielt. Konnte sich nach 90 Minuten keiner der Kontrahenten durchsetzen, geht es in die Verlängerung, welche zweimal 15 Minuten dauert. Sollte auch hier keine der beiden Mannschaften ein entscheidendes Tor erzielen, muss der Sieger im von vielen, am meisten jedoch vom englischen Team, gefürchteten Elfmeterschießen ermittelt werden. Nach dem Achtelfinale kann eine Mannschaft mit Siegen im Viertelfinale und Halbfinale ins Finale einziehen – der Traum aller Fußballer. Ein Spiel um Platz 3 wurde zum letzten Mal 1980 ausgetragen und danach abgeschafft. Nur durch einen Sieg im Finale kann sich eine Mannschaft schließlich auf den Fußballthron Europas setzen.

Die deutschen Erfolgsmannschaften

Bislang haben deutsche Nationalmannschaften dreimal die Europameisterschaft gewonnen. Die siegreichen Spieler waren:

EM in Belgien, 1972:

Sepp Maier, Horst-Dieter Höttges, Georg Schwarzenbeck, Franz Beckenbauer, Paul Breitner, Uli Hoeneß, Günter Netzer, Herbert Wimmer, Jupp Heynckes, Gerd Müller und Erwin Kremers

EM in Italien, 1980:

Toni Schumacher, Manfred Kaltz, Uli Stielike, Karlheinz Förster, Bernard Dietz, Bernd Schuster, Hans-Peter Briegel, Hansi Müller, Karl-Heinz Rummenigge, Horst Hrubesch, Klaus Allofs und Bernd Cullmann

EM-Rekord-Spieler Philipp Lahm

EM in England, 1996:

Andy Köpke, Matthias Sammer, Thomas Strunz, Markus Babbel, Thomas Helmer, Christian Ziege, Dieter Eilts, Mehmet Scholl, Thomas Häßler, Jürgen Klinsmann, Stefan Kuntz, Marco Bode und Oliver Bierhoff

Die Trophäe

Der Pokal für den Europameister heißt Coupe Henri Delaunay und ist nach dem „Vater der EM" benannt. Die versilberte Trophäe ist 50 Zentimeter hoch und wiegt rund zehn Kilogramm. Sie wurde im Jahre 1960 von Arthur Bertrand aus Paris entworfen. Zwar konnte die deutsche Elf sich schon dreimal über den Gewinn der Europameisterschaft freuen, doch in den Besitz des DFB ist der Cup noch nicht übergegangen. Denn erst bei drei Titelgewinnen in Folge oder fünf Titeln insgesamt wandert das Original in die Vitrinen des siegreichen Fußballverbandes, ansonsten erhält er eine Nachbildung. Übrigens schaffte es nur die spanische Nationalmannschaft, ihren Titel zu verteidigen.

Der Coupe Henri Delaunay

DIE DEUTSCHEN EM-REKORD-SPIELER

Platz	Name	Jahr	Spiele
1.	Philipp Lahm	2004–2012	14
2.	Thomas Häßler	1992–2000	13
	Jürgen Klinsmann	1988–1996	13
	Miroslav Klose	2004–2012	13
	Bastian Schweinsteiger	2004–2012	13
6.	Andi Brehme	1984–1992	12

Die dänische Überraschung

Der Titelgewinn der dänischen Nationalmannschaft im Jahr 1992 ging als Sensation in die Fußballgeschichte ein. Eigentlich hatte sich die Mannschaft gar nicht für das Turnier qualifiziert. Das Team aus Jugoslawien, das hingegen qualifiziert war, wurde von der FIFA nicht für die Endrunde zugelassen. Der Grund war der Bürgerkrieg in Jugoslawien. So kamen die Dänen zu ihrer Chance in Schweden – und nutzten sie. Die dänischen Kicker wurden aus ihrem Urlaub geholt, um an der EM teilnehmen zu können. Mit weniger Vorbereitung als alle anderen Mannschaften schafften sie den Sprung an die Spitze. Sie gewannen das Finale gegen das deutsche Nationalteam am 26. Juni in Göteborg mit einem klaren 2:0. Seitdem werden sie auch die Urlaubs-Europameister genannt.

Euro 2004

Die Euro 2004 hatte eine der größten Überraschungen der EM-Geschichte zu bieten. Mit Otto Rehagel konnten die Griechen den Pokal holen. Rehakles, wie ihn die Griechen liebevoll nennen, verordnete den Griechen eine sehr defensive Taktik, die es den Gegnern von Frankreich über Tschechien bis zu Portugal unmöglich machte, ein Tor zu erzielen. Den Griechen selbst reichte in jedem der Spiele nur ein Treffer, um schließlich den ganz großen Triumph perfekt zu machen.

Die italienische Abwehr konnte David Silva (r.) im EM-Finale 2012 nicht aufhalten.

Euro 2008

Lange galt Spanien als Mannschaft, die zwar große Ambitionen hat, in den entscheidenden Momenten eines Turniers aber versagt. Dieses Vorurteil widerlegten die Spanier mit technisch eindrucksvollem Tempofußball: Der sogenannte Ticki-Tacka-Spielstil war geboren. Diesem unwiderstehlichen Offensivdrang der Spanier war kein anderes Team gewachsen. Im Finale musste sich auch Deutschland mit 0:1 geschlagen geben.

Das Wunder von Lissabon: Otto Rehhagel und seine Griechen wurden Europameister 2004.

Euro 2012

Noch nie hatte es ein Land geschafft, den Europameistertitel zu verteidigen. Spanien sollte es 2012 gelingen. Zwar war der Fußball der Spanier nicht mehr so berauschend wie in den Jahren zuvor, dafür waren sie umso effektiver und letztendlich für kein anderes Team zu besiegen. Im Endspiel gegen Italien zeigte das spanische Team um Trainer Vicente del Bosque seine ganze Klasse und fegte die Italiener mit 4:0 vom Platz.

Die Weltmeisterschaft

Die Fußballweltmeisterschaft ist der größte und wichtigste Wettbewerb im Fußball. Alle vier Jahre treffen sich die besten Nationalmannschaften aus der ganzen Welt, um den Titel zu gewinnen. Der Wettstreit unter den besten Mannschaften der Welt begeistert seit Jahren Millionen von Zuschauern.

Der Erfinder der WM Jules Rimet (am Rednerpult) ehrt die deutsche WM-Elf 1954.

Was macht die FIFA dabei?

Die offizielle Bezeichnung für den Fußballweltverband lautet Fédération Internationale de Football Association, abgekürzt FIFA. Sie wurde 1904 von den Verbänden aus Frankreich, Belgien, den Niederlanden, Dänemark, Spanien, der Schweiz und Schweden in Paris gegründet. Bereits im selben Jahr schloss sich Deutschland dem Weltverband an. England kam erst 1905 dazu. Die FIFA ist die Dachorganisation für 209 nationale Fußballverbände auf der ganzen Welt. Sie ist für die Ausrichtung der Weltmeisterschaft verantwortlich. Allerdings beauftragt sie den Landesverband des jeweiligen Austragungslandes mit der Organisation. Außerdem ist die FIFA für die Schlichtung von Problemen zwischen Vereinen in verschiedenen Ländern zuständig und überwacht zudem die Einhaltung aller Fußballregeln.

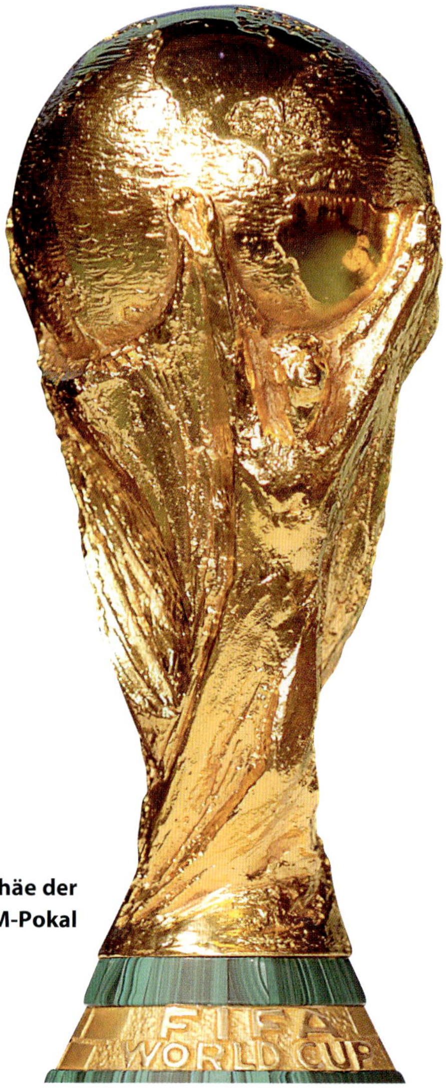

Die wohl meistbegehrte Trophäe der Fußballwelt: der WM-Pokal

Ein Blick zurück

Der Gedanke eines weltumspannenden Fußballturniers geht zurück auf den FIFA-Präsidenten Jules Rimet. Er hatte 1928 vorgeschlagen, unter den Teams aus allen Ländern der Welt das beste zu ermitteln. Die erste Weltmeisterschaft (WM) fand 1930 in Uruguay statt, damals noch ohne Qualifikationsspiele. Diese wurden erst für die

WM 1934 eingeführt, die in Italien ausgetragen wurde. Seitdem sind sie fester Bestandteil des Reglements. Uruguay hatte die olympischen Wettbewerbe 1924 sowie 1928 gewonnen und war das beherrschende Team der 1920er-Jahre. Die Ausrichtung der WM war als Anerkennung dieser sportlichen Erfolge gedacht. Und tatsächlich konnte die Nationalmannschaft aus Uruguay einen weiteren großen Erfolg erzielen: Sie wurde im eigenen Land der erste Weltmeister der Fußballgeschichte. In den 1930er-Jahren fanden drei Weltmeisterschaften statt. Während des Zweiten Weltkriegs ruhte der Wettbewerb und es wurde zwölf Jahre lang nicht um den Pokal gespielt. Mittlerweile bezeichnet die FIFA selbst die Weltmeisterschaft als das größte Mannschaftssportereignis der Welt.

Die spanische Nationalmannschaft feiert den WM-Sieg 2010.

Wer qualifiziert sich für die Weltmeisterschaft?

Grundsätzlich können alle Länder der Erde bei der Fußballweltmeisterschaft antreten. Allerdings finden vor dem WM-Turnier in allen Erdteilen innerhalb von zwei Jahren die sogenannten Qualifikationsspiele statt. Nach einem Schlüssel legt die FIFA dabei fest, wie viele Mannschaften eines Erdteils an der Endrunde teilnehmen dürfen. Gemäß diesem Schlüssel dürfen bei der WM 2014 aus Europa 13 Mannschaften, aus Afrika fünf, aus Südamerika fünf oder sechs, aus Asien vier oder fünf, aus dem Bereich Nord- und Mittelamerika sowie der Karibik insgesamt drei oder vier und schließlich aus Ozeanien maximal eine Mannschaft teilnehmen. So hat also theoretisch jedes Land der Erde die Chance, sich für die Weltmeisterschaft zu qualifizieren. Am eigentlichen WM-Turnier, der sogenannten Endrunde, nehmen die 32 Mannschaften teil, die sich qualifiziert haben. Das Gastgeberland ist immer automatisch für das Endrundenturnier gesetzt. Der Titelverteidiger war es früher auch, ist es seit der WM 2006 aber nicht mehr.

Wie geht es im Turnier weiter?

Zunächst werden Gruppen ausgelost, in denen jeder gegen jeden spielt. Seit 1998 gibt es in der ersten Finalrunde acht Gruppen mit jeweils vier Teams. Die Gruppen werden von A bis H nach Buchstaben benannt. Die Punkteverteilung sieht für den Gewinner eines Spiels drei Punkte und für ein Unentschieden einen Punkt für beide Mannschaften vor. Wer verliert, bekommt keinen Punkt. Diese Regelung gilt seit der WM 1994. Zuvor gab es für die Gewinner in den Gruppenspielen nur zwei Punkte. Die Gruppenersten und Gruppenzweiten qualifizieren sich für das Achtelfinale. Ab diesem Zeitpunkt wird im K.-o.-System gespielt. Das bedeutet auch in diesem Wettbewerb, dass die Mannschaft, die verliert, ausgeschieden ist. Die beiden besten Mannschaften kommen über das Viertel- und Halbfinale ins Endspiel und der Sieger des Finales ist schließlich Weltmeister. Neben dem begehrten Titel erhält dieses Team auch den wohl meistbegehrten Pokal der Fußballwelt. Die Verlierer der beiden Halbfinale spielen um den dritten Platz. Diese Begegnung findet immer vor dem Finale statt.

SCHON GEWUSST?

Die erste Weltmeisterschaft 1932 wurde in einer einzigen Stadt ausgetragen, nämlich in Montevideo. Montevideo verfügte dazu immerhin über drei Stadien.

DIE ERFOLGREICHSTEN WM-TORSCHÜTZEN

Ronaldo (Brasilien) 15 Tore
Gerd Müller und Miroslav Klose (Deutschland) je 14 Tore
Just Fontaine (Frankreich) 13 Tore

Die Weltmeister-Trophäe

Er ist nur 36 Zentimeter hoch, aber für jeden Fußballer das Größte überhaupt: der Pokal der Weltmeisterschaft. Die Statue zeigt zwei Personen, die mit ihren Händen die Weltkugel tragen. Sie ist aus 18-karätigem Gold und hat einen Sockel, in den zwei Kränze aus Halbedelsteinen eingearbeitet sind. Die Trophäe bietet Platz für die Namen von 17 Titelträgern. Nach der WM im Jahr 2038 wäre also kein Raum mehr für weitere Weltmeister vorhanden. Dieser Pokal wurde 1971 von dem Italiener Silvio Gazzaniga entworfen und erstmals im Jahr 1974 verliehen – an Deutschland. Der Cup ist der Nachfolger des Coupe Jules Rimet, wie der erste Weltmeisterpokal zu Ehren des Erfinders der WM genannt wurde. Nach einer neuen Regelung bleibt der Cup im ständigen Besitz der FIFA. Der Weltmeister bekommt eine Nachbildung, die „nur" vergoldet ist. Früher durfte der amtierende Weltmeister das Original für immerhin vier Jahre, also bis zur nächsten Weltmeisterschaft, in seine Vitrine stellen. Hatte eine Mannschaft die Weltmeisterschaft dreimal gewonnen, durfte sie ihn behalten.

Der alte WM-Pokal Coupe Jules Rimet

Was ist mit dem ersten WM-Pokal passiert?

Der Coupe Jules Rimet zeigte eine Siegesgöttin, in deren erhobenen Händen ein Gefäß mit acht Ecken ruht. Entworfen hatte ihn der Bildhauer Abel Lafleur. Die sogenannte goldene Göttin hatte eine wechselvolle Geschichte, in deren Verlauf sogar ein Hund zu Ruhm und Adel gelangte: 1966 stahlen Diebe den Pokal vor der WM-Endrunde bei einer Ausstellung in London. Ein Hund namens Pickles stöberte die vergrabene Göttin unter einem Baum auf, wurde dafür geadelt und hieß fortan Sir Pickles. 1970 gewann Brasilien zum dritten Mal die Weltmeisterschaft und durfte das Original behalten. Allerdings war das Glück nicht von langer Dauer, denn 1983 verschwand der Pokal aus Rio de Janeiro – und ward seither nicht mehr gesehen.

Der Rekord-WM-Torschütze Ronaldo

Der Hund Pickles fand 1966 den verschwundenen WM-Pokal.

DIE ERFOLGREICHSTEN FUSSBALLNATIONEN DER WELTMEISTERSCHAFT

5 Titel:	Brasilien (1958, 1962, 1970, 1994, 2002)
4 Titel:	Italien (1934, 1938, 1982, 2006)
3 Titel:	Deutschland (1954, 1974, 1990)
2 Titel:	Uruguay (1930, 1950), Argentinien (1978, 1986)
1 Titel:	England (1966), Frankreich (1998), Spanien (2010)

Der Blick zurück auf die Weltmeisterschaften von 1930 bis 2010

Hier findest du einen Überblick über alle bisherigen Weltmeisterschaften. Vom Gastgeberland über die Teams, die teilgenommen haben, bis hin zu besonderen Ereignissen erfährst du nun alles über die einzelnen Turniere.

Die deutsche Fußball-Nationalmannschaft im Jahr 2013

DIE REKORD-WELTMEISTERSCHAFTS-TEILNEHMER

Lothar Matthäus nahm an fünf WMs teil. Das ist Rekord!

Antonio Carbajal aus Mexiko und Lothar Matthäus aus Deutschland haben jeweils an fünf Weltmeisterschaften teilgenommen. Carbajal war von 1950 bis 1966 dabei, Matthäus von 1982 bis 1998. Kein Spieler hat bis heute bei mehr WMs gespielt.

1. WELTMEISTERSCHAFT IN URUGUAY 1930

Die Teams: Argentinien, Belgien, Bolivien, Brasilien, Chile, Frankreich, Jugoslawien, Mexiko, Paraguay, Peru, Rumänien, Uruguay, USA

Uruguay war das Gastgeberland der ersten Fußballweltmeisterschaft der Geschichte. Das Turnier selbst wurde noch anders organisiert als heute. So gab es zum Beispiel keine Qualifikationsrunde. Stattdessen wurden die Teams einfach eingeladen. Die Weltwirtschaftskrise und die weite Anreise waren jedoch Gründe, die viele Mannschaften aus Europa auf die Teilnahme verzichten ließen. Auch die Gruppen wurden erst ausgelost, als alle Teams in Uruguay eingetroffen waren. Das Eröffnungsspiel am 13. Juli bestritten Frankreich und Mexiko. Mit einem klaren 4:1 entschied Frankreich die Begegnung für sich. Das erste WM-Finale der Geschichte fand am 30. Juli zwischen Uruguay und Argentinien statt. Bis zur Halbzeit lag Argentinien vorn. Doch in der zweiten Hälfte lief es besser für die Gastgeber, die schließlich mit 4:2 gewannen. Die meisten Treffer bei der WM 1930 erzielte Guillermo Stábile (Argentinien) mit acht Toren.

2. WELTMEISTERSCHAFT IN ITALIEN 1934

Die Teams: Ägypten, Argentinien, Belgien, Brasilien, Deutschland, Frankreich, Italien, Niederlande, Österreich, Rumänien, Schweden, Schweiz, Spanien, Tschechoslowakei, Ungarn, USA

Italien hatte sich bereits um die Ausrichtung der ersten WM beworben. Im zweiten Anlauf klappte es nun. Zum ersten Mal wurden Qualifikationsspiele ausgetragen, bei denen 32 Mannschaften an den Start gingen. Aus ihnen wurden die 16 Teilnehmer der Endrunde ermittelt. Titelverteidiger Uruguay hatte die Teilnahme allerdings abgesagt – vermutlich als Reaktion auf das Fernbleiben vieler europäischer Mannschaften vier Jahre zuvor. Die Endrunde begann am 27. Mai. Die 16 Teams spielten von Beginn an nach dem K.-o.-System. Verlierer mussten also gleich nach dem ersten Spiel wieder ihre Koffer packen. Dieses Pech hatten zum Beispiel Argentinien und Brasilien. Die Paarungen für das Achtelfinale wurden ausgelost.

Im Finale, das in Rom ausgetragen wurde, trat schließlich Italien gegen die Tschechoslowakei an. Nach 90 Minuten stand es 1:1. Den entscheidenden Treffer erzielte in der Verlängerung Angelo Schiavio und Italien war Weltmeister! Das Spiel um Platz drei gewann Deutschland mit 3:2 gegen Österreich. Die meisten Treffer bei der WM 1934 erzielte Oldřich Nejedlý (Tschechoslowakei) mit vier Toren.

Die italienische Mannschaft von 1938

Deutschland spielte gegen die Schweiz in der ersten Runde der WM 1938.

3. WELTMEISTERSCHAFT IN FRANKREICH 1938

Die Teams: Belgien, Brasilien, Deutschland (mit Spielern aus dem angegliederten Österreich), Frankreich, Italien, Kuba, Niederlande, Niederländische Antillen, Norwegen, Polen, Rumänien, Schweden, Schweiz, Tschechoslowakei, Ungarn

Anlässlich der WM hatte der französische Fußballverband das Stade de Colombes ausbauen und die Spielstätten in Bordeaux und Marseille modernisieren lassen. Am dritten Turnier um den Weltpokal nahmen allerdings nur drei Teams teil, die nicht aus Europa stammten. Zum ersten Mal waren übrigens der Gastgeber und der Titelverteidiger automatisch qualifiziert.

Im Halbfinale zwischen Italien und Brasilien, das im Stade Vélodrome in Marseille ausgetragen wurde, bekam Italien einen Elfmeter zugesprochen. Die Mannschaft führte bereits 1:0. Und mit Giuseppe Meazza hatte sie auch einen sehr guten Elfmeterschützen am Start. Italien gewann das Spiel und zog ins Finale ein.

Im Endspiel standen sich am 19. Juni Titelverteidiger Italien und Ungarn gegenüber. Zur Pause stand es bereits 3:1 und das Spiel endete mit einem 4:2 für Italien. Die meisten Treffer der WM 1938 erzielte Leônidas da Silva mit sieben Toren.

HAST DU SCHON GEWUSST,

dass Giuseppe Meazza bei der Ausführung des Elfmeters beim Halbfinale der WM 1938 gehandicapt war? Sein Hosengummi war gerissen! Dennoch gelang es Meazza, während er mit einer Hand seine Hose festhielt, den Schuss sicher zu verwandeln.

DAS MARACANÃ-STADION

Zur Weltmeisterschaft 1950 entstand in einem Vorort von Rio de Janeiro ein neues Stadion – das Maracanã-Stadion. Es sollte mit 120.000 Plätzen das größte Stadion der Welt werden.

4. WELTMEISTERSCHAFT IN BRASILIEN 1950

Die Teams: Bolivien, Brasilien, Chile, England, Italien, Jugoslawien, Mexiko, Paraguay, Schweden, Schweiz, Spanien, Uruguay, USA

Diese WM war die erste nach dem Zweiten Weltkrieg. Zwölf Jahre lang hatte der Weltpokal „geruht" – und das auch im wahrsten Sinne des Wortes. Denn der damals amtierende Vize-Präsident der FIFA hatte die Trophäe in einem Schuhkarton versteckt gehalten, damit sie nicht in falsche Hände geriet. Auch bei diesem Turnier gab es Probleme in der Qualifikationsphase, sodass einige Mannschaften verzichteten. Schließlich blieben 13 Teams, die in vier Gruppen aufgeteilt wurden. Jede Mannschaft spielte gegen jede andere ihrer Gruppe. Die Gruppensieger Uruguay, Brasilien, Schweden und Spanien zogen in die Finalrunde ein. Auch hier spielte jeder gegen jeden – und die Elf, die am Schluss die meisten Punkte aufweisen konnte, wurde Weltmeister.
Am 16. Juli standen sich im letzten Spiel der Gruppe Uruguay und Brasilien gegenüber. Mit einem Unentschieden wäre Brasilien Weltmeister geworden. Nach einer Halbzeit stand es noch 0:0 und gleich zu Beginn der zweiten Spielhälfte traf Brasilien. Womit die Gastgeber allerdings nicht gerechnet hatten: Uruguay legte nach, erzielte das 1:1 und wurde durch einen zweiten Treffer kurz vor Schluss Weltmeister. Rekordverdächtig bei diesem Finale war vor allem die Zahl der Zuschauer: Nach offiziellen Angaben befanden sich 174.000 Menschen im Stadion, inoffiziell liegt die Zahl sogar bei über 200.000. Die meisten Treffer der WM erzielte Ademir (Brasilien) mit acht Toren.

HAST DU SCHON GEWUSST,

dass eigentlich auch die Nationalelf Indiens an der WM 1950 hätte teilnehmen können? Wie einige andere Mannschaften sagte sie ihre Teilnahme jedoch ab. Allerdings gab es für die Kicker aus Indien einen anderen Grund als für alle anderen, die Brasilien eine Absage erteilt hatten. Denn die FIFA erlaubte es dem indischen Team schlichtweg nicht, barfuß zu spielen.

Das offizielle Poster der WM 1950

Das Finale zwischen Uruguay und Brasilien im überfüllten Maracanã-Stadion

5. WELTMEISTERSCHAFT IN DER SCHWEIZ 1954

Die Teams: Belgien, Brasilien, Bundesrepublik Deutschland, England, Frankreich, Italien, Jugoslawien, Mexiko, Österreich, Schottland, Schweiz, Südkorea, Tschechoslowakei, Türkei, Ungarn, Uruguay

Die Weltmeisterschaft in der Schweiz wurde in Basel, Bern, Genf, Lausanne und Zürich ausgetragen. Zum ersten Mal hatten sämtliche Spieler eine Nummer auf ihrem Trikot. Eine weitere Neuheit: Erstmals gelangten die Nationalteams aus Schottland, Südkorea und der Türkei in die Endrunde. In dieser wurden die 16 qualifizierten Mannschaften in vier Gruppen aufgeteilt. Die beiden besten aus jeder Gruppe gelangten ins Viertelfinale.

Deutschland wurde Fußballweltmeister 1954.

Die ungarische Elf hatte bereits in der Vorrunde Südkorea mit 9:0 besiegt und auch Deutschland eine 3:8-Niederlage verpasst. Die Mannschaft ging also als klarer Favorit in das Finale am 4. Juli, das im Wankdorf-Stadion in Bern stattfand. Nach acht Minuten hatten die Ungarn schon zwei Treffer erzielt. Alles deutete auf einen Sieg für sie hin. Doch dann schoss die deutsche Mannschaft ebenfalls zwei Tore. Fünf Minuten vor Schluss gelang Helmut Rahn ein weiterer Treffer – und dabei blieb es. Der Titelgewinn der deutschen Elf gehört noch heute zu den größten Überraschungen in der Geschichte des Turniers und ging als Wunder von Bern in die Fußballgeschichte ein.

TORREKORD BEI DER WM 1954

In 26 Spielen der Endrunde wurden bei der WM 1954 unglaubliche 140 Tore erzielt. Das sind durchschnittlich mehr als fünf Tore pro Partie!

6. WELTMEISTERSCHAFT IN SCHWEDEN 1958

Die Teams: Argentinien, Brasilien, Bundesrepublik Deutschland, England, Frankreich, Jugoslawien, Mexiko, Nordirland, Österreich, Schottland, Schweden, Schweiz, Tschechoslowakei, UdSSR, Ungarn, Wales

Was war neu bei der WM in Schweden? Zum ersten Mal wurde das Fußballereignis im Fernsehen in die ganze Welt übertragen. Mit dem 17-jährigen Brasilianer Pelé, der sechs Tore erzielte, sahen die Zuschauer einen der jüngsten Spieler in der WM-Geschichte. 55 Länder waren in die Qualifikation zur WM gestartet. Die Teams aus Italien und Uruguay scheiterten – neben vielen anderen. Das war ganz sicher eine Überraschung. Die 16 Teilnehmer der Endrunde wurden in vier Gruppen aufgeteilt. Die beiden Gruppenersten erreichten das Viertelfinale, das dann im K.-o.-System ausgetragen wurde.
Deutschland scheiterte im Halbfinale an Gastgeber Schweden. Das deutsche Team verlor auch das Spiel um Platz 3 gegen Frankreich.
Das Finale in Stockholm bestritten am 29. Juni Brasilien und Schweden. Den ersten Treffer konnte Schweden verbuchen, doch die Brasilianer legten nach und schossen gleich zwei. Nach der Pause trafen Pelé und sein Teamkollege Mario Zagallo für Brasilien, doch die Schweden konnten den Abstand noch einmal verkürzen. In der 89. Minute entschied Pelé mit dem 5:2 das Finale für sein Land. Die Mannschaft aus Brasilien gewann den ersten ihrer bislang fünf WM-Titel.

SCHON GEWUSST?

Brasilien war das erste Land, das außerhalb des eigenen Kontinents den Titel gewinnen konnte. Einen Rekord stellte der Franzose Just Fontaine auf: Mit 13 Treffern schoss er so viele Tore wie nie jemand zuvor. Inzwischen liegt er auf Platz vier der Liste der ewigen WM-Torschützen. Die deutschen Nationalspieler Gerd Müller und Miroslav Klose erzielten jeweils einen, der Brasilianer Ronaldo zwei Treffer mehr.

7. WELTMEISTERSCHAFT IN CHILE 1962

Die Teams: Argentinien, Brasilien, Bulgarien, Chile, Bundesrepublik Deutschland, England, Italien, Jugoslawien, Kolumbien, Mexiko, Schweiz, Spanien, Tschechoslowakei, UdSSR, Ungarn, Uruguay

Am Austragungsmodus hatte sich im Vergleich zur WM von 1958 nichts verändert. 56 Teams – das war neuer Rekord – versuchten in der Qualifikation, einen der begehrten Endrundenplätze zu ergattern. Die Teams aus Frankreich und Schweden, noch vier Jahre zuvor sehr erfolgreich, schieden aus. Auch aus Afrika und Asien war keine Elf am Start. In vielen Begegnungen der ersten Runde zeigten die Kicker allerdings eine bisher nicht gekannte Härte im Spiel. Im Endspiel, das am 17. Juni in Santiago de Chile ausgetragen wurde, traf schließlich Brasilien auf die Tschechoslowakei. Die Tschechen hatten bereits in der ersten Runde ein 0:0 gegen die Brasilianer erspielt. Überraschend – und mit viel Glück – hatten sie auch im Viertelfinale gegen Ungarn gewonnen. Die ungarische Mannschaft hatte viermal den Pfosten getroffen. Im Endspiel sorgten die Tschechen mit ihrem Führungstreffer für eine weitere Überraschung. Den Ausgleich schaffte Brasilien aber schon zwei Minuten später. Zwei weitere Tore der Brasilianer sicherten dem Team zum zweiten Mal den Gewinn des Weltpokals. Die meisten Treffer der WM erzielten Garrincha, Vavá (beide Brasilien), Leonel Sánchez (Chile), Flórián Albert (Ungarn), Walentin Kosmitsch Iwanow (UdSSR) und Dražan Jerković (Jugoslawien) mit je vier Toren.

REKORDE DER WM 1962

Einen weiteren neuen Rekord gab es natürlich auch bei dieser WM zu vermelden: Václav Mašek erzielte bereits nach 15 Sekunden im Spiel Tschechoslowakei gegen Mexiko das erste Tor für seine Mannschaft. Das war bis dahin das schnellste Tor in der Geschichte der WM! Schnell waren auch die Kolumbianer: In der Partie gegen die Sowjetunion führte diese mit 4:1. Der Sieg schien zum Greifen nahe. Doch dann schoss das kolumbianische Team in nur neun Minuten sage und schreibe drei Tore zum Ausgleich.

SCHON GEWUSST?

Der Torhüter, der im Finale der WM 1962 unterging, war Lew Jaschin. Dieser schwarze Tag war jedoch eine Ausnahme in seiner Karriere. Lew Jaschin gilt noch heute als der beste Torhüter in der Geschichte der Fußball-WM. Der Beweis: Die FIFA-Trophäe, die seit 1994 an den jeweils besten Torhüter eines WM-Turniers verliehen wird, trug bis 2006 seinen Namen.

WM 1962: Dražan Jerković beim Fallrückzieher

Willie, das Maskottchen der WM 1966

8. WELTMEISTERSCHAFT IN ENGLAND 1966

Die Teams: Argentinien, Brasilien, Bulgarien, Chile, Bundesrepublik Deutschland, England, Frankreich, Italien, Mexiko, Nordkorea, Portugal, Schweiz, Spanien, UdSSR, Ungarn, Uruguay

Bei den Gruppenspielen der 16 Endrundenteams gab es keine Neuerungen. Sie wurden wie zuvor ausgetragen. Die Überraschungself des Turniers war Nordkorea. Sie rückte bis ins Viertelfinale vor. Dort führte Nordkorea zunächst 3:0 gegen Portugal, musste sich dann aber vor allem dem Spieler Eusébio geschlagen geben. Dieser erzielte nämlich

Der offizielle WM-Spielball 1970

HAST DU SCHON GEWUSST,

dass bei der WM 1966 noch vor dem Turnierstart alle 16 afrikanischen Mannschaften ihre Teilnahme an der Qualifikation zurückgezogen hatten? Die Afrikaner protestierten damit gegen eine neue Regel der FIFA. Nach ihr hätte der Gewinner der Afrikagruppe erst noch den Sieger aus der Asien- beziehungsweise Ozeanien-Gruppe besiegen müssen, um an der Endrunde teilnehmen zu dürfen. Das heißt konkret: Die FIFA stellte für Afrika und Asien nur einen einzigen Startplatz in der Endrunde zur Verfügung. Vier Jahre später wurde diese Regel auch schon wieder gestrichen.

allein vier Treffer und der fünfte seines Teams machte die 3:5-Schlappe für Nordkorea perfekt.
Im Finale spielten England und die Bundesrepublik Deutschland gegeneinander. Ein Tor dieses Endspiels, das am 30. Juli in London ausgetragen wurde, ging als Wembley-Tor in die Geschichte ein. Es ist nach dem Stadion benannt, in dem die englische Elf alle ihre Spiele bestritten hatte. Nach Ablauf der regulären Spielzeit stand es 2:2. In der Verlängerung fiel das dritte Tor – und ist bis heute umstritten. Torschütze war Geoff Hurst. An der Frage, ob der Ball tatsächlich die Linie überquert hatte, scheiden sich noch immer die Geister. Mit einem weiteren Tor machte England das 4:2 perfekt und sicherte sich den Titel. Die meisten Treffer der WM erzielte Eusébio (Portugal): neun.

Uwe Seeler begrüßt den englischen Kapitän Bobby Moore vor dem WM-Finale 1966.

9. WELTMEISTERSCHAFT IN MEXIKO 1970

Die Teams: Belgien, Brasilien, Bulgarien, Bundesrepublik Deutschland, El Salvador, England, Israel, Italien, Mexiko, Marokko, Peru, Rumänien, Schweden, Tschechoslowakei, UdSSR, Uruguay

Auch diese Weltmeisterschaft war ein großes TV-Ereignis. Aus diesem Grund wurden einige Spiele schon mittags um zwölf Uhr angepfiffen. So konnten trotz der Zeitverschiebung auch die Zuschauer aus Europa die Spiele zu normaler Tageszeit verfolgen. Viele Teilnehmer empfanden die große Hitze der Mittagssonne als sehr anstrengend. Die Qualität der Spiele litt allerdings nicht darunter. Die deutsche Mannschaft konnte sich für ihre Niederlage im Finale von 1966 revanchieren: Sie besiegte Titelverteidiger England im Viertelfinale mit 3:2 nach Verlängerung. Das Halbfinale gegen Italien gehört wohl zu den spannendsten der Fußballgeschichte. In dem sogenannten Jahrhundertspiel traf Deutschland auf Italien. Die beiden Teams lieferten sich ein sehr aufregendes Match, das die Squadra Azzura – so wird die Nationalelf Italiens auch genannt – mit 4:3 nach Verlängerung gewann.

NEUES BEI DER WM 1970

Während dieser WM musste nicht ein einziger Spieler des Feldes verwiesen werden. Außerdem waren den Teams zum ersten Mal in der Geschichte des Weltpokals Auswechslungen erlaubt. Neu war übrigens der Einsatz von gelber und roter Karte – bislang hatte man sie nicht im Turnier verwendet. Mit Marokko war außerdem erstmals ein afrikanisches Land in die Endrunde gekommen.

DIE BRASILIANISCHE ELF VON 1970

1970 wurde die brasilianische Elf zum dritten Mal Weltmeister. Ein Spieler war bei allen drei Titeln mit von der Partie – die Fußball-Legende Pelé. Er schoss auch das erste Tor gegen Italien. Die Weltmeistermannschaft von 1970 wird von vielen als das brillanteste Team aller Zeiten bezeichnet. Pelé ist übrigens zum Weltfußballer des (20.) Jahrhunderts gekürt worden.

Die deutsche Mannschaft bejubelt das Siegtor von Gerd Müller im WM-Finale 1974.

Im Finale, das am 21. Juni in Mexiko-City im Aztekenstadion ausgetragen wurde, traf Italien auf Brasilien. Mit der wohl besten Mannschaft aller Zeiten entschied Brasilien das Spiel mit 4:1 für sich. Das war der dritte Titel für die Elf – die den Originalpokal deshalb auch behalten durfte. Allerdings wurde dieser in Brasilien gestohlen und – anders als 1966 – tauchte er nicht wieder auf. Die Mannschaft wurde nach diesem Verlust mit einer Nachbildung getröstet. Die meisten Treffer der WM erzielte Gerd Müller (Deutschland) mit zehn Toren.

Der offizielle WM-Spielball 1974

10. WELTMEISTERSCHAFT IN DER BUNDESREPUBLIK DEUTSCHLAND 1974

Die Teams: Argentinien, Australien, Brasilien, Bulgarien, Chile, DDR, Bundesrepublik Deutschland, Haiti, Italien, Jugoslawien, Niederlande, Polen, Schottland, Schweden, Uruguay, Zaire

Die Weltmeisterschaft in Deutschland brachte zwei Neuerungen: Zum einen gab es einen veränderten Turniermodus. Bislang hatte es eine Vorrunde mit Gruppen gegeben, ab dem Viertelfinale wurde im K.-o.-System gekickt. Die 16 qualifizierten Mannschaften wurden nun zu Beginn des Turniers zwar auch auf vier Gruppen verteilt, es kam aber eine weitere Gruppenrunde dazu. Denn aus den acht besten Teams der ersten Gruppenrunde

DER BEGINN DES ANGRIFFSFUSSBALLS

Die WM 1974 gilt als Beginn des Angriffsfußballs, da fast alle Spiele durch einen neuen offensiven Stil beeindruckten. Die meisten Treffer der WM erzielte Grzegorz Lato (Polen) mit sieben Toren.

SCHON GEWUSST?

Zum ersten Mal bei einer WM trafen 1974 die beiden deutschen Mannschaften der BRD und der DDR aufeinander. Das Spiel der Vorrunde gewann die DDR 1:0. Beide Teams standen zwar schon in der nächsten Runde, aber dennoch war die Elf um Kapitän Franz Beckenbauer fassungslos. Nach diesem Schock steigerte sie ihre Leistung beachtlich und wurde mit dem Einzug ins Finale belohnt.

wurden zwei neue Gruppen gebildet. Die beiden Sieger der jeweiligen Gruppe zogen ins Finale ein. Zum anderen gab es einen neuen Pokal, da die Brasilianer die erste Trophäe ja nach ihrem dritten Titelgewinn hatten behalten dürfen. Der neue Pokal bekam auch einen neuen Namen: Er heißt seitdem FIFA-Weltpokal. An der Qualifikation für diese WM nahmen inzwischen schon 98 Nationen teil. Auffallende Teams kamen aus Haiti und Zaire – während es hingegen Ungarn, Spanien, Frankreich und auch England nicht unter die besten 16 der Welt schafften.

Das Finale fand am 7. Juli im Münchener Olympiastadion statt. Gastgeber Deutschland spielte gegen die Niederlande und holte sich mit einem 2:1-Erfolg den zweiten Weltmeisterschaftstitel. Wieder einmal hatte das Gastgeberland die beste Mannschaft der Welt zu bieten.

Der offizielle WM-Spielball 1978

11. WELTMEISTERSCHAFT IN ARGENTINIEN 1978

Die Teams: Argentinien, Brasilien, Bundesrepublik Deutschland, Frankreich, Italien, Iran, Mexiko, Niederlande, Österreich, Peru, Polen, Schottland, Schweden, Spanien, Tunesien, Ungarn

Vor Beginn dieser WM gab es einen Protestaufruf: Wegen der damals angespannten politischen Situation des Landes sollten keine Mannschaften an dem Wettbewerb teilnehmen. Außerdem gab es auch bei dieser WM Verzögerungen beim Bau der Spielstätten. Schließlich reisten aber doch alle qualifizierten Teams an. England war wieder nicht mit dabei. Dafür nahmen erstmals der Iran und Tunesien an einer WM-Endrunde teil. Die Spiele wurden nach demselben System wie bei der WM 1974 ausgetragen.

Im Finale konnte sich die Elf des argentinischen Nationaltrainers César Luis Menotti gegen die Mannschaft aus den Niederlanden durchsetzen. Rund 77.000 Zuschauer sahen das Endspiel in Buenos Aires zwischen Gastgeber Argentinien und den

SCHON GEWUSST?

Auch bei dieser Weltmeisterschaft war die brasilianische Nationalmannschaft am Start. Damit hatte sie bei jeder WM, die seit 1930 ausgetragen wurde, die Endrunde erreicht. Keine andere Mannschaft hatte das bisher geschafft.

SCHON GEWUSST?

Vor dem Einzug ins Endspiel lag eine Hürde vor Argentinien. Die Mannschaft musste in ihrem letzten Gruppenspiel mit vier Toren Differenz gewinnen, um sich als Gruppensieger fürs Finale zu qualifizieren. Gegner in diesem Spiel war Peru. Was niemand so recht erwartet hatte, trat ein: Argentinien schaffte ein glattes 6:0 – und stand im Finale! Zwei der Treffer erzielte Mario Kempes, der mit sechs Toren auch Torschützenkönig der WM wurde.

Die argentinische Weltmeister-Elf von 1978

Niederlanden. Nach gut einer halben Stunde erzielte Mario Kempes den Führungstreffer für sein Land, doch in der 81. Minute konnten die Niederlande ausgleichen. Die Partie ging in die Verlängerung – und den Oranjes, so werden die Spieler der Niederlande auch genannt, die Luft aus. Kempes und Daniel Bertoni schossen noch je ein Tor für Argentinien und machten den Gewinn ihrer ersten Weltmeisterschaft perfekt. Am 25. Juni konnte Argentinien in der Hauptstadt Buenos Aires den lang ersehnten Weltpokal entgegennehmen.

Italiens Torwart Dino Zoff hält im WM-Finale 1982 den entscheidenden Ball.

12. WELTMEISTERSCHAFT IN SPANIEN 1982

Die Teams: Algerien, Argentinien, Belgien, Brasilien, Chile, Bundesrepublik Deutschland, El Salvador, England, Frankreich, Honduras, Italien, Jugoslawien, Kamerun, Kuwait, Neuseeland, Nordirland, Österreich, Peru, Polen, Schottland, Spanien, Tschechoslowakei, UdSSR, Ungarn

Da schon 1978 so viele Länder wie nie in die Qualifikation gestartet waren, änderte die FIFA die Anzahl der zu vergebenden Endrundenplätze pro Kontinent. So konnten sich aus Europa 13 Länder, aus Südamerika drei, aus Afrika, Asien/Ozeanien und auch aus Zentral- und Nordamerika je zwei Länder qualifizieren. Gastgeber Spanien und Titelverteidiger Argentinien waren automatisch gesetzt. Insgesamt nahmen damit 24 Länder an der Endrunde teil – acht mehr als bisher. Auch im Turnier selbst gab es eine Neuerung. Die Endrunde bestand jetzt aus drei Teilen: In der ersten Runde spielten sechs Gruppen mit jeweils vier Teams. Die beiden erstplatzierten Mannschaften jeder Gruppe kamen in die zweite Runde. In der zweiten Runde wurden aus diesen zwölf Teams vier Gruppen mit jeweils drei Mannschaften gebildet. Hier kamen nur die jeweils besten Teams weiter. Der dritte Teil umfasste die beiden Halbfinale und das Endspiel.

Der offizielle WM-Spielball 1982

Vier Mannschaften hatten die Halbfinalspiele erreicht: Italien traf dort auf Polen, Deutschland spielte gegen Frankreich. Italien war unverkennbar die stärkere Mannschaft und gewann 2:0 gegen Polen. Das Spiel zwischen Deutschland und Frankreich hingegen war um einiges spannender. Das deutsche Team hatte den Führungstreffer erzielt, Frankreich gelangte durch einen Strafstoß zum Ausgleich. Danach ging es in die Verlängerung, in der die Franzosen mit 3:1 führten – bis Deutschland mit zwei Toren zurück ins Spiel kam. Da es beim 3:3 nach Verlängerung blieb, kam es zum Elfmeterschießen. Deutschland bewies die stärkeren Nerven, gewann 8:7 und zog ins Finale ein.

Naranjito (dt.: eine kleine Orange), das Maskottchen der WM 1982

DER JÜNGSTE SPIELER BEI EINER WM UND WEITERE REKORDE 1982

Der Stürmer Norman Whiteside aus Nordirland war knappe 17 Jahre alt, als er sein WM-Debüt gab. Bis heute ist er der jüngste Spieler, der jemals in das Turnier gestartet ist. Ein weiterer Rekord der WM 1982 ist sicher der 10:1-Sieg Ungarns über El Salvador. Damit konnte die ungarische Nationalmannschaft ihre eigene Bilanz weiter verbessern. Denn bei der WM 1954 hatte sie bereits ein Vorrundenspiel gegen Südkorea mit 9:0 gewonnen. Die meisten Treffer der WM erzielte Paolo Rossi (Italien) mit sechs Toren.

Das Endspiel fand am 11. Juli in Madrid statt. Italien gewann klar 3:1 gegen Deutschland. Damit sicherte sich die Mannschaft um Kapitän Dino Zoff den dritten Weltmeistertitel für Italien. Zoff trägt übrigens den Spitznamen Dino Nationale.

Die deutschen Spieler lassen nach dem zweiten verlorenen WM-Finale in Folge 1986 die Köpfe hängen.

13. WELTMEISTERSCHAFT IN MEXIKO 1986

Die Teams: Algerien, Argentinien, Belgien, Brasilien, Bulgarien, Dänemark, Bundesrepublik Deutschland, England, Frankreich, Irak, Italien, Kanada, Marokko, Mexiko, Nordirland, Paraguay, Polen, Portugal, Schottland, Spanien, Südkorea, UdSSR, Ungarn, Uruguay

Auch bei dieser Weltmeisterschaft konnten sich 24 Teams für die Endrunde qualifizieren. Die FIFA hatte aber erneut den Spielmodus verändert. Die Mannschaften wurden wieder in sechs Gruppen mit jeweils vier Teams aufgeteilt. Aus den Gruppenspielen zogen dann aber die zwei Gruppenbesten und die vier besten Drittplatzierten ins Achtelfinale ein. Ab da wurden die Spiele wieder im K.-o.-Modus ausgetragen. Übrigens waren 121 Länder in die Qualifikation gestartet.

Die deutsche Elf traf im Endspiel, das am 29. Juni im Aztekenstadion Mexiko City ausgetragen wurde, auf Argentinien. Waren die deutschen Kicker schon 1982 „nur" Vizeweltmeister geworden, so mussten sie sich auch in diesem Finale geschlagen geben. Argentinien gewann 3:2. Der entscheidende Treffer fiel erst kurz vor Schluss. Diego Maradona war der beste Spieler des gesamten Turniers und hatte großen Anteil am Sieg seiner Mannschaft. Sein mit der Hand erzieltes Tor im Viertelfinalspiel gegen England war daher schon fast vergessen. Die meisten Treffer der WM erzielte Gary Lineker (England) mit sechs Toren.

DIE AUSZEICHNUNGEN DER WELTMEISTERSCHAFT

Am Ende einer Weltmeisterschaft werden besondere Auszeichnungen vergeben. Der Top-Torschütze wird zwar schon seit Beginn der WM-Geschichte erwähnt, seit 1982 bekommt er aber auch eine Trophäe. Sie heißt: Der adidas Goldene Schuh. Der Italiener Paolo Rossi war der Erste, der den glänzenden Schuh entgegennehmen konnte. Parallel dazu gibt es seit 1982 auch eine Ehrung für den besten Spieler der WM. Sie trägt den Namen: Der adidas Goldene Ball. Die Spieler auf Platz 2 und 3 bekommen den Ball in Silber beziehungsweise Bronze. Vier Deutsche stehen bislang auf der Liste der Ball-Gewinner, aber nur einer davon hat sich den Goldenen Ball geholt: Karl-Heinz Rummenigge bekam 1982 den Bronzenen Ball, Toni Schumacher holte 1986 den Silbernen Ball. 1990 ging der Silberne Ball an Lothar Matthäus. Der Gewinner des Goldenen Balls 2002 war Oliver Kahn. Außerdem stehen zwei Deutsche auf der Liste der Schuh-Gewinner: 2006 erhielt ihn Miroslav Klose und 2010 bekam Thomas Müller die Auszeichnung.

Der offizielle WM-Spielball 1986

Diego Maradona nach dem WM-Sieg 1986

HAST DU SCHON GEWUSST,

dass Mexiko das erste Land war, in dem zum zweiten Mal eine Weltmeisterschaft stattfand? Ursprünglich war Kolumbien als Gastgeber auserkoren worden. Das Land war jedoch finanziell nicht in der Lage, das weltgrößte Fußballturnier auszurichten. Die FIFA entschied sich deshalb für Mexiko.

14. WELTMEISTERSCHAFT IN ITALIEN 1990

Die Teams: Ägypten, Argentinien, Belgien, Brasilien, Costa Rica, Bundesrepublik Deutschland, England, Irland, Italien, Jugoslawien, Kamerun, Kolumbien, Niederlande, Österreich, Rumänien, Schottland, Schweden, Spanien, Südkorea, Tschechoslowakei, UdSSR, Uruguay, USA, Vereinigte Arabische Emirate

Die Weltmeisterschaft in Italien wurde in zwölf Stadien ausgetragen. Zehn davon hatte man vollständig umgebaut und modernisiert, zwei weitere sogar neu errichtet. Auch Italien trug nun die WM zum zweiten Mal aus. 112 Mannschaften waren in die Qualifikation für die WM gegangen, 24 Mannschaften starteten in die Endrunde. Das Turnier wurde nach demselben Modus ausgetragen wie 1986. Für die erste Sensation sorgte das Eröffnungsspiel zwischen Kamerun und Argentinien. Denn die Nationalelf Kameruns besiegte völlig überraschend den Titelverteidiger Argentinien mit 1:0. Kamerun gewann auch die Herzen der Zuschauer, denn die Mannschaft konnte sich im Turnier bis ins Viertelfinale vorkämpfen. Dort schied das Team allerdings nach einem 2:3 gegen die englischen Kicker aus.

Das spielentscheidende Foul an Rudi Völler im WM-Finale 1990

Der offizielle WM-Spielball 1990

SCHON GEWUSST?

Das Finale zwischen Deutschland und Argentinien 1990 gilt als das langweiligste Endspiel in der Geschichte der Fußballweltmeisterschaft. Übrigens waren die Argentinier die erste Mannschaft, die im Endspiel kein Tor erzielen konnte. Neu war auch, dass ein Team zwei Spieler im Finale durch rote Karten entbehren musste. So verlor Argentinien in der 68. und der 87. Minute je einen Spieler.

Das Endspiel bestritten am 8. Juli in Rom die Mannschaften aus Deutschland und Argentinien. Schon im gesamten Verlauf des Turniers waren viele Spiele erst im Elfmeterschießen entschieden worden. Und so war es auch ein Elfmeter, der das Finale entschied – allerdings noch in der regulären Spielzeit. 85 Minuten lang hatte kein Ball die Torlinie überqueren können, doch dann gab es ein Foul an Rudi Völler im Strafraum.

Die deutsche Sieger-Elf bei der WM 1990

Die logische Folge: Strafstoß. Andi Brehme verwandelte diesen Foulelfmeter und schoss Deutschland zum Titel. Das war der dritte Titelgewinn für die deutsche Nationalmannschaft. Salvatore „Totò" Schillaci wurde mit dem Goldenen Ball und – dank seiner sechs Treffer – mit dem Goldenen Schuh ausgezeichnet.

15. WELTMEISTERSCHAFT IN DEN USA 1994

Die Teams: Argentinien, Belgien, Bolivien, Brasilien, Bulgarien, Deutschland, Griechenland, Irland, Italien, Kamerun, Kolumbien, Marokko, Mexiko, Niederlande, Nigeria, Norwegen, Rumänien, Russland, Saudi-Arabien, Schweden, Schweiz, Spanien, Südkorea, USA

147 Länder nahmen an den Qualifikationsspielen für die Endrunde 1994 teil – ein neuer Rekord. Der Modus, nach dem das Turnier ausgetragen wurde, blieb erneut unverändert. Dafür gab es vier Regeländerungen seitens der FIFA. Zum einen erhielten die Gewinner in den Gruppenspielen drei statt wie bisher zwei Punkte. Außerdem wurde das sogenannte Tackling von hinten unterbunden und die Abseitsregel gelockert. Zudem müssen seitdem Spieler für die medizinische Versorgung den Platz verlassen, um am Spielfeldrand behandelt zu werden. Als Neuling war übrigens Saudi-Arabien erstmals bei einer WM-Endrunde am Ball.

Das Finale wurde am 17. Juli in Pasadena (Los Angeles) ausgetragen.

SCHON GEWUSST?

Dass die FIFA die Weltmeisterschaft 1994 an die USA vergeben hatte, sorgte für eine Überraschung. Dazu musst du wissen, dass „Soccer" es dort nicht mit der Beliebtheit anderer Sportarten wie Basketball oder Baseball aufnehmen kann – zumindest wenn Männer kicken. Der Frauenfußball dagegen erfreut sich, wie du ja bereits weißt, großer Beliebtheit.

Brasilien und Italien standen sich gegenüber. Zwei dreimalige Weltmeister – das klingt nach einem Traumfinale. Was die Zuschauer auf dem Platz sahen, war allerdings eher enttäuschend. Weder in der regulären Spielzeit noch in der Verlängerung fiel ein Tor. Zudem gingen die Kicker recht hart gegen die Gegenspieler vor. Nach 120 Minuten musste dann das Elfmeterschießen die Entscheidung bringen.

Das Maskottchen Striker der WM 1994

Nachdem beide Teams je vier Strafstöße geschossen hatten, stand es 3:2 für Brasilien. Nun war Roberto Baggio für Italien am Zug. Bis dahin war er einer der besten Spieler und hatte seine Mannschaft ins Finale gebracht. Nun landete sein Ball jedoch nicht im Tor – und Brasilien hatte sich mehr als 20 Jahre nach dem letzten Titelgewinn zum vierten Mal als beste Mannschaft der Welt gezeigt.

Der offizielle WM-Spielball 1994

19. Weltmeisterschaft in Südafrika 2010

Die Teams: Algerien, Argentinien, Australien, Brasilien, Chile, Dänemark, Deutschland, Elfenbeinküste, England, Frankreich, Ghana, Griechenland, Honduras, Italien, Japan, Kamerun, Mexiko, Neuseeland, Niederlande, Nigeria, Nordkorea, Paraguay, Portugal, Schweiz, Serbien, Slowakei, Slowenien, Spanien, Südafrika, Südkorea, Uruguay, USA

Aus Sicht des deutschen Teams ist die WM 2010 positiv zu bewerten. Zwar scheiterte man im Halbfinale an Spanien, das sich im Finale zum ersten Mal den WM-Titel sichern konnte, dennoch zeigte sich, dass die jungen deutschen Kicker auf allerhöchstem Niveau bestehen können.

Höhepunkte der WM 2010

Die französische Revolution

Dass die Franzosen ein streitlustiges Volk sind, ist seit Asterix und Obelix bekannt. Dass die Franzosen sich einiger ihrer Herrscher per Revolution entledigt haben, weiß man ebenso. Eine völlige Neuheit war allerdings die „Revolution" der französischen Nationalmannschaft während der WM 2010. Nach heftigen Streitigkeiten zwischen der Mannschaft und dem Trainer Raymond Domenech streikten die Spieler und weigerten sich zu trainieren. Das Ergebnis dieses Eklats: Frankreich schied schon in der Vorrunde mit nur einem Punkt als Gruppenletzter aus.

Die deutsche WM-Mannschaft 2010

Die deutschen Unterhaltungskünstler

Zur unterhaltsamsten Mannschaft des Turniers wurde das deutsche Team gewählt. Vom „deutschen Rumpelfußball" aus früheren Zeiten war nichts mehr zu sehen. Vielmehr zeichnete sich die deutsche Mannschaft durch ein schnelles, geradliniges und sehr attraktives Spiel in die Spitze aus, das vielen Gegnern große Probleme bereitete. So schlugen beispielsweise die deutschen Kicker Argentinien spektakulär mit 4:0.

Ausgezeichnete Spieler

Mit dem Goldenen Ball als bester Spieler der WM wurde Diego Forlán aus Uruguay belohnt. Über zwei Auszeichnungen durfte sich der deutsche Shooting-Star Thomas Müller freuen. Er wurde als bester junger Spieler geehrt und gleichzeitig wurde ihm als bestem Torschützen der Goldene Schuh verliehen.

WM 2014: Vorausschau

Die Fußballfans auf der ganzen Welt können es kaum erwarten, bis die WM in Brasilien endlich startet. Welche Stars wird diese WM hervorbringen? Welche neuen taktischen Finessen wird es geben? Wer wird den Pokal in Empfang nehmen dürfen? Worauf aber letztlich alle warten, ist, dass endlich wieder der Ball rollt und sich die besten Mannschaften der Welt miteinander messen. Eines der größten Spektakel der Welt kann beginnen …

Thomas Müller – Shootingstar der WM 2010

Wettbewerbe rund um den Globus

Auch auf den anderen Kontinenten der Welt werden zahlreiche Wettbewerbe zwischen den Vereins- und Nationalmannschaften ausgetragen. Und neben der Weltmeisterschaft treten die besten Mannschaften der Welt auch noch in weiteren Turnieren gegeneinander an. Hierüber kannst du in diesem Kapitel mehr erfahren.

Ein mexikanischer und ein kolumbianischer Fan bei der Südamerika-Meisterschaft

Die Copa América

Die Copa América ist auch als Südamerika-Meisterschaft bekannt. Sie wird unter dem Dach der CONMEBOL ausgetragen. Dahinter steht die Vereinigung der nationalen Fußballverbände Südamerikas. Ausgeschrieben bedeutet CONMEBOL Confederación Sudamericana de Fútbol. Zehn Landesverbände gehören dazu. Argentinien, Brasilien, Chile und Uruguay waren 1916 die Gründungsmitglieder. Im Laufe der Jahre haben sie Verstärkung von Paraguay, Peru, Bolivien, Ecuador, Kolumbien und Venezuela bekommen. Die Meisterschaft der südamerikanischen Nationen findet alle zwei Jahre statt. Mexiko verstärkt regelmäßig das Teilnehmerfeld und auch Japan (1999) und Kanada (2001) waren schon dabei. An der Endrunde dieses Turniers nehmen insgesamt acht Mannschaften teil.

Die Copa Libertadores de América

Die Copa Libertadores ist der Pokalwettbewerb der südamerikanischen Vereinsmannschaften. Auch er wird von der CONMEBOL durchgeführt. Er ist das Gegenstück zum Europapokal der Landesmeister beziehungsweise der Champions League und wird jährlich ausgespielt. Die jeweils zwei erstplatzierten Teams der ersten nationalen Ligen in Südamerika und Mexiko nehmen daran teil. Auch bei diesem Wettbewerb gibt es zunächst Gruppenspiele. Die Gruppensieger ermitteln dann in Hin- und Rückspielen den besten aller Klubs.

Die Afrikameisterschaft

Die Afrikameisterschaft ist die kontinentale Meisterschaft der Mitgliedsländer der CAF. Diese Abkürzung steht für Conféderation Africaine de Football. In diesem Verband haben sich die nationalen Fußballverbände Afrikas zusammengeschlossen. Insgesamt gehören 55 Landesverbände zur CAF. Zu ihren Aufgaben gehört die

Nigeria wurde 2013 zum dritten Mal Afrikameister.

Durchführung der Afrikameisterschaft und der afrikanischen Pokalwettbewerbe. Um die Afrikameisterschaft wird alle zwei Jahre gespielt. Die Qualifikationsspiele haben eine Hin- und eine Rückrunde. Die 16 qualifizierten Teams spielen dann eine Endrunde, die der EM-Endrunde ähnelt. Gastgeber und Titelverteidiger dürfen automatisch an den Start gehen.

Afrikanische Vereinspokale

In Afrika gibt es außerdem drei wichtige Pokalwettbewerbe: Dazu gehören der Afrikapokal der Landesmeister und der Afrikapokal der Pokalsieger. Dort gehen die Gewinner der einzelnen Pokalwettbewerbe an den Start. Seit 1992 wird jährlich noch der sogenannte CAF-Pokal ausgetragen. Wie in der Europa League gehen hier die zweit- oder nächstplatzierten Klubs der besten nationalen Ligen an den Start.

Wettbewerbe in Nord- und Mittelamerika sowie der Karibik

Für diese Nationen ist die CONCACAF die zuständige Vereinigung der nationalen Verbände. Hinter der Abkürzung verbirgt sich die Confederation of North, Central American and Caribbean Association Football. 40 Landesverbände gehören dazu. Auch hier gibt es eine Meisterschaft für die Mitgliedsverbände. Dieser Wettbewerb wird seit 1973 ausgetragen und hieß zunächst CONCACAF-Meisterschaft. Im Jahr 1991 erfolgte die Umbenennung in Gold Cup. Und: Die Landesmeister treten auch hier in einen Wettstreit um den Pokal des Landesmeisters.

Wettbewerbe in Asien

In Asien ist die AFC die übergreifende Vereinigung der nationalen Verbände. Das bedeutet ausgeschrieben Asian Football Confederation. Gegründet wurde sie 1954. Derzeit gehören 46 Landesverbände dazu. Auch die AFC hat einiges zu tun. Denn auch auf diesem Kontinent gibt es eine Meisterschaft zu organisieren: die Asienmeisterschaft für die Nationalmannschaften der Mitgliedsländer. Die Qualifikation wird in Gruppenspielen ausgetragen, danach steht eine Finalrunde der Gruppensieger an. Gespielt wird alle vier Jahre. Außerdem gibt es seit 1967 den Asienpokal der Landesmeister und seit 1991 den Asienpokal der Pokalsieger. Seit 2001 heißt dieser Pokalwettbewerb der Landesmeister übrigens auch Champions League.

Wettbewerbe in Ozeanien

Die Fußballwettbewerbe in Australien, Neuseeland und den Pazifikstaaten finden unter dem Dach der OFC statt. Das ist die Oceania Football Confederation. Sie umfasst elf Landesverbände. Als einziger kontinentaler Verband hat die OFC keinen festen Startplatz in der WM-Endrunde. Ein möglicher Platz geht aus dem Playoff gegen ein Team des CONMEBOL hervor. Die Ozeanienmeisterschaft steht den Mitgliedsländern dagegen offen. 1973 und 1980 fanden die beiden ersten Meisterschaften statt. Seit 1996 wird sie alle zwei Jahre ausgetragen. Bei diesem Turnier wird übrigens bis zum Finale im K.-o.-System gespielt. Der Ozeanienpokal der Landesmeister wird erst seit 1999 „richtig“ durchgeführt. Bereits 1987 gab es ein Turnier dieser Art, doch nur die Landesmeister Neuseelands und Australiens waren mit dabei.

DIE WELTFUSSBALLER DES JAHRES SEIT 2000

Seit 1982 wird der Weltfußballer des Jahres gewählt. Grundlage ist eine zunächst inoffiziell, seit 1990 offiziell von der FIFA und den europäischen Sportmagazinen durchgeführte Umfrage. Die Abstimmung übernehmen die Nationaltrainer.

2000	Zinédine Zidane (Frankreich), Juventus Turin
2001	Luís Figo (Portugal), Real Madrid
2002	Ronaldo (Brasilien), Real Madrid
2003	Zinédine Zidane (Frankreich), Real Madrid
2004	Ronaldinho (Brasilien), FC Barcelona
2005	Ronaldinho (Brasilien), FC Barcelona
2006	Fabio Cannavaro (Italien), Real Madrid
2007	Kaká (Brasilien), AC Mailand
2008	Cristiano Ronaldo (Portugal), Manchester United
2009	Lionel Messi (Argentinien), FC Barcelona
2010	Lionel Messi (Argentinien), FC Barcelona
2011	Lionel Messi (Argentinien), FC Barcelona
2012	Lionel Messi (Argentinien), FC Barcelona
2013	Cristiano Ronaldo (Portugal), Real Madrid

Lionel Messi – viermaliger Weltfußballer des Jahres

Der Weltpokal

Der Weltpokal war die bis 2004 bezeichnete Partie, in der der europäische Champions-League-Sieger auf den Sieger des Südamerikapokals Copa Libertadores traf. Seit 2005 wird der Pokal unter dem Namen Klub-Weltmeisterschaft ausgetragen. Der Wettbewerb wird seinem Namen nun wirklich gerecht, denn jetzt sind auch die Gewinner des Afrikapokals der Landesmeister, des Asienpokals der Landesmeister, des CONCACAF-Pokals der Landesmeister sowie des Ozeanienpokals der Landesmeister mit dabei. Bisher wanderte der Pokal dreimal nach Deutschland. Der FC Bayern München gewann ihn 1976 und 2001, Borussia Dortmund triumphierte 1997.

Der Konföderationen-Pokal

Dieser Pokalwettbewerb für Nationalmannschaften heißt auch Confederations Cup. An diesem Turnier nehmen die Meister der sechs Fußballverbände auf den Kontinenten, den sogenannten Kontinentalföderationen, teil.
Außerdem spielen der Gastgeber und auch der amtierende Weltmeister mit. Der Confederations Cup wird unter dem Dach der FIFA ausgetragen.
Dabei werden zwei Gruppen mit jeweils vier Teams gebildet, in denen jeder gegen jeden spielt. Die Gruppenersten und -zweiten spielen dann in den beiden Halbfinal-Begegnungen überkreuz gegeneinander. Die Sieger bestreiten im Anschluss das Finale.

SCHON GEWUSST?

In den Jahren 1992 und 1995 hieß der Konföderationen-Pokal noch König-Fahd-Pokal und wurde in Saudi-Arabien ausgetragen. 1997 war dieses Land zwar erneut Gastgeber, der Wettbewerb aber bekam einen neuen Namen: Confederations Cup oder Konföderationen-Pokal.

Der Cup 2013 in Brasilien

Im Jahr 2013 wurde der Konföderationen-Pokal in Brasilien ausgetragen. Folgende Mannschaften gingen an den Start: Brasilien (Gastgeber), Spanien (Welt- und Europameister), Japan (Asienmeister), Mexiko (Sieger des CONCACAF Gold Cup), Uruguay (Südamerikameister), Tahiti (Ozeanienmeister), Nigeria (Afrikameister), Italien (Vize-Europameister). Das Spiel um Platz 3 konnte Italien gegen Uruguay im Elfemeterschießen für sich entscheiden. Im Finale unterlagen die Spanier den Brasilianern mit 3:0. Gefeierter Star des Turniers war der Brasilianer Neymar, der mit dem Goldenen Ball ausgezeichnet wurde. Als bester Torschütze wurde Fernando Torres (Spanien) mit dem Goldenen Schuh geehrt.

Brasilien gewann den Konföderationen-Pokal 2013.

DIE GEWINNER DES KONFÖDERATIONEN-POKALS:	
1997	Brasilien
1999	Mexiko
2001	Frankreich
2003	Frankreich
2005	Brasilien
2009	Brasilien
2013	Brasilien

Das olympische Fußballturnier

Schon in den Jahren 1900 und 1904 hatte es ein Fußballturnier bei den Olympischen Spielen gegeben. Einen Titel gab es für die Teilnehmer allerdings noch nicht zu holen. Diese sogenannten Demonstrationswettbewerbe dienten vor allem dazu, eine Entscheidung über die Zulassung des Fußballspiels zu treffen. Eine Weile war der Wettbewerb bei Olympia das wichtigste internationale Fußballturnier. Das allerdings nur so lange, bis 1930 die Weltmeisterschaft eingeführt wurde. Ab diesem Zeitpunkt sank seine Bedeutung, denn die besten Spieler eines Landes traten bei den Weltmeisterschaften an – und nicht mehr bei den Olympischen Spielen.

Olympia als Amateurwettbewerb

Um keine Konkurrenz zur FIFA Weltmeisterschaft aufzubauen, gab es eine Regel, nach der Profis nicht beim olympischen Fußballturnier mitspielen durften. Das hatte allerdings zur Folge, dass das Niveau der Spiele sank. Zum anderen schwand auch das Interesse der Zuschauer spürbar. Der Streit zwischen dem Internationalen Olympischen Komitee (IOK) und der FIFA erreichte in dieser Frage 1932 seinen Höhepunkt: Fußball wurde aus dem Programm gestrichen. Erst 1936 gingen wieder Fußballmannschaften an den Start.

Das olympische Turnier bis heute

In den 1950er- und 1960er-Jahren dominierten Mannschaften aus Osteuropa. Dort gab es die strikte Trennung zwischen Amateuren und Profis nicht. Spieler aus Ländern wie Ungarn oder Polen meldeten sich als Amateure zum Turnier. In ihrer Heimat hatten sie jedoch Bedingungen wie Profis – da konnten andere Nationalteams also nicht mithalten.

Das Reglement wurde im Verlauf der Jahre mehrfach geändert, um dieses sogenannte Amateurproblem zu beheben. Seit 1992 lautet die Regel nun, dass nur noch Spieler unter 23 Jahren in den Kader dürfen.

Die besten Nationalmannschaften

Hier findest du Kurzporträts der besten Fußballnationen der Welt.

Argentinien

Die „Albi-Celeste", die „Himmelblau-Weißen", sind neben Brasilien die zweite südamerikanische Fußballmacht. Im Gegensatz zu ihren Dauerrivalen setzten die „Gauchos" ursprünglich auf eine konsequente Defensivarbeit und eine geschlossene Mannschaftsleistung. Doch mit der aktuell hochkarätigen Offensive, in der Lionel Messi, Sergio Agüero, Ángel Di María und Gonzalo Higuaín zaubern, sind die Argentinier für jeden Gegner gefährlich. Und nichts würde sie glücklicher machen, als in Brasilien beim Erzrivalen den Fußballgipfel zu erstürmen.

1978 und 1986 gewann Argentinien die Weltmeisterschaft, 14-mal siegte Argentinien in der Copa América und zweimal bei den Olympischen Spielen (2004 und 2008). Bester argentinischer Spieler aller Zeiten war Diego Maradona. Rekordspieler ist Javier Zanetti mit 122 Einsätzen, bester Torschütze Gabriel Batistuta (Al Arabi Katar) mit 56 Toren.

Brasilien

Die „Selecao" („Auswahl") ist die erfolgreichste Nationalmannschaft der Welt. Sie bestritt 1914 ihr erstes Länderspiel und wurde 1958, 1962, 1970, 1994 und 2002 Weltmeister. Sie ist außerdem die einzige Mannschaft, die an jeder Weltmeisterschaft teilnahm. Seit 1950 spielt Brasilien in Blau und Gelb. Rekordspieler ist der Abwehrchef Cafu mit 142 Spielen, Rekordtorschütze ist Pelé mit 77 Toren. Brasilien gewann achtmal die Südamerikameisterschaft (1919, 1922, 1949, 1989, 1997, 1999, 2004 und 2007). Der höchste Sieg gelang den Brasilianern 1957 mit 9 : 0 gegen Kolumbien.

Brasilien begeistert mit seinem Offensivfußball, schnellen und überraschenden Pässen sowie atemberaubenden Dribblings. Diese zeigen vor allem Stars wie Neymar (FC Barcelona), Hulk (Zenit St. Petersburg) und Oscar (FC Chelsea). Die traditionelle Schwachstelle in der Abwehr konnte Trainer Luis Felipe Scolari mit David Luiz (FC Chelsea), Dante (FC Bayern) und Luiz Gustavo (VfL Wolfsburg) in eine Stärke verwandeln. Damit gehört Brasilien zu den Top-Favoriten der Weltmeisterschaft 2014.

Deutschland

Nach Brasilien ist die deutsche Nationalmannschaft die erfolgreichste Auswahl von Spielern

aus einem Land. Neben den drei Weltmeistertiteln 1954, 1974 und 1990 errang Deutschland 1972, 1980 und 1996 den Europameistertitel. Traditionell tritt die Mannschaft bei Heimspielen in Schwarz-Weiß an. Rekordspieler ist Lothar Matthäus mit 150 Einsätzen. Den höchsten Sieg erzielte Deutschland 1912 mit 16 : 0 gegen Russland. Vor allem in Spielen gegen England und die Niederlande entbrennen oft heiße Prestige-Duelle. Zu den aktuellen Stars gehören Philipp Lahm, Thomas Müller, Mario Götze, Bastian Schweinsteiger (Bayern München), Marco Reus, Ilkay Gündogan (Borussia Dortmund), Julian Draxler (Schalke 04), Mesut Özil (Arsenal London) und Sami Khedira (Real Madrid). Ziel ist unter Trainer Jogi Löw, nach 14 Jahren endlich den WM-Titel wieder nach Deutschland zu holen.

Elfenbeinküste

Die Elfenbeinküste gehört mit ihrer Mannschaft zu den stärksten aus Afrika. In ihren Reihen befinden sich eine Reihe von Stars, die in Europa bei Spitzenvereinen unter Vertrag stehen. Angeführt von Didier Drogba (Galatasaray Istanbul) wollen „Die Elefanten" für eine Überraschung in Brasilien sorgen und als erstes afrikanisches Team den Titel holen. Dabei mithelfen sollen Kolo Touré, Yaya Touré (Manchester City), Didier Ya Konan (Hannover 96) und Gervinho (Arsenal London). 1992 konnte die Elfenbeinküste die Afrikameisterschaft gewinnen. Auch 2012 schien es so, als könnten die Spieler dieses Meisterstück wiederholen. Im Finale mussten sie sich nach einer tollen Turnierleistung allerdings im Elfmeterschießen den Kickern aus Sambia geschlagen geben.

England

Die weiß-blauen „Lions" (auf dem Wappen des Teams befinden sich drei Löwen) gehören zu den größten Gegnern der deutschen Nationalmannschaft – und dies nicht erst seit ihrem Erfolg im Weltmeisterschaftsendspiel 1966 mit dem berühmten Wembley-Tor. Dies war aber auch der einzige bisherige Erfolg der Mannschaft, die momentan von Roy Hodgson trainiert wird. Der englische Fußball ist immer noch sehr direkt und körperbetont, auch wenn es immer mehr wendige und geschickte Spieler wie Theo Walcott (Arsenal London), Danny Welbeck und Wayne Rooney (Manchester United) gibt. Angeführt werden sie von den erfahrenen Führungsspielern Ashley Cole, Frank Lampard (Chelsea London) und Steven Gerrard (FC Liverpool). Nur vor einem Elfmeterschießen haben die englischen Fans Angst. Das verliert England traditionell.

Frankreich

Die „Equipe Tricolore" (benannt nach der französischen Flagge) oder einfacher „Les Bleus" („Die Blauen") wollen mit Trainer Didier Deschamps an ihre überragenden Zeiten zum Ende der 1990er-Jahre anknüpfen. Im eigenen Land holten die Franzosen 1998 den Weltmeistertitel mit einem 3 : 0-Sieg über Brasilien. Zudem wurden sie

im Jahr 2000 zum zweiten Mal nach 1984 Europameister. Die Stars der Mannschaft sind unter anderem Franck Ribéry (Bayern München), Olivier Giroud (Arsenal London) und Karim Benzema (Real Madrid). Trainer Didier Deschamps will, was er als Spieler schon erreichte: den WM-Titel. Waren die letzten Jahre rund um die Equipe Tricolore sehr skandalträchtig, scheint es nun wieder ruhiger zuzugehen. Frankreichs Spielweise ist von ausgesprochen guter Technik geprägt und stets auf einen hohen Unterhaltungswert ausgerichtet.

Italien

Die „Squadra Azurra", die „himmelblaue Mannschaft", wurde 1898 gegründet und ist seit 1905 Mitglied der FIFA. Die in Blau-Weiß spielenden Fußballer wurden 1934, 1938, 1982 und 2006 Weltmeister, im Jahr 1968 Europameister. Traditionell bauen die Italiener auf eine starke Verteidigung und ein ballsicheres Mittelfeld. Dazu kommen Weltklasse-Torhüter und sehr schnelle Stürmer, die aus wenigen Chancen ein Tor erzielen können. Rekordnationalspieler ist Paolo Maldini (AC Mailand) mit 126 Einsätzen. Rekordtorschütze ist Luigi Riva mit 35 Toren.

In der aktuellen Mannschaft, die von Cesare Prandelli trainiert wird, sind die Stars Gianluigi Buffon (Juventus Turin) im Tor, Giorgio Chiellini (Juventus Turin) in der Abwehr, Thiago Motta (Paris St.-Germain), Andrea Pirlo (Juventus Turin) im Mittelfeld sowie Mario Balotelli und Stephan El Shaarawy (AC Mailand) im Sturm, die für Tore sorgen sollen. Die weitaus meisten Nationalspieler sind in der italienischen Serie A beschäftigt, auf „Legionäre" muss Trainer Cesare Prandelli kaum zurückgreifen.

Kroatien

Zwar konnte Kroatien noch keinen großen Titel gewinnen, dennoch zählt die Nationalmannschaft laut FIFA-Weltrangliste seit 2006 zu den zehn besten Mannschaften Europas. Bei der Weltmeisterschaft in Brasilien gelten sie nur als Außenseiter, jedoch kann den Kroaten mit Mario Mandžukić (Bayern München), Luka Modrić (Real Madrid) und Ivica Olić (VFL Wolfsburg) eine Überraschung gelingen. Nach dem Zerbrechen des früheren Jugoslawiens dauerte es einige Jahre, bis sich die kroatische Nationalmannschaft auf Top-Niveau bewegte. Doch schon bei der WM 1998 erreichte sie überraschend den dritten Platz.

Niederlande

In den meisten Turnieren „sterben" die Niederländer „in Schönheit". Atemberaubende Pässe, ein schnelles Spiel und viel Technik sind bei der Mixtur von Ballkünstlern aus der Kolonie Surinam (Südamerika) und Strategen aus den Niederlanden angesagt. In Orange und Weiß können die „Oranjes" viele Gegner in Grund und Boden spielen. Der ehemalige Trainer des FC Bayern Louis van Gaal betreut nun die „Oranje" und verfügt über Stars wie Arjen Robben (Bayern München), Klaas-Jan Huntelaar (Schalke 04) und Robin van Persie (Manchester United).

Nachdem die Niederländer als beste Mannschaft im Finale der Weltmeisterschaft 1974 Deutschland unterlegen waren, schlugen sie Gastgeber Deutschland 1988

Barcelona errang er alle Titel, die man gewinnen kann, mit der Nationalmannschaft wurde er zweimal Europameister und einmal Weltmeister. 2012 wurde er zu Europas Fußballer des Jahres gewählt.

Oliver Kahn

Geburtsdatum: 15. Juni 1969
Nationalität: Deutschland
Letzter Verein: FC Bayern München

Oliver Kahn war Torhüter – und zwar einer der besten der Welt. Seine ersten Erfahrungen sammelte er schon 1976 beim Karlsruher SC. Erst 1994 wechselte er zum FC Bayern München. Dort war er die unumstrittene „Nummer 1". Über 460 Bundesliga-Spiele absolvierte Kahn. Er war nicht nur für seinen extremen Ehrgeiz und seine Top-Leistungen bekannt, sondern machte auch durch verbale und körperliche Angriffe auf eigene und gegnerische Spieler von sich reden. Dennoch wird Kahn voller Respekt „Der Titan" genannt. Neben der Vizeweltmeisterschaft gewann Kahn mit der Nationalelf die EM 1996. Mit dem FC Bayern München ist er achtmal Meister geworden, holte sechsmal den DFB-Pokal und einmal den UEFA-Pokal. Weitere Erfolge waren der Sieg in der Champions League 2001 und der Gewinn des Weltpokals im gleichen Jahr.

Jürgen Klinsmann

Geburtsdatum: 30. Juli 1964
Nationalität: Deutschland
Letzter Verein: Tottenham Hotspur

Jürgen „Klinsi" Klinsmann war Stürmer und bekannt für seine schnellen Sprints mit dem Ball am Fuß und seine zum Teil spektakulär erzielten Tore. In 221 Bundesliga-Spielen erzielte er 110 Treffer. Seine ersten Schritte mit dem Leder machte Klinsmann beim TB Gingen. Seine Profikarriere begann er 1983 bei den Stuttgarter Kickers. Weitere Stationen waren der VfB Stuttgart, Inter Mailand, AS Monaco, FC Bayern München und Sampdoria Genua. 1996 holte er mit dem FC Bayern München den UEFA-Cup-Sieg und stellte bei diesem Turnier einen neuen Rekord auf: Ihm gelangen 15 Tore in zwölf Partien. 1997 gewann er mit dem Klub die Meisterschaft. Seine größten internationalen Erfolge: 1990 wurde Klinsmann Weltmeister und sechs Jahre später Europameister. Von 2004 bis zur WM 2006 war er Trainer der deutschen Nationalmannschaft. Seit 2011 trainiert er die amerikanische Nationalmannschaft.

Philipp Lahm

Geburtsdatum: 11. November 1983
Nationalität: Deutschland
Verein: FC Bayern München

Auf der rechten wie auch auf der linken Außenverteidigerposition gehört er zu den aktuell besten Spielern der Welt. Dabei zeichnen ihn sein Stellungsspiel, seine Zweikampfstärke, die Ruhe und Sicherheit am Ball sowie sein Offensivdrang aus. Die Anforderungen auf dieser Position, sowohl in der Verteidigung sicher zu stehen als auch in der Offensive Akzente zu setzen, erfüllt er wie nur sehr wenige Spieler. Als Kapitän des FC Bayern München durfte er in der Saison 2012/13 die Meisterschale, den DFB-Pokal und die Champions-League-Trophäe entgegennehmen. Auch die Nationalmannschaft führt er als Kapitän aufs Feld.

Sepp Maier

Geburtsdatum: 28. Februar 1944
Nationalität: Deutschland
Letzter Verein: FC Bayern München

Sepp Maier heißt mit vollem Namen Josef Dieter Maier und war

Torhüter. Er ist nicht nur durch seine Spitzenleistungen bekannt geworden, sondern gilt auch als humorvollster Torhüter der vergangenen Jahrzehnte. So versuchte er, eine Ente, die sich in seinen Strafraum verirrt hatte, mit einem Hechtsprung zu fangen. Sein Spitzname lautet: „Die Katze von Anzing“. Los ging es für Sepp Maier 1952 beim TSV Haar und 1958 kam der Wechsel zum FC Bayern München, für den er bis 1980 spielte. Von 1966 bis 1977 stand er übrigens 400-mal in Folge auf dem Platz, ohne eine Partie zu verpassen. Seine größten Erfolge mit der Nationalmannschaft feierte er in den Jahren 1972 (Europameister) und 1974 (Weltmeister). Von 1994 bis 2000 war er Torwarttrainer bei „seinem“ Klub. Dieses Amt übte er übrigens auch für die Nationalelf aus, wurde aber im Jahr 2004 von Andreas Köpke abgelöst.

Diego Maradona

Geburtsdatum: 30. Oktober 1960
Nationalität: Argentinien
Letzter Verein: Boca Juniors Buenos Aires

Diego Armando Maradona war Mittelfeldspieler. Er galt als Ballkünstler, dem fast alles gelang. Zudem schoss er äußerst gefährliche Freistöße und war auch ein hervorragender Spielmacher. Sein erstes Profispiel machte Maradona mit erst 15 Jahren bei den Argentinos Juniors, sein Nationalmannschaftsdebüt folgte ein Jahr später. Er spielte bei insgesamt vier Weltmeisterschaften mit – und bei der WM 1986 in Mexiko holte er sogar den Titel. Der geniale Kicker war jedoch nie unumstritten. Nach dem deutlichen Handspiel gegen England sagte er ganz frech: „Wenn da eine Hand im Spiel gewesen ist, war es die Hand Gottes.“ Maradona war unter anderem für den FC Barcelona (1982–84) und den SSC Neapel (1984–91) am Ball. Danach kickte er für jeweils eine Spielzeit beim spanischen FC Sevilla und dem argentinischen Klub Newell’s Old Boys. Seine größten Klub-Erfolge waren der UEFA-Pokal und zwei italienische Meistertitel. Seine aktive Laufbahn beendete er schließlich 1997 bei den Boca Juniors. Maradona sorgte aber nicht nur auf dem Platz für Schlagzeilen. Seit Anfang der 1990er-Jahre gab es immer wieder Drogenprobleme und Dopingaffären, die Wettkampfsperren zur Folge hatten.

Lothar Matthäus

Geburtsdatum: 21. März 1961
Nationalität: Deutschland
Letzter Verein: Metrostars New York

Lothar Matthäus war Mittelfelspieler, aber auch in der Abwehr positioniert. Er wird manchmal ganz einfach „Lodda“ genannt. Auf dem Platz waren für ihn Dynamik, Passstärke und Einsatzbereitschaft charakteristisch. Er galt zwar nicht als brillanter Techniker, war aber dennoch ein herausragender Kicker. Die Zahlen sprechen für sich: 25 Spiele bei Weltmeisterschaften – das ist Rekord. Auch die Teilnahme an fünf WMs ist fast einmalig. Und 150 Länderspiele bedeuten Platz 2 auf der Weltbestenliste. Angefangen hat Matthäus beim FC Herzogenaurach. Seine Profikarriere startete er mit 18 Jahren bei Borussia Mönchengladbach. Für den FC Bayern München spielte er von 1984 bis 1988 und ein zweites Mal von 1992 bis 2000. In der Zwischenzeit war er bei Inter Mailand am Ball. Seine aktive Laufbahn als Spieler beendete er im Dezember 2000 in den USA. Sein größter Erfolg auf internationaler Ebene ist der Weltmeistertitel aus dem Jahr 1990. Neben sieben Meistertiteln gehen auch zwei nationale Pokal- und zwei UEFA-Pokal-Siege auf das Konto von Matthäus. Er war zweimal Weltfußballer des Jahres (1990,1991) und einmal Europas Fußballer des Jahres (1990).

Lionel Messi

Geburtsdatum: 24. Juni 1987
Nationalität: Argentinien
Verein: FC Barcelona

220 Tore in 248 Spielen für den FC Barcelona – allein diese Torquote zeigt schon die herausragende Qualität von Lionel Messi, dem unwiderstehlichen Dribbler und herausragenden Techniker aus Argentinien. Viermal in Folge wurde er zum Weltfußballer des Jahres gewählt, dreimal gewann er die Champions League und wurde sechsmal spanischer Meister. Wie viel er zu diesen Titeln beitrug, zeigt, dass er dreimal Torschützenkönig in der spanischen Liga wurde und viermal die meisten Tore in der Champions League schoss. Für die meisten Fußballexperten gilt Messi als der beste Fußballer der Welt.

Gerd Müller

Geburtsdatum: 3. November 1945
Nationalität: Deutschland
Letzter Verein: Smith Brothers Lounge

Gerhard „Gerd" Müller war Stürmer. Er konnte sich auf engstem Raum durchsetzen und hatte den richtigen Riecher für Tore. Er ist noch immer der erfolgreichste deutsche Torjäger aller Zeiten: In 427 Bundesliga-Spielen erzielte er 365 Tore. Kein Wunder, dass er mit dieser Trefferquote siebenmal Torschützenkönig wurde. Und klar ist auch, woher sein Spitzname stammt: Denn Gerd Müller ist als „Der Bomber der Nation" bekannt. Der Bayern-Trainer Zlatko „Tschik" Čajkovski verpasste ihm allerdings noch einen weiteren Beinamen: „Kleines dickes Müller". Sein erster Klub war der TSV 1861 Nördlingen (1955–64). Ab 1964 spielte er 15 Jahre lang für den FC Bayern München.
Den Titel Europas Fußballer des Jahres erhielt er im Jahr 1970. Seine aktive Zeit ließ Müller bei den amerikanischen Vereinen Fort Lauderdale Strikers (1979–81) und Smith Brothers Lounge (1981/82) ausklingen. Mit der Nationalelf wurde er 1972 Europameister, zwei Jahre später sogar Weltmeister. Danach war Müller als Co-Trainer bei der Bayern-Jugend tätig.

Thomas Müller

Geburtsdatum: 13. September 1989
Nationalität: Deutschland
Verein: FC Bayern München

Neben seinem enormen Einsatzwillen und Torriecher zeichnen Thomas Müller vor allem sein Spielverständnis und sein Blick für den freien Raum aus. Schon mit 21 Jahren war er der erfolgreichste Torschütze bei der WM 2010 und wurde zum besten jungen Spieler des Turniers gewählt. Mit dem FC Bayern gewann er in der Saison 2012/13 das Triple, zu dem er maßgeblich mit Toren und Torvorlagen beitrug. „Müller spielt immer", sagte sein ehemaliger Trainer Louis van Gaal. Dies gilt fast ausnahmslos bis heute. Beliebt wurde er zudem durch seine Interviews, in denen er immer einen flotten Spruch auf den Lippen hat.

Mesut Özil

Geburtsdatum: 15. Oktober 1988
Nationalität: Deutschland
Verein: FC Arsenal London

In der deutschen Nationalmannschaft spielt Mesut Özil die zentrale Rolle in der Offensive. Er lenkt das Spiel, gibt den Rhythmus vor und hebelt die gegnerische Abwehr mit kreativen und überraschenden Pässen aus. Als herausragender Spielgestalter fiel er schon früh bei Schalke 04 und Werder Bremen

auf. Sein internationaler Durchbruch als Spitzenspieler gelang ihm nach einer starken Leistung bei der WM 2010 aber erst bei Real Madrid. Dort konnte er sich gegen internationale Top-Spieler durchsetzen, das Spiel von Real Madrid über drei Jahre mitprägen und zum besten Torvorbereiter der spanischen Liga werden. 50 Millionen Euro investierte der FC Arsenal, um Özil nach London zu holen. Damit ist Mesut Özil der teuerste deutsche Spieler aller Zeiten.

Pelé

Geburtsdatum: 23. Oktober 1940
Nationalität: Brasilien
Letzter Verein: New York Cosmos

Pelé heißt eigentlich Edson Arantes do Nascimento. Er war Mittelfeldspieler, galt als Alleskönner und ist wohl der erfolgreichste Fußballer des 20. Jahrhunderts. Daher bekam er auch den Titel Weltfußballer des Jahrhunderts verliehen. Er spielte von 1950 bis 1956 zunächst beim FC Baru und 1956 bis 1974 beim brasilianischen Verein FC Santos. Bei seinem Profi-Debüt war er 15 Jahre alt, knappe zehn Monate später stand er schon für die Nationalmannschaft auf dem Platz. Bei seiner ersten WM-Teilnahme 1958 war Pelé 17 Jahre alt und schoss die entscheidenden Treffer. Noch heute ist er der jüngste Weltmeister aller Zeiten. Nach 1958 gewann Pelé die WM noch zweimal (1962, 1970). Damit ist er bislang auch der einzige Spieler, der diesen Titel dreimal erlangt hat. Seine Karriere beendete er 1977 bei New York Cosmos. Dieser Wechsel hatte 1975 für einen Zuschaueransturm gesorgt und verhalf dem New Yorker Klub sogar zur US-Meisterschaft – übrigens zusammen mit Franz Beckenbauer.

Gerard Piqué

Geburtsdatum: 2. Februar 1987
Nationalität: Spanien
Verein: FC Barcelona

In Anlehnung an Franz Beckenbauer wird Piqué in Spanien ehrfürchtig auch „Piquenbauer" genannt, da er wie Beckenbauer sehr elegant und mit viel Spielübersicht verteidigt. Allerdings konzentriert sich Piqué nicht ausschließlich auf das Verteidigen, immer wieder schaltet er sich auch in das Offensivspiel ein. Damit wurde er zum

Inbegriff des modernen Verteidigers, der seine Stärken nicht nur im Zweikampf und Kopfballspiel hat, sondern das Spiel von hinten heraus mitgestaltet und auch selbst torgefährlich wird. Er gewann viermal die spanische Meisterschaft, zweimal den spanischen Pokal und zweimal die Champions League. Mit der Nationalmannschaft darf er sich auch Welt- und Europameister nennen.

Michel Platini

Geburtsdatum: 21. Juni 1955
Nationalität: Frankreich
Letzter Verein: Juventus Turin

Michel François Platini war Mittelfeldspieler. Er zeichnete sich durch eine perfekte Technik und strategische Fähigkeiten aus und galt als Fußballgenie. Seine Karriere als Profi begann er als 17-Jähriger beim AS Nancy-Lorraine, hatte zuvor aber bereits von 1965 bis 1972 beim AS Joeuf gespielt.

1979 bis 1982 war Platini für AS St.-Étienne im Einsatz und wechselte danach zu Juventus Turin. Für diesen Verein spielte er bis 1987. Platini erhielt zahlreiche Ehrentitel. Er war mehrfach Europas Fußballer des Jahres (1983, 1984, 1985) und auch der Weltfußballer 1984 und 1985. Sein größter internationaler Erfolg ist der Gewinn der Europameisterschaft 1984, bei der er in fünf Spielen neun Tore erzielte. Mit seinen Klubs holte er auch Meistertitel und europäische Pokalsiege. Nach seinem Abschied von der aktiven Karriere trainierte er die französische Nationalmannschaft und ist seit 2007 UEFA-Präsident.

Birgit Prinz

Geburtsdatum: 25. Oktober 1977
Nationalität: Deutschland
Letzter Verein: TSG 1896 Hoffenheim

Birgit Prinz war Stürmerin. Sie galt als eine der besten Torjägerinnen der Welt. Sie zeichnete sich durch sehr große Einsatzbereitschaft und ein enormes taktisches Geschick aus. Die ersten Schritte ihrer Fußballkarriere machte sie 1986 bis 1988 beim SV Dörnigheim, danach war sie bis 1992 für den FC Hochstadt am Ball. Weitere Stationen sind der FSV Frankfurt (1992–98) und der 1. FFC Frankfurt (1998–2011). Die Saison 2002/03 verbrachte Prinz als Gastspielerin in der amerikanischen Profiliga. Dort ging sie für Carolina Courage

an den Start. Ihr erstes Länderspiel bestritt sie 1994 gegen Kanada und bereits ein Jahr später wurde sie dann Vizeweltmeisterin. Prinz hat mit der deutschen Frauen-Nationalelf schon zahlreiche Erfolge errungen: Neben den Weltmeisterschaften 2003 und 2007 wurde sie fünfmal Europameisterin (1995, 1997, 2001, 2005, 2009). In den Jahren 2003 bis 2005 wurde sie auch zur Weltfußballerin des Jahres gewählt. Außerdem hat sie je neun nationale Meisterschaften und DFB-Pokal-Siege mit ihren Vereinen erspielt.

Carles Puyol

Geburtsdatum: 13. April 1978
Nationalität: Spanien
Verein: FC Barcelona

Carles Puyol fällt nicht nur durch seine gewaltige Haarpracht auf, sondern vor allem durch sein mitunter hartes und aggressives Spiel auf dem Fußballplatz. Als beinharter Verteidiger und Organisator der eigenen Abwehrreihen ist er ein wichtiger Bestandteil der sensationellen Erfolge des FC Barcelona und der spanischen Nationalmannschaft. Sein teilweise spektakulärer Körpereinsatz haben ihm die Spitznamen „El tiburón"

(zu Deutsch: „der Hai") und schlicht „Superman" eingebracht. Jedoch gilt er nicht nur als einer der weltweit besten Verteidiger, sondern ist auch aufgrund seiner enormen Sprungkraft bei Standardsituationen im gegnerischen Strafraum sehr torgefährlich und verwandelte beispielsweise gegen Deutschland im Europameisterschaftshalbfinale 2010 eine Ecke per Kopfball zum spielentscheidenden Tor. Da er für seinen vorbildlichen Einsatzwillen und seinen Ehrgeiz bekannt ist, führt er als Kapitän die Nationalmannschaft Spaniens auf das Feld.

Helmut Rahn

Geburtsdatum: 16. August 1929, gestorben 14. August 2003
Nationalität: Deutschland
Letzter Verein: MSV Duisburg

Helmut Rahn war Stürmer. Er galt als großer Dribbelkünstler mit präzisem Schuss. Sein größter internationaler Erfolg ist der Weltmeistertitel des Jahres 1954. Rahn ist einer der „Helden von Bern". Er schoss das entscheidende Tor zum 3:2-Sieg der deut-

schen Elf über Ungarn. Rahn wurde übrigens auch „Der Boss" genannt. Seine Profikarriere begann er 1950 bei den Sportfreunden Katernberg. 1951 wechselte Rahn zu Rot-Weiß Essen. 1955 wurde der Klub Deutscher Meister und holte 1953 den Sieg im DFB-Pokal. 1959 bis 1961 war Rahn für den 1. FC Köln am Ball. Nach einem Zwischenspiel beim niederländischen Klub Twente Eschede kam er 1963 zum MSV Duisburg, bei dem er 1966 auch seine Fußballschuhe an den Nagel hängte und seine Karriere beendete.

Franck Ribéry

Geburtsdatum: 7. April 1983
Nationalität: Frankreich
Verein: FC Bayern München

Nach einer schweren Kindheit, in der er im Alter von zwei Jahren bei einem Autounfall schwere Verletzungen erlitt, deren Narben noch heute zu sehen sind, stieg er zu einem der besten Fußballspieler der Gegenwart auf. Lange zog er von einem Fußballclub zum nächsten, bis er beim FC Bayern endgültig zum Fußballstar wurde. Seine technischen Finessen und seine Schnelligkeit machen ihn zu einem torgefährlichen Mittelfeldspieler, der seine Mitspieler gekonnt in Szene setzt. In den Saisons von 2010 bis 2013 erzielte er jeweils die meisten Torvorlagen in der Bundesliga. Nachdem er mit dem FCB das Triple gewann, wurde er 2013 zu Europas Fußballer des Jahres gewählt.

Arjen Robben

Geburtsdatum: 23. Januar 1984
Nationalität: Niederlande
Verein: FC Bayern München

Sein persönliches Trauma – den verschossenen Elfmeter im Champions-League-Finale 2012 gegen Chelsea London – konnte er schon ein Jahr später überwinden. 2013 gelang ihm das entscheidende Tor beim Champions-League-Sieg gegen Borussia Dortmund. Sowohl in den Niederlanden als auch in England, Spanien und Deutschland feierte er mit seinen Vereinen schon Meister- und Pokaltriumphe. Aufgrund seiner engen Ballführung, seiner Schnelligkeit und seinem schussstarken linken Fuß gilt er als nur sehr schwer zu verteidigen. Allerdings bringen ihn immer wieder Verletzungen aus dem Tritt. Aufgrund seiner hohen Verletzungsanfälligkeit wird er auch „Der Gläserne" genannt.

Ronaldinho

Geburtsdatum: 21. März 1980
Nationalität: Brasilien
Verein: Atlético Mineiro

Ronaldinho heißt eigentlich Ronaldo de Assis Moreira, wird aber auch „Ronaldinho Gaúcho" genannt. Er ist Mittelfeldspieler und für seine exzellente Technik bekannt. Er gilt als Ballzauberer und wurde 2004 und 2005 zum Weltfußballer des Jahres gewählt. Seine Laufbahn begann Ronaldinho 1993 bei Gremio Porto Alegre, wo er seit 1997 als Profi kickte. 2001 wechselte er zu Paris Saint-Germain, 2003 zum FC Barcelona und 2008 zum AC Mailand. Mit dem FC Barcelona gewann er 2005 die Spanische Meisterschaft. Sein größter internationaler Erfolg ist der Sieg bei der Weltmeisterschaft 2002.

Ronaldo

Geburtsdatum: 22. September 1976
Nationalität: Brasilien
Letzer Verein: SC Corinthians Paulista

Ronaldo heißt eigentlich Ronaldo Luíz Nazário de Lima. Er trug den Spitznamen „Il Fenomeno", da er als Phänomen galt. Nach den Anfängen bei verschiedenen Klubs in Brasilien wechselte er als 18-Jähriger zum PSV Eindhoven und ging 1996 für eine Saison zum FC Barcelona. Von 1997 bis 2002 war er für Inter Mailand am Ball, 2002 bis 2007 für Real Madrid und 2007 bis 2008 für den AC Mailand. Er war zweimal Europas Fußballer des Jahres (1997, 2002) und dreimal Weltfußballer (1996, 1997, 2002) – übrigens mit Abstand als jüngster Spieler aller Zeiten. Mit 17 war er bereits im Aufgebot der Nationalmannschaft, kam bei der WM 1994 aber nicht zum Einsatz. Ronaldo holte mit verschiedenen Vereinen alle bedeutenden Titel. Sein größter Erfolg ist der Sieg bei der WM 2002, bei der Ronaldo seine Mannschaft als Torschützenkönig zum Titel schoss. Mit Real Madrid gewann er im selben Jahr den Weltpokal und erzielte ebenfalls den Siegtreffer. Ronaldo hat als erster Sportler überhaupt von einem Sportartikel-Hersteller einen Werbevertrag auf Lebenszeit erhalten.

Cristiano Ronaldo

Geburtsdatum: 5. Februar 1985
Nationalität: Portugal
Verein: Real Madrid

Mehr Tore als Spiele? Für Cristiano Ronaldo dos Santos Aveiro kein Problem. In 138 Ligaspielen erzielte er für Real Madrid 147 Tore. Der Stürmer mit eingebauter Torgarantie verfügt über alle Fähigkeiten eines absoluten Spitzenspielers. So wurde er schon als „Picasso des Fußballs" bezeichnet. Nachdem er von 2003 bis 2009 sehr erfolgreich für Manchester United spielte und dabei dreimal die englische Meisterschaft und einmal die Champions League gewann, wechselte er für die damalige Rekordsumme von 94 Millionen Euro zu Real Madrid. Seitdem wirbelt er für Real in der Offensive. Seine herausragenden Stärken sind seine Schnelligkeit, seine exzellente Technik, seine Schussgewalt und Kopfballstärke. Neben Messi ist er der beste aktuelle Fußballspieler und wurde 2008 und 2013 als Weltfußballer und 2008 als Europas Fußballer des Jahres ausgezeichnet.

Wayne Rooney

Geburtsdatum: 24. Oktober 1985
Nationalität: England
Verein: Manchester United

Wayne Mark „Roonaldo" Rooney ist Stürmer. Er gilt als stark, schnell und trickreich. Seine Karriere begann Rooney beim FC Everton, wo er zunächst in der Jugend spielte und bereits 2002 in den Profikader aufgenommen wurde. Er ging zudem als jüngster englischer Nationalspieler aller Zeiten in die Geschichte ein. Sein erstes Länderspiel bestritt er mit 17 Jahren gegen Australien, obwohl er nie in einer Jugendauswahl gekickt hatte. 2004 wechselte er für 31 Millionen Pfund zu Manchester United – ebenfalls Rekord für einen so jungen Spieler!

Bastian Schweinsteiger

Geburtsdatum: 1. August 1984
Nationalität: Deutschland
Verein: FC Bayern München

Schon sehr früh wurde das außergewöhnliche Fußballtalent von Bastian Schweinsteiger deutlich. Doch erst der Trainer Louis van Gaal versetzte ihn vom offensiven ins defensive Mittelfeld. Auf der Position des Sechsers entwickelte er sich zu einer überragenden Spielerpersönlichkeit. Seine Übersicht und das Gespür für das Spiel machen ihn zum Strategen und Spielgestalter im Team des FC Bayern München und in der Nationalmannschaft. Während des Spiels wechselt er immer wieder zwischen Offensive und Defensive und dirigiert dadurch das Spiel sowohl nach vorn als auch nach hinten. Nachdem er fünfmal Deutscher Meister und deutscher Pokalsieger wurde, konnte er 2012/13 das Triple gewinnen und wurde zu einem der erfolgreichsten deutschen Spieler aller Zeiten.

Uwe Seeler

Geburtsdatum: 5. November 1936
Nationalität: Deutschland
Letzter Verein: Hamburger SV

Uwe Seeler war Stürmer. Und ein kopfballstarker dazu. Sein Spiel war geradlinig und auch ziemlich effektiv. Seeler galt als extrem einsatzbereit und fair. Seine Profikarriere startete er 1957 beim Hamburger SV. Mit dem Fußballspiel begonnen hatte er bereits 1944. Seeler wird auch „Uns Uwe" genannt, also „Unser Uwe". Er spielte in seiner Laufbahn nur für einen einzigen Verein. Angebote aus Spanien und Italien lehnte der Kicker ab. In insgesamt 916 Spielen schoss Seeler 137 Tore. Der Hamburger SV wurde übrigens 1960 Deutscher Meister und holte 1963 den DFB-Pokal. Schon mit 17 Jahren trat Seeler erstmals im Trikot der deutschen Nationalelf aufs Spielfeld – und überzeugte. 1966 wurde er Vizeweltmeister. Von 1995 bis 1998 war „Uns Uwe" übrigens Präsident eines Bundesliga-Klubs – und welcher sonst als der HSV könnte das sein? Hätte nicht der Stadionsponsor dem Verein ein ziemlich verlockendes Angebot gemacht, so wäre das Hamburger Stadion im Jahr 2001 nach Seeler benannt worden. Statt dessen heißt es nun einfach AOL-Arena.

Neymar

Geburtsdatum: 5. Februar 1992
Nationalität: Brasilien
Verein: FC Barcelona

Neymar da Silva Santos Júnior ist das „Juwel" des brasilianischen Fußballs, das schon mit 14 Jahren das Interesse von Real Madrid weckte. In Brasilien hofft man, dass Neymar die Seleção zum Weltmeistertitel im eigenen Land führt. Seine ausgezeichnete Technik, seine Schnelligkeit, seine Dribbelstärke und seine Torgefährlichkeit sprachen sich schnell bis zu den europäischen Top-Vereinen herum. Dem FC Barcelona war es 57 Millionen Euro wert, dieses außergewöhnliche Talent zu verpflichten. Nun bildet er zusammen mit Messi das Offensivspektakel bei Barcelona.

Marco van Basten

Geburtsdatum: 31. Oktober 1964
Nationalität: Niederlande
Letzter Verein: AC Mailand

Marcel „Marco" van Basten war Stürmer. Zu den Stärken des Torjägers gehörten das starke Kopfballspiel, die gute Ballkontrolle und seine Wendigkeit. Außerdem spielte van Basten beidfüßig, was sein Spiel vielseitiger machte. Er begann 1970 beim UVV Utrecht, für den er zehn Jahre am Ball blieb. Danach spielte van Basten eine Saison für Elenkwejk Utrecht. Dann gelang ihm der Sprung zu Ajax Amsterdam, wo van Basten bis 1987 drei Meisterschaften und drei Landespokale gewann. 1987 holte der Klub den Europacup der Pokalsieger. Und auch nach dem Wechsel zum AC Mailand holte der Kicker mehrere Titel auf nationaler und internationaler Ebene. Zusammen mit Ruud Gullit und Frank Rijkaard spielte van Basten sowohl beim AC Mailand als auch in der Nationalmannschaft unschlagbaren Fußball. Sein größter Erfolg ist der Gewinn der Europameisterschaft 1988. In den Jahren 1988 und 1992 wurde van Basten zum besten Spieler der Welt gewählt. Den Titel Europas Fußballer des Jahres bekam er sogar einmal mehr. Seine Karriere beendete van Basten 1995 nach einer langwierigen Verletzung. Von 2004 bis 2008 war er Trainer der niederländischen Elf.

Fritz Walter

Geburtsdatum: 31. Oktober 1920, gestorben 17. Juni 2002
Nationalität: Deutschland
Letzter Verein: 1. FC Kaiserslautern

Fritz Walter spielte im Mittelfeld und zeichnete sich besonders durch seine technischen Fähigkeiten aus. Gleichzeitig war er ein ausgezeichneter Spielgestalter und beeindruckte immer mal wieder mit überraschenden Spielzügen. Von 1930 bis 1959 kickte er beim 1. FC Kaiserslautern. Bei seiner Premiere in der ersten Mannschaft war er gerade einmal 16 Jahre alt. 1951 und 1953 holte er mit seinem Verein die Deutsche Meisterschaft. Sein größter internationaler Erfolg war der Sieg bei der WM 1954, denn auch Walter ist einer der „Helden von Bern". „Der Fritz" wurde übrigens auch als „verlängerter Arm" des Bundestrainers Sepp Herberger bezeichnet. Denn er konnte dessen taktische Anweisungen perfekt auf dem Spielfeld umsetzen. Mit seinem schnellen und direkten Spiel gilt Walter als Vorreiter des modernen Fußballs.

Zinédine Zidane

Geburtsdatum: 23. Juni 1972
Nationalität: Frankreich
Letzter Verein: Real Madrid

Zinédine Yazid Zidane war Mittelfeldspieler. Er galt als Inbegriff des modernen Spielmachers. „Zizou" verstand es, seine Mitspieler gezielt einzusetzen, wurde aber auch selbst immer wieder torgefährlich. Das bewies er sowohl bei seinem Verein Real Madrid in der spanischen Liga als auch mit der französischen Nationalmannschaft. Diese führte er zu den Titelgewinnen bei der WM 1998 und der EM 2000. Zidane war Europas Fußballer des Jahres 1998 und wurde dreimal zum Weltfußballer des Jahres gewählt (1998, 2000 und 2003). 1988 bis 1992 spielte er beim AS Cannes und nach Stationen bei Girondins Bordeaux (1992–96) sowie Juventus Turin (1996–2001) war er bei Real Madrid unter Vertrag. Im Jahre 2006 beendete er schließlich seine Karriere.

Fußballstadien rund um den Globus

Hier findest du Kurzporträts von einigen der bekanntesten Stadien der Welt.

Allianz Arena

Stadt: München
Bau-/Eröffnungsjahr: 2005
Plätze: circa 71.000
Vereine: FC Bayern München, TSV 1860 München

Das Kennzeichen des Stadions ist neben der imposanten Dachkonstruktion vor allem seine Außenhaut. Je nach spielender Mannschaft leuchtet sie in der jeweiligen Klubfarbe. In der Allianz Arena fand das Eröffnungsspiel der Fußballweltmeisterschaft 2006 statt.

Anfield Stadium

Stadt: Liverpool
Bau-/Eröffnungsjahr: 1884
Plätze: circa 45.400
Verein: FC Liverpool

Von allen englischen Stadien hat die Anfield Road die beste Akustik und somit auch die beste Atmosphäre. In keinem anderen Stadion sitzen die Zuschauer so eng aneinandergedrängt wie hier. Das Stadion des FC Liverpool soll in den nächsten Jahren auf 60.000 Plätze ausgebaut werden.

Estadio Santiago Bernabéu

Stadt: Madrid
Bau-/Eröffnungsjahr: 1947
Plätze: circa 85.400
Verein: Real Madrid

Dieses Stadion ist eines der komfortabelsten Stadien der Welt. Es besitzt viele Sitzplätze, VIP-Plätze für Ehrengäste, Wärmestrahler und hochmoderne Fahrstühle. Seit November 2007 zählt das Bernabéu-Stadion zu den UEFA-Elite-Stadien.

Stadion Camp Nou

Stadt: Barcelona
Bau-/Eröffnungsjahr: 1957
Plätze: circa 99.000
Verein: FC Barcelona

Das Camp-Nou-Stadion ist das größte Stadion Europas. Würden die Sicherheitsbestimmungen die Zuschauerzahl nicht begrenzen,

könnte es bis zu circa 120.000 Fans fassen. Es wurde von der UEFA mit fünf Sternen ausgezeichnet.

Giuseppe-Meazza-Stadion

Stadt: Mailand
Bau-/Eröffnungsjahr: 1926
Plätze: circa 86.000
Vereine: AC Mailand, Inter Mailand

Das Stadion hieß früher San Siro und wurde 1979 nach dem legendären Mailänder Spieler Giuseppe Meazza umbenannt. Dieser ist noch heute das größte Idol des italienischen Fußballs. Bis zur Fertigstellung des neuen Londoner Wembley-Stadions im März 2007 war das Giuseppe-Meazza-Stadion das größte vollständig überdachte Stadion Europas.

Estadio Azteca

Stadt: Mexico City
Bau-/Eröffnungsjahr: 1966
Plätze: circa 114.000
Verein: América (Las Águilas)

Seit den Beschränkungen der Zuschauerzahl im Maracanã-Stadion ist das Aztekenstadion das größte Fußballstadion der Welt. Die legendäre Sportstätte war als einzige zweimal Austragungsort eines Finalspiels der Weltmeisterschaft, nämlich 1970 und 1986.

Hampden Park

Stadt: Glasgow
Bau-/Eröffnungsjahr: 1903
Plätze: circa 52.500
Verein: FC Queen's Park

Der Hampden Park ist das schottische Nationalstadion. Vor dem Bau des Maracanã-Stadions war es der größte Fußballtempel der Welt.

Auch diese Arena erhielt von der UEFA fünf Sterne.

Maracanã-Stadion

Stadt: Rio de Janeiro
Bau-/Eröffnungsjahr: 1950
Plätze: circa 73.500
Vereine: Fluminese, Flamengo Rio de Janeiro

Das Stadion war lange Zeit das größte der Welt. Aus dem Jahr 1950 stammt der Zuschauerrekord, bei dem knapp 200.000 Menschen eine Partie zwischen Brasilien und Uruguay verfolgten. Inzwischen stehen wegen verschärfter Sicherheitsvorschriften „nur" noch 73.500 Plätze zur Verfügung.

Old Trafford

Stadt: Manchester
Bau-/Eröffnungsjahr: 1909
Plätze: circa 76.000
Verein: Manchester United

Das Stadion hat aufgrund seiner tollen Atmosphäre auch den Beinamen „Theater der Träume". Bis zur Fertigstellung des neuen Lon-

doner Wembley-Stadions verfügte es über die größte Zuschauerkapazität aller englischen Stadien. Eine Besonderheit hat das Old Trafford allerdings noch: Diese Arena hat der Sicherheit wegen nur Sitzplätze.

Olympiastadion Berlin

Stadt: Berlin
Bau-/Eröffnungsjahr: 1936
Plätze: circa 74.500
Verein: Hertha BSC Berlin

Dieses Stadion wurde anlässlich der Olympischen Sommerspiele 1936 erbaut. In der Folge kam es immer wieder zu Umbauten. So wurde es zum Beispiel anlässlich der Fußballweltmeisterschaft 1974 teilüberdacht. Heute finden hier neben den Vereinsspielen von Hertha BSC die Finalspiele des DFB-Pokals der Männer und der Frauen statt. In diesem Stadion wurde zudem das Finale der Fußball-WM 2006 ausgetragen.

Signal Iduna Park

Stadt: Dortmund
Bau-/Eröffnungsjahr: 1974
Plätze: 80.645
Verein: Borussia Dortmund

Der Signal Iduna Park ist das größte Stadion Deutschlands. Es wurde 1974 im Rahmen der Fußballweltmeisterschaft eröffnet und immer wieder ausgebaut. Bis Ende 2005 hieß es übrigens Westfalenstadion.

Stade de France

Stadt: Paris
Bau-/Eröffnungsjahr: 1998
Plätze: circa 80.000

Das Frankreich-Stadion ist das französische Nationalstadion und wurde für die Weltmeisterschaft 1998 gebaut. Es ist ein hochmodernes Stadion mit einem Dach aus teilweise getöntem Spezialglas. Innerhalb des Fußballtempels befinden sich einige Restaurants, Geschäfte und Bars sowie ein Kino.

Stadio Olimpico di Roma

Stadt: Rom
Bau-/Eröffnungsjahr: 1952
Plätze: 82.000
Vereine: AS Rom, Lazio Rom

In diesem Stadion wurde die deutsche Nationalmannschaft unter Trainer Franz Beckenbauer 1990 Weltmeister gegen Argentinien. Heute ist es die Heimstätte der rivalisierenden Fußballklubs AS Rom und Lazio Rom.

Stamford Bridge

Stadt: London
Bau-/Eröffnungsjahr: 1877
Plätze: circa 42.500
Verein: FC Chelsea

Auch dieses Stadion ist bekannt für seine berauschende Atmosphäre. Dies war nicht immer so, denn eigentlich wurde die Arena als reines Leichtathletik-Stadion gebaut. Nach einer Reihe von Umbaumaßnahmen ist es seit 2001 jedoch zu einem reinen Fußballtempel geworden. Als eines der ersten Fußballstadien erhielt es eine Mantelbedachung mit Hotels, Büros und Wohnhäusern. Heute ist die Arena von außen kaum mehr zu erkennen.

Veltins-Arena

Stadt: Gelsenkirchen
Bau-/Eröffnungsjahr: 2001
Plätze: circa 62.000
Verein: FC Schalke 04

Dieses Stadion gehört dank seiner ausgefeilten Technik zu den modernsten Multifunktionsarenen in Europa. Die UEFA stufte die Spielstätte als Fünf-Sterne-Stadion ein – eine der höchsten Auszeichnungen, die ein Stadion bekommen kann.

Wembley-Stadion

Stadt: London
Bau-/Eröffnungsjahr: 1923
Plätze: circa 90.000

Das alte Wembley-Stadion war das englische Nationalstadion. Legendär ist es, da es der Austragungsort des Weltmeisterschaftfinales von 1966 war. Darüber sowie über das umstrittene Wembley-Tor kannst du im nächsten Kapitel mehr erfahren. Dieses ehrwürdige Stadion wurde im Jahr 2003 abgerissen und es wurde mit dem Bau des neuen Wembley-Stadions begonnen. Dieses wurde im März 2007 fertiggestellt und zählt heute zu den größten Stadien Europas. In ihm trainiert auch die englische Nationalmannschaft.

Red Bull Arena Leipzig

Stadt: Leipzig
Bau-/Eröffnungsjahr: 1956
Plätze: circa 44.500 (früher circa 100.000)
Verein: RB Leipzig

Das Zentralstadion ist das ehemalige Nationalstadion der DDR. Es war das größte Stadion Deutschlands und als „Stadion der Hunderttausend" weltweit bekannt. Nach einem Umbau in den 1970er-Jahren wurde es 2000 abgerissen und bis 2003 innerhalb des alten Ovals neu gebaut. Damit erfüllte es alle Ansprüche, um bei der WM 2006 vier Vorrundenbegegnungen und ein Achtelfinalspiel auszurichten. Kennzeichen des Stadions ist die spektakuläre Dachkonstruktion mit einer integrierten Flutlichtanlage.

Historische Fußballmomente

Rund um den Fußball gibt es wohl unzählige besondere Momente. In diesem Kapitel kannst du einen Blick auf einige herausragende Ereignisse aus über 60 Jahren Fußballgeschichte werfen.

SCHON GEWUSST?

Hans Kalb, der legendäre Spielmacher der Nürnberger, fehlte beim Finalspiel um die Meisterschaft 1922 verletzungsbedingt. Wie wichtig er für sein Team war, zeigte sich auf dem Platz. Es konnte ohne ihn nicht zu seiner gewohnten Form auflaufen. Und nicht umsonst sagte man über das Nürnberger Team: „Ohne Kalb nur halb."

Das Jahr ohne Meister (1922)

Das Jahr 1922 ist als „Jahr ohne Meister" in die Geschichte des deutschen Fußballs eingegangen.

Was war passiert?

Das Finalspiel um die Deutsche Meisterschaft trugen der Hamburger SV und der 1. FC Nürnberg aus. Zwischen den beiden Mannschaften stand es nach 90 Minuten 2:2. Das Spiel ging in die Verlängerung. Damals gab es aber – anders als heute – noch keine Regel, die die Dauer der Verlängerung festlegte. Die Folge: Das Spiel wurde immer weiter verlängert, da kein weiteres Tor fiel – bis es in der 190. Minute dann ohne Entscheidung abgebrochen wurde. Der Unparteiische, Dr. Peco Bauwens, begründete dies mit dem Einbruch der Dunkelheit. Gut vorstellbar, dass er selbst am Ende seiner Kräfte war. Wie natürlich auch alle Kicker, die den Platz total erschöpft verließen.

Wie ging es weiter?

Sechs Wochen später standen sich die beiden Teams im Wiederholungsspiel erneut gegenüber. Doch auch diesmal sah die Partie keinen Sieger. Es fielen zwar zwei Tore, aber eben nur eins für jede Mannschaft. Die Spieler gingen hart zur Sache, es gab zahlreiche Fouls und Verletzungen. Aber wieder

DR. PECO BAUWENS

Dr. Peco Bauwens, der Schiedsrichter des Finalspiels, war übrigens Fußballnationalspieler, bevor er seine internationale Schiedsrichterkarriere antrat. Von 1949 bis 1962 war er sogar DFB-Präsident – der erste nach dem Zweiten Weltkrieg. Anschließend blieb er als Ehrenpräsident des DFB dem deutschen Fußball weiterhin verbunden.

Die deutsche Nationalmannschaft von 1954

hieß es Verlängerung und wieder wurde es turbulent: Nach Platzverweisen und dem Zusammenbruch eines Spielers hatten die Nürnberger nur noch sieben Mann auf dem Platz. Da das Reglement noch keine Einwechslungen vorsah, wurde auch das Wiederholungsspiel abgebrochen.

Was kam danach?

Die Entscheidung über den Deutschen Meister sollte nun das Sportgericht fällen. Zuerst bekam der HSV den Titel zugesprochen, in einem weiteren Verfahren wurde jedoch der 1. FC Nürnberg zum Meister erklärt. Erst 1923 traf der DFB die endgültige Entscheidung: Der HSV wurde Meister. Allerdings riet man dem Verein sofort dazu, ehrenhalber auf den Titel zu verzichten. Dies geschah und so gab es im Jahr 1922 keinen Fußballmeister.

Das Wunder von Bern (1954)

Mit dem Wunder von Bern ist der Titelgewinn der deutschen Nationalmannschaft bei der Fußballweltmeisterschaft in der Schweiz 1954 gemeint.

DIE HELDEN VON BERN

Zum Team gehörten neben Helmut Rahn und Max Morlock außerdem Horst Eckel, Werner Kohlmeyer, Werner Liebrich, Karl Mai, Jupp Posipal, Hans Schäfer, Toni Turek, Fritz Walter und Ottmar Walter.

Was war an dem Sieg so „wunderbar"?

Deutschland durfte zum ersten Mal nach dem Zweiten Weltkrieg überhaupt wieder bei einer Weltmeisterschaft mitspielen. Und noch dazu gewannen die Kicker mit 3:2 gegen den klaren Favoriten Ungarn. Der Titelgewinn löste in ganz Deutschland riesengroße Freude aus. Die Deutschen litten noch immer unter den Folgen des Kriegs – durch den Fußballsieg jedoch gewannen sie ein neues Selbstwertgefühl. Die Torschützen Helmut Rahn (zwei Treffer) und

Euphorischer Empfang der Helden von Bern in München

Max Morlock (ein Treffer) sowie der Rest der Mannschaft um Bundestrainer Sepp Herberger wurden fortan die Helden von Bern genannt.

Das Wunder heute?

Mit ihrem Spiel begeisterten sie auch den Radioreporter Herbert Zimmermann, von dem die bis heute bekannte Reportage mit dem unsterblichen Satz stammt: „Aus! Aus! Aus! Das Spiel ist aus! Deutschland ist Weltmeister!“ Und spätestens nach dem Film von Sönke Wortmann kennt auch das junge Publikum die Geschichte der Helden von Bern.

Das Wembley-Tor (1966)

Das umstrittene und immer wieder diskutierte Wembley-Tor fiel im Weltmeisterschaftsfinale 1966. Im Londoner Wembley-Stadion verlor Deutschland dabei gegen Gastgeber England mit 2:4 nach Verlängerung. Beim Stand von 2:2 schoss Geoff Hurst den Ball an die Unterkante der Latte. Von dort sprang das Leder auf die Torlinie und danach zurück ins Feld. Auf oder doch hinter die Linie? Diese Frage beschäftigte Generationen von Fußballfans.

War er drin oder nicht?

Die deutsche Abwehr beförderte den Ball danach ins Toraus. Der leitende Schiedsrichter Gottfried Dienst aus der Schweiz entschied daher zunächst auf Eckball. Dann meldete sich ein Linienrichter zu Wort, der Schiedsrichter änderte seine Entscheidung und gab das Tor. Von diesem Zwischenfall war die deutsche Mannschaft wohl so geschockt, dass sie nicht mehr ins Spiel zurückfand. Das 2:3 gilt daher als spielentscheidend – auch wenn England noch einen weiteren Treffer in der Verlängerung erzielte und sich den Weltmeistertitel holte. Bis heute konnte nicht eindeutig geklärt werden, ob der Ball tatsächlich im Tor war.

Das Wembley-Tor 1966

Das Jahrhundertspiel (1970)

Das sogenannte Jahrhundertspiel fand während der Fußballweltmeisterschaft 1970 im Aztekenstadion in Mexiko City statt. Die deutsche Nationalmannschaft traf im Halbfinale der Weltmeisterschaft auf Italien. Dieses Duell gehört zu den spannendsten der Fußballgeschichte.

Was war das Besondere?

Beide Teams lieferten sich ein sehr abwechslungsreiches Match. Lange Zeit hatten die Italiener mit 1:0 geführt. Kurz vor dem Abpfiff gelang Karl-Heinz Schnellinger aber noch der Ausgleich. Das Spiel ging in die Verlängerung und war an Dramatik nicht zu überbieten. In der 95. Minute schoss Gerd Müller das 2:1 für die Deutschen. Nur vier

SCHON GEWUSST?

Das sogenannte Jahrhundertspiel wurde von der französischen Sportzeitung „L'Equipe“ bei einer Umfrage im Vorfeld der WM 1998 zum besten Spiel der gesamten Fußballgeschichte erklärt.

Szene aus dem Jahrhundertspiel 1970

Minuten danach führte Italien einen Freistoß aus – der im Tor landete! Kurz vor dem Ende der ersten Hälfte der Verlängerung gelang der italienischen Mannschaft ein weiterer Treffer. Es stand 3 : 2. Gerd Müller schoss erneut – und traf in der 109. Minute. Doch dabei blieb es nicht. Kurz vor dem endgültigen Ablauf der Verlängerung schossen die Italiener das 4 : 3 und machten ihren Einzug ins Finale perfekt.

Der Bundesliga-Skandal (1971)

Im Jahr 1971 ging die achte Bundesliga-Saison zu Ende. Und einen Tag nach dem letzten Spieltag deckte der damalige Präsident der Kickers Offenbach, Horst-Gregorio Canellas, einen weitreichenden Bestechungsskandal in der Bundesliga auf.

Was war passiert?

Canellas konnte Tonbandaufnahmen vorlegen, die bewiesen, dass die Ergebnisse bestimmter Partien beeinflusst, sprich „gekauft" worden waren. Anders als bei dem Schiedsrichterskandal, der Anfang 2005 die deutsche Fußballszene erschütterte, gehörte hier ein Verein zu den Drahtziehern. Der DSC Arminia Bielefeld war nicht nur in den Skandal verwickelt, sondern eine der verantwortlichen Mannschaften. Mit Bestechung wollte der Klub nämlich seinen Abstieg verhindern. Zu den gekauften Teams zählten unter anderem Hertha BSC, der VfB Stuttgart und Schalke 04.

Welche Folgen gab es?

Als die Manipulation aufflog, wurde Arminia Bielefeld in die Regionalliga zwangsversetzt und viele Spieler wurden mit Sperren oder Geldbußen bestraft. Insgesamt zog der DFB 52 Spieler, Trainer und auch Funktionäre zur Rechenschaft. Während das Urteil über Arminia Bielefeld nach Ablauf der Saison 1971/72 in Kraft trat, dauerte es über drei Jahre, bis alle Beteiligten ermittelt waren. Und erst 1977 bekamen die letzten Kicker ihre Strafe.

SCHON GEWUSST?

Der Bundesliga-Skandal von 1971 ließ auch das Publikum nicht unbeeindruckt: Der Skandal ließ die Zuschauerzahlen kurzzeitig erheblich einbrechen.

Der Bökelberger Büchsenwurf (1971)

Im Europacup der Landesmeister standen sich 1971 im Achtelfinale Borussia Mönchengladbach und Inter Mailand gegenüber. Die Gladbacher Kicker lagen bereits mit 2 : 1 vorn als der italienische Spieler Roberto Boninsegna auf dem Platz zusammenbrach.

Was war passiert?

Eine nicht ganz leere Cola-Dose, die von den Zuschauerrängen aufs Spielfeld geworfen worden war, hatte Boninsegna wohl am Kopf getroffen. Der Mittelstürmer wurde daraufhin von Sanitätern vom Platz getragen. Die Gladbacher Spieler blieben von diesem

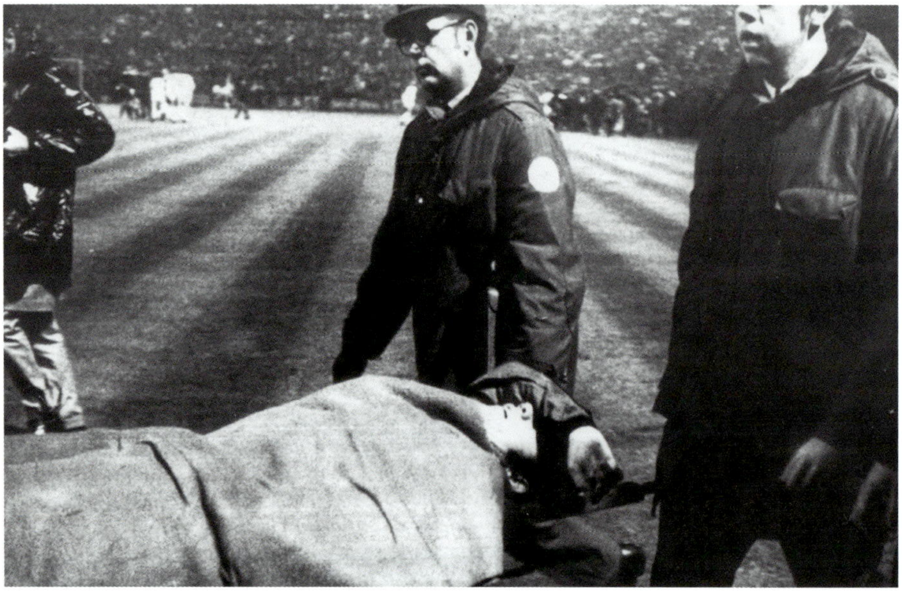

Boninsegna wird ohnmächtig vom Platz getragen.

Zwischenfall unbeeindruckt und erzielten weitere fünf Tore, als das Spiel weitergeführt wurde. Das 7:1 gegen Inter Mailand gilt als eines der besten Spiele deutscher Teams im Europapokal.

Wie ging es weiter?

Die Freude der Gladbacher war nicht von langer Dauer. Der Mailänder Klub legte wegen des Dosenwurfs Protest gegen die Wertung des Spiels ein – und bekam Recht. Das Wiederholungsspiel endete 0:0 und Gladbach schied aus dem Wettbewerb aus.

Die Katastrophe von Heysel (1985)

Am 29. Mai 1985 ereignete sich im Brüsseler Heysel-Stadion bei einem Europapokalspiel ein schlimmes Unglück.

Was war passiert?

Die Mannschaften Juventus Turin und FC Liverpool standen sich im Europapokalfinale in Belgien gegenüber. Noch vor dem Anpfiff begannen englische Hooligans zu randalieren und provozierten die Anhänger von Juventus Turin. Als Hooligans bezeichnet man äußerst gewaltbereite und brutale „Fans". Die Lage verschärfte sich dramatisch, als schließlich zahlreiche Engländer in den italienischen Block stürmten. Es kam zu einer Massenpanik unter den Zuschauern, bei der zahlreiche Menschen zu Tode kamen. Schließlich brach sogar eine der Mauern des Stadions zusammen und begrub weitere Personen unter sich. Die schlimme Bilanz: 39 Fußballfans starben, knapp 400 wurden zum Teil schwer verletzt.

Welche Folgen gab es?

Englische Vereine wurden danach für fünf Jahre von internationalen Pokalwettbewerben ausgeschlossen. Der FC Liverpool durfte sogar sieben Jahre lang nicht mehr antreten. Aber auch Juventus Turin sowie der belgische Fußballverband wurden mit Zwangsmaßnahmen belegt. Außerdem verschärfte man die Sicherheitsbestimmungen in den Stadien. So gibt es bei internationalen Partien zum Beispiel nur noch Sitzplätze. Nach diesem Spiel wurde im Heysel-Stadion übrigens nie wieder ein Fußballspiel angepfiffen. Es stand einige Jahre lang leer und wurde Mitte der 1990er-Jahre modernisiert und umgebaut. Es heißt heute König-Baudouin-Stadion.

Die Tragödie im Heysel-Stadion von Brüssel

GLOSSAR

Kleines Fußball-Abc

Hast du manchmal Probleme, den Reportern im Fernsehen oder im Radio zu folgen? Dieses Glossar wird dir dabei helfen, die Fußballsprache besser zu verstehen. Dazu findest du hier Erklärungen zu einigen Fachbegriffen und Redewendungen aus der Welt des Leders.

Abschiedsspiel

Wenn ein erfolgreicher und beliebter Spieler seine Fußballschuhe an den Nagel hängt, organisiert sein Verein in der Regel ein Freundschaftsspiel zum Abschied. Dabei stehen sich oft die eigene Mannschaft und ein extra zusammengestelltes Team gegenüber. In diesem Allstar-Team kicken oft ehemalige Wegbegleiter und Vereinskollegen.

Abseitsfalle

Mit dieser Technik können Verteidiger die gegnerischen Stürmer ausschalten. Die Abwehrkette läuft dabei geschlossen nach vorn, bevor ein gegnerischer Spieler zu seinem Stürmer passt. Befindet sich der Stürmer in diesem Moment in Abseitsposition, hat die Falle funktioniert. Abwehrreihen sollten besonders gut aufeinander eingespielt sein, um eine Abseitsfalle auszuführen. Geht der Plan schief, hat der gegnerische Stürmer freie Bahn in Richtung Tor.

Ampelkarte

Rot kommt nach Gelb. Das heißt: Ein Spieler, der bereits einmal Gelb gesehen hat, bekommt für ein weiteres Foul, das eine Karte nach sich zieht, Gelb-Rot und muss den Platz verlassen. Zudem ist er unweigerlich für das nächste Spiel im Wettbewerb gesperrt. Zumindest, wenn er Profi ist. Denn bei der Jugend und den Amateuren darf der vom Platz gestellte Kicker in der nächsten Begegnung wieder an den Ball. Bevor die Ampelkarte eingeführt wurde, sah der Spieler für den zweiten Regelverstoß lediglich die rote Karte, eine Sperre folgte nicht unbedingt.

Angstgegner

Als Angstgegner wird eine gegnerische Mannschaft bezeichnet, der man zwar laut Tabelle oder auch bezüglich des Spielvermögens prinzipiell überlegen ist, gegen die man trotzdem nur schwer punkten kann oder gegen die man gerade in einem Entscheidungsspiel eine herbe Niederlage hat einstecken müssen.

Bananenflanke

Die so bezeichnete Flanke und die gelbe Frucht haben eine Gemeinsamkeit: Sie sind krumm – und das mal mehr, mal weniger. Das heißt konkret, dass der Spieler, der die Flanke schießt, diese geschickt „anschneidet“, sodass der Ball in einer Kurve über den Platz fliegt. Der Vorteil eines solchen Schusses: Der Torwart kann ihn viel schwerer einschätzen als eine gerade platzierte Flanke.

Catenaccio

In den 1960er-Jahren trainierte Helenio Herrera aus Argentinien den italienischen Verein Inter Mailand. Herrera entwickelte eine sehr defensive Variante des Spiels. Es standen neben dem Torwart sieben Abwehrspieler, zwei Mittelfeldspieler und nur ein Stürmer auf dem Feld. Da man mit dieser Aufstellung den Strafraum komplett abriegeln konnte, war auch ein Name schnell gefunden: Catenaccio. Denn das bedeutet im Italienischen soviel wie „Riegel“. Dieser Riegel hatte nur einen Nachteil: Er war für die Zuschauer nicht sonderlich attraktiv. Dennoch gewann der Mailänder Klub unter Herrera mehrere Titel, darunter auch je zweimal den Europapokal der Landesmeister und den Weltpokal. Und auch die Nationalelf „riegelte“, was das Zeug hielt. Schließlich gab der Erfolg dem Spielsystem Recht. Und auch wenn heute die Defensive im Spiel nicht mehr so stark dominiert, steht Catenaccio auch weiterhin für eine sehr auf Sicherheit ausgerichtete Spielweise.

Coaching-Zone

Diese Zone ist im Regelwerk auch als Technische Zone vermerkt. Gemeint ist damit der abgegrenzte Raum zwischen Ersatzbank und Spielfeld. Die mit Linien gekennzeichnete Zone verläuft von der Bank bis auf einen Meter an das Spielfeld heran. Allerdings findet man sie meist nur in Stadien, nicht unbedingt auf Sportplätzen. Vor dem Spiel müssen übrigens die Leute, die auf der Bank sitzen, benannt werden. Meist sind das die Ersatzspieler, der Trainer und die Betreuer. Dass dabei jeder bleibt, wo er hingehört, darauf achtet ein weiterer Helfer des Schiedsrichters, der sogenannte Vierte Offizielle.

Double

Mit dem Double ist beim Fußball der Gewinn von Meisterschaft und Pokal in einer Saison gemeint. Das Double ist damit der Abschluss einer sehr erfolgreichen Saison. Bislang gab es 13 Double-Gewinne in Deutschland. Während es in der Anfangszeit des DFB noch eine große Ausnahme war, dass ein Verein sich beide Titel sichern konnte, ist es in den letzten Jahren mehreren Vereinen gelungen.

Dropkick

Der Dropkick ist ein sehr anspruchsvoller Ball und ähnelt zunächst dem Volleyschuss. Im Gegensatz zum Volley, der in der Luft angenommen wird, trifft der Fuß beim Dropkick in genau dem Moment auf den Ball, in dem dieser den Boden berührt. Das klingt kompliziert und das ist es auch. Wird der Schuss mit einer falschen Haltung ausgeführt, saust der Ball in die Höhe statt über den Platz.

Englische Woche

Wenn drei Punktspiele innerhalb einer Woche ausgetragen werden, so wird das Englische Woche genannt. In England ist dieser Rhythmus nämlich seit Langem üblich.

Fehlpass

Eigentlich ist klar, was hinter diesem Begriff steckt. Denn mit dem Fehlpass ist ein Abspiel gemeint, das sein Ziel nicht erreicht. Das bedeutet, dass der Ball im Aus landet oder einem gegnerischen Spieler vor die Füße rollt. Vor allem vor dem eigenen Tor bringt ein Fehlpass die verteidigende Mannschaft schnell in Schwierigkeiten.

Feuerwehrmann

Natürlich weißt du, was ein Feuerwehrmann ist. Im Fußball wird dieser Begriff aber umgangssprachlich für einen Trainer – meist in der Bundesliga – verwendet, dem es schon mehrfach gelungen ist, vom Abstieg bedrohten Mannschaften den Klassenerhalt zu sichern. Ein „Feuerwehrmann" wird meist in der Rückrunde unter Vertrag genommen, wenn sich die Abstiegsgefahr abzeichnet. Trainer wie Peter Neururer oder Friedhelm Funkel haben sich schon einen Namen als Retter gemacht.

Goalgetter

Der Begriff Goalgetter stammt aus dem Englischen und bezeichnet einen Spieler, der als Torgarant gilt. Und der damit eben auch immer wieder das Spiel für sein Team entscheidet. Rekordkicker Gerd Müller war so ein Goalgetter, aber auch Spieler wie Mario Gomez, Cristiano Ronaldo oder Zlatan Ibrahimović treffen fast immer.

Hattrick

Ein echter Hattrick gelingt einem Spieler dann, wenn er in einer Halbzeit drei Tore hintereinander schießt, ohne dass ein weiterer Spieler ebenfalls einen Treffer landet.

Hexenkessel

Als Hexenkessel bezeichnet man Stadien, in denen eine ganz eigene Stimmung herrscht. Die kommt vor allem auf, wenn die Heimmannschaft sehr laute Fans hat, die dann auch noch besonders nahe am Spielfeldrand stehen. Und das ist für eine Gastmannschaft nicht immer leicht ...

Interimstrainer

Der Begriff „interim" stammt aus dem Lateinischen und bedeutet in etwa „Übergangsregelung". Sicher hast du schon davon gehört, dass eine freie Trainerstelle zunächst mit einem sogenannten Interimstrainer besetzt wird. Das passiert zum Beispiel, wenn der bisherige Trainer kurzfristig vom Verein entlassen wird und noch kein Nachfolger gefunden ist. Kurzfristige Entlassungen sind heutzutage keine Seltenheit mehr, wenn sich die gewünschten Erfolge nicht einstellen. Für eine bestimmte Übergangszeit trainiert schon mal der bisherige Co-Trainer oder vielleicht auch ein Jugendtrainer die Mannschaft. Und natürlich ist schon mancher Übergangstrainer dann doch länger geblieben.

Kantersieg

Als Kantersieg wird ein sehr hoher Sieg bezeichnet. Ein 9 : 1 darf also zum Beispiel durchaus Kantersieg genannt werden.

Kick and rush

Der Begriff „Kick and rush" kommt aus dem Englischen. Übersetzt bedeutet er „Schießen und Eilen". Gemeint ist damit eine inzwischen eigentlich veraltete, zum Teil aber auch heute noch anzutreffende Spielweise der englischen Kicker. Beim typischen

Kick and rush werden die Bälle häufig aus der eigenen Abwehr ganz weit nach vorn geschlagen – und das auch schon mal völlig planlos. Dann folgt die gesamte Mannschaft nach und versucht, den Ball vor dem gegnerischen Tor wieder aufzunehmen und durch die Schnelligkeit der Aktion möglichst rasch zu einem Torschuss zu gelangen. Durchdachte Taktik und raffinierte Spielzüge sucht man dabei allerdings vergebens.

Konter

Auch der Konter ist ein taktischer Spielzug. Gemeint ist damit ein Gegenangriff, der so schnell wie möglich ausgeführt wird, wenn man gerade erst den Angriff der gegnerischen Mannschaft abgewehrt hat. Denn diese ist weit aufgerückt und kann durch den raschen Vorstoß überrascht und ausgespielt werden. Bei einem Konter sollte der Ball mit möglichst wenigen, aber eben schnellen Spielzügen gespielt werden.

Notbremse

Die Notbremse wird oft als der letzte Ausweg gesehen, um einen gegnerischen Spieler zu stoppen, der sich allein kurz vor oder innerhalb des Strafraumes durchsetzen konnte. Klar, dass es sich hier um ein Foulspiel handelt. Und schließlich weiß auch der Spieler, der die Notbremse „zieht", dass er eine Regelwidrigkeit begeht. Dann hat der Schiedsrichter oft nur eine Wahl: Er zeigt die rote Karte.

Play-off

Das Play-off kommt bei der Fußballweltmeisterschaft zum Tragen. Damit sind die Entscheidungsspiele gemeint, in denen zwei Mannschaften aus unterschiedlichen Konföderationen nach Abschluss ihrer Qualifikation noch gegeneinander antreten müssen.

In einem Hin- und Rückspiel wird darum gespielt, wer noch einen Startplatz für die WM-Endrunde erhält.

Pressing

Der Begriff „Pressing" kommt mal wieder aus dem Englischen und heißt übersetzt soviel wie „drücken". Gemeint ist damit ein besonders druckvolles Spiel, bei dem die Spieler im wahrsten Sinne des Wortes gegen den Gegner anrennen. Je nach Taktik kurz, länger oder auch während der ganzen Partie. Das Ziel dieser Spielweise ist es, die gegnerische Mannschaft rasch zu einem Ballverlust zu zwingen und so zu verhindern, dass sie selbst nach vorn spielt. Das Pressing wird oft auch Forechecking genannt. Worauf es dabei ankommt: Die Stürmer müssen bereits mit der Abwehr beginnen, indem sie die Verteidiger der gegnerischen Mannschaft frühzeitig angreifen. Außerdem sollten die eigenen Mittelfeldspieler und Verteidiger zügig nachrücken. Denn schließen sich nicht alle Spieler an, können schnell „Löcher" entstehen. Und schon wendet sich das Blatt auf dem Platz.

Qualifikation

In der Qualifikation, den sogenannten Ausscheidungsspielen, werden die Mannschaften ermittelt, die in ein Turnier starten dürfen. Die Qualifikation findet vor dem eigentlichen Wettbewerb statt. Sowohl beim UEFA-Pokal oder der Champions League als auch bei den internationalen Turnieren der Nationalmannschaften gibt es eine Qualifikation. Damit wird das breite Teilnehmerfeld schon mal vorab auf die besten Teams reduziert.

Rote Laterne

Die Rote Laterne trägt die Mannschaft, die den letzten Tabellenrang belegt. Das ist natürlich symbolisch gemeint. Dieser Begriff wurde übrigens früher bei der Eisenbahn verwendet. Am letzten Waggon eines Zuges hing immer eine rote Lampe. So konnte man auch bei Dunkelheit erkennen, wo der Zug endete.

Rudelbildung

Mit Rudelbildung ist gemeint, dass mehrere Spieler beider Teams während einer Spielunterbrechung zusammen eine – meist diskutierende – Gruppe bilden. Das passiert häufig nach einem Foulspiel. Eine solche Ansammlung ist zwar nicht verboten, manchmal kommt es jedoch zu verbalen oder auch handgreiflichen Auseinandersetzungen. Grundsätzlich gilt: Kommt es zu unsportlichem Verhalten, muss der Schiedsrichter eine Karte zeigen.

Tackling

Das Wort „Tackling" stammt von dem englischen Verb „tackeln". Das bedeutet übersetzt „attackieren" oder „bekämpfen". Gemeint ist damit der Versuch, den Gegenspieler durchaus kräftig und mit gewisser Härte, aber dennoch regelkonform vom Ball zu trennen.

Triple

Mit dem Begriff Triple wird der Gewinn der Meisterschaft, des DFB-Pokals und der Champions League in nur einer einzigen Saison bezeichnet. Aufgrund der problematischen Dreifachbelastung ist es äußert kompliziert für eine Fußballmannschaft, sowohl ins DFB-Finale als auch ins Champions-League-Finale vorzudringen. Die einzige Mannschaft, der dies in Deutschland bis heute gelungen ist, ist der FC Bayern München.

FUSSBALL-QUIZ

Das Quiz

Hier findest du einige Fragen rund um den Fußball. Kannst du sie alle beantworten? Die Lösungen erhältst du im Anschluss an das Quiz.

1. Von welchem vorlauten und genialen Spieler stammt der immer wieder zitierte Satz: „Ich grüße meine Mama, meinen Papa und ganz besonders meine Eltern."
a) Lothar Matthäus
b) Mario Basler
c) Franz Beckenbauer

2. Wo hat die UEFA ihren Sitz?
a) Nyon
b) Paris
c) Bern

3. Wie heißt die höchste spanische Spielklasse?
a) Primera División
b) Seria A
c) Primeira Liga

4. Welchen Spitznamen trägt der Weltmeisterspieler und ehemalige Bundestrainer Rudi Völler?
a) Tante Käthe
b) Onkel Rudi
c) Völli

5. Wann wurde die Fußballzeitschrift „Kicker" gegründet?
a) 1903
b) 1964
c) 1920

6. Von wem stammt die Fußballweisheit: „Vor dem Spiel ist nach dem Spiel"?
a) Franz Beckenbauer
b) Sepp Herberger
c) Giovanni Trapattoni

7. Seit wann gilt die Drei-Punkte-Regel?
a) Saison 1994/95
b) Saison 1995/96
c) Saison 1996/97

8. Was war das magische Dreieck?
a) Ein Dreieck, mit dem Fußballfelder vermessen wurden
b) Ein neuer Artikel aus dem Fanshop des VfB Stuttgart
c) Das ehemalige Stuttgarter Offensivtrio: K. Balakov, G. Elber und F. Bobic

9. Was ist mit dem Einschläfern des Gegners gemeint?
a) Eine besonders schnelle Spielart, die den Gegner rasch ermüdet
b) Eine besonders langsame Spielart, die dem Gegner Passivität vortäuscht
c) Ein besonders nettes Geschenk, das dem Gegner vor dem Anpfiff überreicht wird

10. Wer bestimmt beim Elfmeterschießen, auf welches Tor geschossen wird?
a) Der Schiedsrichter
b) Einer der beiden Schiedsrichterassistenten
c) Der älteste Spieler auf dem Platz

11. Wo müssen sich die Spieler – außer dem Elfmeterschützen und dem Torwart – beim Elfmeterschießen aufhalten?
a) Am Spielfeldrand
b) Im Mittelkreis
c) Hinter dem Tor, auf das geschossen wird

12. Was ist die Hintermannschaft?
a) Die Spieler, die nicht regelmäßig zum Einsatz kommen
b) Die Amateure eines Bundesliga-Vereins
c) Die Spieler einer Mannschaft, die zusammen die Verteidigung übernehmen

DIE NUMMER ZEHN

Zu Zeiten, als die Trikots nur mit einer Rückennummer und noch nicht mit Namen versehen waren, hatte der Spielmacher oft die Nummer 10. Auch heute noch sind einige der Spielmacher an dieser Rückennummer zu erkennen. Da viele bedeutende Fußballer wie Pelé (Brasilien), Diego Maradona (Argentinien) oder auch Lothar Matthäus (Deutschland) diese Nummer trugen, ist sie bis heute sehr beliebt. Wer die Nummer 10 bekommt, fühlt sich geehrt.

13. Die deutschen Duelle mit den Niederlanden waren immer von besonderer Rivalität geprägt. Wie heißt der holländische Spieler, der im Achtelfinale der WM 1990 Rudi Völler bespuckte und seitdem unter dem Spitznamen „Lama" bekannt ist?

a) Frank Rijkaard
b) Ruud Gullit
c) Patrick Kluivert

14. Welchen Beinamen hat die Nationalmannschaft der Niederlande?

a) Tulpjes
b) Oranjes
c) Kaasjes

15. Wer nannte Teamchef Beckenbauer bei der WM 1986 einen „Suppenkaspar" und musste deshalb seine Koffer packen und das Turnier vorzeitig verlassen?

a) Uli Stein
b) Lothar Matthäus
c) Karl-Heinz Rummenigge

16. Mehmet Scholl begeisterte seine Fans mit Hackentricks und wunderschönen Toren. Nach der Karriere wurde er Trainer und Fernseh-Experte. In welcher Sportart außerhalb des Fußballs konnte er noch Erfolge feiern?

a) Er nahm an den olympischen Spielen im Zehnkampf teil.
b) Er spielte Hockey und wurde für die Hockey-Nationalmannschaft nominiert.
c) Er stieg mit der Kegelabteilung des FC Bayern München in die Bezirksliga auf.

17. In welcher Saison wurde der DFB-Pokal zum ersten Mal im Elfmeterschießen entschieden?

a) 1982/83
b) 1983/84
c) 1986/87

18. Welches Team führt die Ewige Tabelle der Bundesliga an?

a) FC Schalke 04
b) FC Bayern München
c) 1. FC Nürnberg

19. Wie viele Tore wurden in der Saison 1983/84 erzielt – und sind damit absoluter Rekord?

a) 897
b) 1109
c) 1097

20. Klein, schnell und wendig: Welcher Spieler wird „La Pulga" (zu deutsch: „der Floh") genannt?

a) Andrés Iniesta
b) Lionel Messi
c) Radamel Falcao

21. Welcher Spieler hat die meisten Einsätze in der Bundesliga absolviert?

a) Karl-Heinz Körbel
b) Eike Immel
c) Uli Stein

22. Wer ist mit 365 erzielten Toren der erfolgreichste Torjäger in der Bundesliga?

a) Jürgen Klinsmann
b) Gerd Müller
c) Ulf Kirsten

23. Welcher Torhüter hat die meisten Einsätze in der Bundesliga bestritten?

a) Oliver Kahn
b) Andreas Köpke
c) Eike Immel

24. Welche Aufgabe hat der moderne 6er?

a) Er führt die Seitenwahl aus.
b) Er ist während des Spiels Ansprechpartner für den Schiedsrichter.
c) Er ist der Spielgestalter.

SCHON GEWUSST?

Bislang gibt es fünf Ehrenspielführer der Nationalmannschaft. Die Ernennung ist Sache des DFB – und eine Auszeichnung für eine herausragende Fußballkarriere. Neben Bettina Wiegmann stehen Franz Beckenbauer, Lothar Matthäus, Uwe Seeler und Fritz Walter auf dieser Liste.

25. Wie hieß der erste DFB-Präsident, der von 1900 bis 1904 amtierte?

a) Ferdinand Hueppe
b) Wolfgang Niersbach
c) Egidius Braun

26. Welcher Spieler antwortete auf die Frage nach seinem größten Problem mit: „Mein rechter Fuß"?

a) Bernd Hölzenbein
b) Georg Schwarzenbeck
c) Wolfgang Overath

27. Wie viele Tore schoss Cristiano Ronaldo in 138 Spielen für Real Madrid?

a) 147
b) 93
c) 112

28. Von wem stammt die Fußballweisheit: „Ein Spiel dauert 90 Minuten"?

a) Helmut Rahn
b) Fritz Walter
c) Sepp Herberger

29. Welcher berühmte Fußballer aus der Weltmeisterelf von 1954 hat einen ebenfalls Fußball spielenden Namensvetter?

a) Fritz Walter
b) Horst Eckel
c) Hans Schäfer

30. In welcher Stadt wurde Deutschland 1990 Weltmeister und Franz Beckenbauer damit zum zweiten Mal Titelgewinner?

a) Rom
b) Mailand
c) Turin

31. Gerd Müller, Miroslav Klose und Jürgen Klinsmann haben bislang die meisten Tore für die deutsche Nationalmannschaft erzielt. Wer von ihnen stand am häufigsten in Länderspielen auf dem Platz?

a) Jürgen Klinsmann
b) Miroslav Klose
c) Gerd Müller

32. In welchem Stadion wurde das Finale der Champions League am 25. 05. 2013 ausgetragen?

a) Allianz Arena, München
b) Stade de France, Paris
c) Wembley-Stadion, London

33. Wann darf ein Team den Champions-League-Pokal, der eigentlich ein Wanderpokal ist, schließlich behalten?

a) Gar nicht
b) Nach dem Gewinn von insgesamt drei Titeln
c) Nach dem Gewinn von drei aufeinander folgenden Titeln oder fünf Siegen insgesamt

34. Welches Team holte mit neun Titeln die meisten in der Champions League beziehungsweise dem Europapokal der Landesmeister?

a) Real Madrid
b) AC Mailand
c) Roter Stern Belgrad

DIE SIEGER DES OLYMPISCHEN FUSSBALLTURNIERS DER MÄNNER

1912	England	1972	Polen
1920	Belgien	1976	DDR
1924	Uruguay	1980	Tschechoslowakei
1928	Uruguay	1984	Frankreich
1936	Italien	1988	UdSSR
1948	Schweden	1992	Spanien
1952	Ungarn	1996	Nigeria
1956	UdSSR	2000	Kamerun
1960	Jugoslawien	2004	Argentinien
1964	Ungarn	2008	Argentinien
1968	Ungarn	2012	Mexico

35. Nach wie vielen gelben Karten ist ein Spieler automatisch für die nächste Partie in der Champions League gesperrt?

a) 2
b) 3
c) 4

36. Wann wurde Stürmer-Star Didier Drogba Champions-League-Sieger mit dem FC Chelsea London?

a) Saison 2009/10
b) Saison 2010/11
c) Saison 2011/12

37. Welchen Sport bezeichnet der deutsche Kicker Thomas Müller als sein Hobby?

a) Fußball
b) Pferdesport
c) Motorsport

38. Warum wird der Trainer José Mourinho auch „The Special One“ genannt?

a) Er nennt sich einfach selbst so.
b) Er trägt Spezial-Unterwäsche im Winter, damit es ihn am Spielfeldrand nicht friert.
c) Er hat eine neue Spielerposition erfunden, in der ein spezieller Spieler vorn und hinten spielen muss.

39. Marco Reus spielt auch in der Nationalmannschaft. Dort gehört er unter anderem mit Mario Götze zu den ...

a) jungen Wilden
b) jungen Helden
c) jungen Stürmern

40. Mit welchem Tier wird der spanische Spieler Carles Puyol aufgrund seiner Spielweise manchmal verglichen?

a) Hai
b) Adler
c) Raubkatze

41. Welche Summe, sagt man, bezahlte der FC Bayern München 1994 für Oliver Kahn und wandte damit so viel Geld auf, wie bis dahin in Deutschland noch nie für einen Torwart gezahlt worden war?

a) Rund 500.000 Euro
b) Rund 1 Million Euro
c) Rund 2,5 Millionen Euro

42. Wie viel Geld zahlte Arsenal London an Real Madrid für den Wechsel von Mesut Özil?

a) 15 Millionen Euro
b) 50 Millionen Euro
c) 90 Millionen Euro

43. Wie viele Tore schoss Zinédine Zidane bei seinem Debüt für die französische Nationalmannschaft?

a) 1
b) 2
c) 3

44. Welcher Torhüter wurde Europameister mit der deutschen Nationalelf und hatte den Erfolg aber sozusagen von der Bank aus errungen, da er Ersatztorwart war?

a) Jens Lehmann
b) Andreas Köpke
c) Oliver Kahn

45. Im Viertelfinale der WM 2006 hielt Jens Lehmann beim Elfmeterschießen zwei Elfmeter. Wie gelang ihm das?

a) Er kannte die Schützen und wusste, wohin sie schießen.
b) Er bekam einen Zettel, auf dem stand, in welches Eck die Schützen meistens schießen.
c) Er hatte großes Glück, da er zweimal angeschossen wurde.

46. Warum wurde David Beckham für das Ausscheiden der englischen Nationalmannschaft bei der WM 1998 in Frankreich verantwortlich gemacht?

a) Er verschoss einen entscheidenden Elfmeter.
b) Er bekam einen Platzverweis und fehlte seiner Mannschaft im entscheidenden Spiel.
c) Er fehlte verletzungsbedingt, hatte sich die Verletzung aber nicht auf dem Platz zugezogen.

47. Wie oft wurde Pelé mit seinem brasilianischen Klub FC Santos brasilianischer Meister?

a) 7-mal
b) 9-mal
c) 13-mal

48. Welches Geschenk erhielt Pelé für sein 1000. Ligaspiel?

a) Ein neues Auto
b) 1000 Dollar
c) Einen Fußball aus Gold

49. Was machte Pep Guardiola nach seiner Zeit beim FC Barcelona?

a) Ein Jahr Pause
b) Trainer beim FC Bayern München
c) Politik in Spanien

50. Welche besondere Ehrung seines Landes erhielt der französische Spieler Michel Platini 1985?

a) Er wurde zum Fußballer des Jahrzehnts ernannt.
b) Er wurde zum Ritter der Ehrenlegion ernannt.
c) Er wurde zum Ehrenpräsidenten des französischen Fußballverbandes ernannt.

51. Wie wurde der österreichische Mittelfeldspieler Herbert Prohaska auch genannt?

a) Walzerkönig
b) Schneckerl
c) Wienerle

52. Wie oft gewann Franz Beckenbauer in den Jahren 1969 bis 1974 mit dem FC Bayern München die Deutsche Meisterschaft?

a) 3-mal
b) 4-mal
c) 6-mal

53. Wie groß ist Diego Maradona?

a) 1,67 Meter
b) 1,70 Meter
c) 1,73 Meter

54. Wie nannte sich der sehr erfolgreiche, aber auch sehr egozentrische Fußballtrainer Louis van Gaal selbst?

a) Der große Direktor
b) Der geniale Denker
c) Das Feierbiest

55. Was befindet sich unter dem Spielfeld im Stadion von Schalke 04?

a) Eine Kapelle
b) Ein weiteres Spielfeld zum Hochklappen
c) Eine eigene Brauerei mit Kneipe

56. Welcher Verein hat einen Viererbob im Wappen ?

a) SpVgg Greuther Fürth
b) SpVgg Unterhaching
c) FC Erzgebirge Aue

57. Welcher ehemalige deutsche Spieler wurde als bislang letzter zu Europas Fußballer des Jahres gewählt?

a) Gerd Müller
b) Thomas Doll
c) Matthias Sammer

58. Wann wurde das Torwandschießen im *Aktuellen Sportstudio* des ZDF eingeführt?

a) 1963
b) 1965
c) 1970

59. Wer bekam als Erster die Auszeichnung Europas Fußballer des Jahres?

a) Taylor Matthews
b) Stanley Matthews
c) Ben Matthews

60. Wer führt momentan die Torschützenliste der deutschen Frauen-Nationalmannschaft an?

a) Birgit Prinz
b) Nia Künzer
c) Steffi Jones

61. Wie groß ist der Ball beim Frauenfußball?

a) Kleiner als der, mit dem Männermannschaften kicken
b) Genauso groß wie der, mit dem Männermannschaften spielen
c) Größer als der, den Männermannschaften benutzen

62. Wie nennt man das Zurückspielen des Balls zum eigenen Torwart?

a) Rückkehr
b) Rücklauf
c) Rückgabe

63. Wie heißt ein Fußballspiel, bei dem sich zwei Mannschaften aus derselben Stadt oder derselben Region gegenüberstehen?

a) Derby
b) Rugby
c) Heimspiel

64. Seit wann sind die Netze in den Toren beim Fußballspiel vorgeschrieben?
a) 1887
b) 1890
c) 1903

65. Wie viele Tore fallen durchschnittlich in einem Bundesliga-Spiel?
a) 1
b) 3
c) 5

66. Wie hoch fiel der bislang höchste Sieg in einer Bundesliga-Begegnung aus?
a) 8:0
b) 10:0
c) 12:0

67. Welche der folgenden Nationen hat nie einen WM-Titel gewonnen?
a) Uruguay
b) Schweiz
c) Frankreich

68. Wie viele Spieltage gibt es in der Bundesliga?
a) 32
b) 34
c) 36

69. Welche Mannschaft darf nach einem Tor den Anstoß ausführen?
a) Die, die den Treffer erzielt hat
b) Die, die den Treffer einstecken musste
c) Keine von beiden, der Ball wird vom Schiedsrichter ins Rollen gebracht

70. Wie hoch war der höchste Sieg, den eine deutsche Nationalmannschaft für sich verbuchen konnte?
a) 10:0
b) 16:0
c) 20:0

71. In welchem Abstand finden die Fußballeuropameisterschaft und die -weltmeisterschaft statt?
a) 2 Jahre
b) 4 Jahre
c) 6 Jahre

72. In welchem Alter spielte Philipp Lahm das erste Mal für die Nationalmannschaft?
a) Mit 21 Jahren
b) Mit 22 Jahren
c) Mit 23 Jahren

73. Welcher Bereich des Spielfeldes wird auch Fünfmeterraum genannt?
a) Der Strafraum
b) Der Mittelkreis
c) Der Torraum

74. Wie wird es genannt, wenn der Torhüter einen Ball erfolgreich abwehrt?
a) Passball
b) Parade
c) Abwehrschlag

75. Welcher Verein hatte in der Saison 2012/13 durchschnittlich die meisten Zuschauer pro Heimspiel?
a) FC Barcelona
b) Manchester United
c) Borussia Dortmund

76. Welche Nationalmannschaft trainierte Jürgen Klinsmann bisher noch nicht?
a) USA
b) Brasilien
c) Deutschland

77. Wie viele Mannschaften der internationalen Top-Ligen spielen in Schwarz-Gelb?
a) 11
b) 5
c) 1

78. Welches deutsche Stadion hat die größte Stehplatztribüne Europas?
a) Der Signal Iduna Park
b) Die Commerzbank-Arena
c) Die Allianz Arena

79. Welcher berühmte brasilianische Spieler stand bei den Weltmeisterschaften 1994, 1998 und 2002 dreimal in Folge beim Finalspiel auf dem Platz?
a) Ronaldo
b) Cafu
c) Ronaldinho

80. Welcher Spieler kickte in seiner Profi-Laufbahn ausschließlich für einen Verein?
a) Franz Beckenbauer
b) Uwe Seeler
c) Gerd Müller

Die Lösungen

Frage 1: Lösung b)
Mario Basler war nicht nur ein genialer Fußballer, sondern auch berühmt für seine Sprüche neben dem Platz. Diesen speziellen Gruß gab er nach einem gewonnen DFB-Pokal mit dem FC Bayern München zum Besten, womit er sich einen Platz unter den lustigsten Fußballer-Sprüchen sicherte.

Frage 2: Lösung a)
Die UEFA ist, wie du im Kapitel Europäische Vereinswettbewerbe erfahren hast, der europäische Fußballverband. Sie hatte ihren Sitz zuerst in Paris und war dann von 1960 bis 1995 im schweizerischen Bern angesiedelt. Heute ist sie in Nyon ansässig, das ebenfalls in der Schweiz liegt. Falls du es ganz genau wissen willst: Die Stadt liegt im Kanton Waadt.

Frage 3: Lösung a)
Die höchste Spielklasse der Spanier heißt Primera División. Anders als in der Bundesliga spielen dort 20 Mannschaften, von denen am Ende der Saison drei absteigen. In England heißt diese Klasse übrigens Premier League, in Frankreich Ligue 1.

Frage 4: Lösung a)
Rudi Völler wird tatsächlich Tante Käthe genannt. Seinen Spitznamen verdankt Völler wohl vor allem der Frisur, die er in den 1980er- und 1990er-Jahren trug. Dass er auch einen Schnurrbart hatte, davon ließen sich die Namensgeber wohl nicht beeindrucken.

Frage 5: Lösung c)
Die Zeitschrift „Kicker" wurde zum ersten Mal 1920 von Walther Bensemann in Konstanz herausgegeben. Seit 1968 trägt sie den Titel „Kicker Sportmagazin", da der Kicker mit dem bis dahin erscheinenden „Sportmagazin" zusammengelegt wurde. Die Montagsausgabe wird übrigens im Tiefdruck mit Farbe, die Donnerstagsausgabe „nur" im Zeitungsdruck hergestellt.

Frage 6: Lösung b)
Dieser Satz stammt von Sepp Herberger. Aber auch Franz Beckenbauer („Schau mer mal") und Giovanni Trapattoni („Ich habe fertig!") haben Fußballsprüche geprägt. Und genau wie Sepp Herberger mehr als einen ...

Frage 7: Lösung b)
Die Drei-Punkte-Regel ist in der Saison 1995/96 eingeführt worden. Wie du im Kapitel über die Bundesliga erfahren hast, bestimmt sie die Punktvergabe bei den Begegnungen. Aber auch bei allen anderen nationalen und internationalen Fußballspielen kommt sie zum Tragen, denn sie gilt weltweit.

Frage 8: Lösung c)
Das magische Dreieck bestand aus Krassimir Balakov, Giovane Elber und Fredi Bobic. Von 1995 bis 1997 versetzten diese drei Offensivspieler die Bundesliga mit ihren traumhaften Spielzügen und wunderschönen Toren in Staunen. 1997 wechselte Giovanne Elber zum FC Bayern München und das magische Dreieck zerbrach. Allerdings sind die drei noch heute eng miteinander befreundet.

Frage 9: Lösung b)
Wenn eine Mannschaft versucht, den Gegner „einzuschläfern", dann spielt sie tatsächlich sehr langatmig und zäh. Einen Vorteil kann das Team dann erreichen, wenn es einen sehr schnellen Spielzug anschließt und es ihm gelingt, die „eingeschläferten" Spieler mit einem Angriff zu überrumpeln.

Frage 10: Lösung a)
Die Spielregeln legen fest, dass der Schiedsrichter das Tor beim Elfmeterschießen auswählt.

Frage 11: Lösung b)
Die Spielregeln besagen auch, dass sich alle unbeteiligten Spieler im Mittelkreis aufhalten müssen. So können sich Torwart und Schütze besser konzentrieren und es gibt kein Durcheinander rund ums Tor, auf das geschossen wird.

Frage 12: Lösung c)
Als Hintermannschaft bezeichnet man alle verteidigenden Spieler eines Teams. Die Amateure sind Freizeitsportler und die Kicker, die mehr Zeit auf der Auswechselbank als auf dem Platz verbringen, werden umgangssprachlich „Bankdrücker" genannt.

Frage 13: Lösung a)

Frage 14: Lösung b)
Die niederländische Nationalmannschaft hat den Beinamen „Oranjes". Das heißt auf deutsch: „Die Orangen". Seinen Ursprung hat dieser Name in der Farbe der Trikots. Orange ist aber auch die Nationalfarbe des Landes.

Frage 15: Lösung a)

Frage 16: Lösung c)
Nach dem Karriereende kegelte Mehmet Scholl wieder bei der Kegel-Abteilung des FC Bayern München. Schon in seiner Jugend in Karlsruhe wurde Scholl deutscher Kegel-Vize-Jugendmeister.

Frage 17: Lösung b)
In der Saison 1983/84 standen sich der FC Bayern München und Borussia Mönchengladbach im Endspiel um den DFB-Pokal gegenüber. Nach der Verlängerung stand es 1 : 1, nach dem Elfmeterschießen 7 : 6.

Frage 18: Lösung b)
Alle drei Mannschaften gehören zu den besten Vereinen Deutschlands, wenn du dir die Geschichte der Bundesliga in Erinnerung rufst. Die Ewige Tabelle fasst alle bisherigen Tabellenendstände der Bundesliga zusammen. Klar, dass der Rekordmeister da ganz oben steht.

Frage 19: Lösung c)

Frage 20: Lösung b)

Frage 21: Lösung a)
Karl-Heinz „Charly" Körbel hat 602 Bundesliga-Spiele bestritten. Damit ist er der Rekordhalter. Eike Immel kam auf 534 Spiele, Uli Stein hat 512 Partien gespielt.

Frage 22: Lösung b)
Gerd Müller ist der absolute Rekordschütze. Jürgen Klinsmann und Ulf Kirsten waren zwar auch schon Torschützenkönige der Bundesliga, kommen aber an den Erfolg von Müller nicht heran.

Frage 23: Lösung a)
Oliver Kahn hat 535 Spiele auf dem Konto und ist damit Rekordhalter unter den Bundesliga-Torhütern.

Frage 24: Lösung c)
Im Unterschied zum klassischen 6er, der als eine Art Staubsauger vor der Abwehr gegnerische Angriffe unterbindet, übernimmt der moderne 6er die Aufgaben eines Spielmachers. Zwar arbeitet er weiter defensiv mit, soll aber aus etwas zurückgezogener Position das Spiel entfalten und ankurbeln.

Frage 25: Lösung a)
Ferdinand Hueppe war der Präsident der ersten Stunde beim DFB. Egidius Braun war von 1992 bis 2001 im Amt, Wolfgang Niersbach ist es seit 2012.

Frage 26: Lösung c)
Alle drei Spieler waren zwar in der Weltmeistermannschaft von 1974, dieser Satz aber stammt von Wolfgang Overath.

Frage 27: Lösung a)

Frage 28: Lösung c)
Auch diesmal stammt die Fußballweisheit aus dem Munde von Sepp Herberger.

Frage 29: Lösung a)
Der „neue" Fritz Walter spielte zuletzt von 1987 bis 1993 beim VfB Stuttgart und war 1992 mit 22 Treffern Torschützenkönig.

Frage 30: Lösung a)
Das Endspiel der Fußball-WM 1990 fand in Rom statt, wie du im Kapitel Die Weltmeisterschaft erfahren hast. Franz Beckenbauer stand beim Titelgewinn bei der WM 1974 als Spieler auf dem Platz und 1990 als Teamchef am Spielfeldrand.

Frage 31: Lösung b)
Gerd Müller schoss zwar 68 Tore für die Nationalmannschaft, absolvierte aber nur 62 Länderspiele. Jürgen Klinsmann erzielte in 108 Länderspielen 47 Treffer. Miroslav Klose aber knackte die Anzahl der Tore von Gerd Müller und hatte mit über 130 Spielen die meisten Einsätze.

Frage 32: Lösung c)

Frage 33: Lösung c)

Frage 34: Lösung a)
Real Madrid führt die Liste der besten Vereine Europas an. AC Mailand konnte bislang siebenmal diesen Wettbewerb gewinnen. Dem Klub Roter Stern Belgrad gelang das nur im Jahr 1991.

Frage 35: Lösung b)

Frage 36: Lösung c)

Frage 37: Lösung b)
Thomas Müller und seine Ehefrau besitzen mehrere Pferde.

Frage 38: Lösung a)
José Mourinho gilt als sehr exzentrischer und provozierender Trainer. Da er sich selbst als besonders speziellen und guten Trainer einschätzt, hat er sich selbst den Spitznamen „The Special One" gegeben.

Frage 39: Lösung a)

Frage 40: Lösung a)

Frage 41: Lösung c)

Frage 42: Lösung b)

Frage 43: Lösung b)
1994 trug Zidane zum ersten Mal das Trikot der Equipe Tricolore und schoss zwei Treffer in der Partie gegen die Tschechische Republik.

Frage 44: Lösung c)
Oliver Kahn saß bei der EM 1996 noch auf der Ersatzbank, während Andreas Köpke im Tor stand.

Frage 45: Lösung b)
Der Zettel, auf dem die bevorzugten Ecken der Elfmeterschützen notiert waren, wurde weltberühmt. Mithilfe dieses Zettels gelang es Jens Lehmann zwei Elfmeter zu halten. Später wurde der Zettel für eine Million Euro zugunsten der Organisation Ein Herz für Kinder versteigert.

Frage 46: Lösung b)

Frage 47: Lösung b)

Frage 48: Lösung c)

Frage 49: Lösung a)

Frage 50: Lösung b)
Dieser Titel wird vom Staatpräsidenten Frankreichs verliehen. Bei Michel Platini war das François Mitterrand. Platini wurde übrigens Ende der 1980er-Jahre auch zum Fußballer des Jahrzehnts ernannt. Das ist allerdings eine Auszeichnung, über die die amtierenden Nationaltrainer entscheiden.

Frage 51: Lösung b)
Herbert Prohaska ist zwar in Wien geboren und galt als ausgereifter Ballkünstler, sein Spitzname lautet aber in der Tat Schneckerl. Allerdings nicht, weil er so langsam war, sondern wegen seiner gelockten Haare. Prohaska ist einer der erfolgreichsten Fußballer Österreichs. Er spielte unter anderem bei Inter Mailand und AS Rom. Zuletzt war er für Austria Wien am Ball (1983–90).

Frage 52: Lösung b)
Die Meisterschale ging in den Jahren 1969, 1972, 1973 und 1974 an die Bayern aus München. In den beiden dazwischenliegenden Jahren hatte Borussia Mönchengladbach die Nase vorn – aber die Bayern wurden immerhin Vizemeister.

Frage 53: Lösung a)

Frage 54: Lösung c)
Louis van Gaal ist ein strenger Trainer, der penibel darauf achtet, dass sich seine Spieler diszipliniert verhalten. Wenn es allerdings Titel zu feiern gibt, erklärt er sich selbst zum Feierbiest und macht die Nacht zum Tage.

Frage 55: Lösung a)
Für sehr religiöse Fans hat der FC Schalke 04 eine Kapelle im Stadion eingerichtet, in der Siege herbeigebetet werden können.

Frage 56: Lösung b)

Frage 57: Lösung c)
1996 wurde Matthias Sammer als bislang letzter deutscher Spieler zu Europas Fußballer des Jahres gekürt. Nachdem er mit überragenden Leistungen die deutsche Elf zum Europameistertitel führte, wurde ihm diese besondere Ehrung zuteil.

Frage 58: Lösung a)

Frage 59: Lösung b)

Frage 60: Lösung a)

Frage 61: Lösung a)
Der Frauenball hat einen Umfang zwischen 62 und 66 Zentimetern und ist damit genauso groß wie beim Jugendfußball. Der Ball, der bei Spielen der Männer zum Einsatz kommt, hat einen Umfang zwischen 68 und 70 Zentimetern.

Frage 62: Lösung c)

Frage 63: Lösung a)
„Derby" hat seinen Ursprung im Englischen und ist nach einem Grafen benannt. Eigentlich meint der Begriff „Pferderennen", wird aber auch im Fußball verwendet. Eben dann, wenn Partien zwischen Teams aus einer Stadt (zum Beispiel FC Bayern München und 1860 München) oder einer Region (zum Beispiel Eintracht Frankfurt und Kickers Offenbach) stattfinden. Voraussetzung eines solchen Derbys ist die gleiche Ligazugehörigkeit. Aber auch im Rahmen von Pokalwettbewerben kann es zu einem Derby kommen.

Frage 64: Lösung b)

Frage 65: Lösung b)

Frage 66: Lösung c)
Das ist aber schon eine Weile her: 1978 gewann Borussia Mönchengladbach mit diesem Traumresultat gegen Borussia Dortmund.

Frage 67: Lösung b)

Frage 68: Lösung b)
Da es 18 Mannschaften in der Bundesliga gibt, finden bei einem Hin- und einem Rückspiel zwischen allen Mannschaften insgesamt 34 Partien statt. An einem Spieltag stehen also neun Spiele auf dem Programm. Das gilt natürlich auch für die 2. Bundesliga.

Frage 69: Lösung b)

Frage 70: Lösung b)
Die deutsche Auswahl gewann bei der Olympiade 1912 gegen die russische Nationalelf. Allerdings muss man hinzufügen, dass die russischen Kicker recht betrunken auf dem Platz standen. Denn: Beide Teams hatten am Vorabend gefeiert.

Frage 71: Lösung a)

Frage 72: Lösung a)

Frage 73: Lösung c)

Frage 74: Lösung b)

Frage 75: Lösung c)
Zu den Borussen kamen durchschnittlich 80.482 Fans, bei Manchester United waren es 75.530, beim FC Barcelona 71.350.

Frage 76: Lösung b)
Nachdem er als Bundestrainer der deutschen Elf ein Teil des deutschen Sommermärchens war, scheiterte er als Trainer beim FC Bayern. Seit 2011 betreut er die US-Boys.

Frage 77: Lösung c)
Nur Borussia Dortmund geht in dieser Farbkombination an den Start.

Frage 78: Lösung a)

Frage 79: Lösung b)

Frage 80: Lösung b)
Der Verein, der sich über so viel Treue freuen durfte, ist der Hamburger SV.

Register

Bildnachweis

adidas World of Sports: 17 u. m., 104 o. r., 105 u. l., 106 o. m., 107 u. l., 108 u. r., 109 o. r., 110 u. r., 124 u. l., 127 m. l., 135 u. r.

Borussia Dortmund GmbH & Co. KGaA: 70 o. m., 88 m., 138 m.

dpa Picture-Alliance, Frankfurt: 4, 5, 6 u. r., 8, 9 o. r., 10 m. r., 11 u. r., 12 u. m., 13 o. l., 14 o l., 14 u. r., 15 u. l., 16 u. m., 16 o. r., 17 o. m., 18 u. m., 19 m. r., 21, 23 o. l., 24, 25, 26 o. r., 27, 28 o. l., 28 u. r., 29 o. r., 30 o. l., 30 u. r., 31, 32 o. l., 33, 36 u. r., 37 o. r., 38 m. r., 39, 40, 41, 42 o. m., 43 u. r., 44, 45 o. r., 48 u. l., 48 o. r., 49, 50, 51 u. l., 52 u. r., 53, 54 o. m., 55, 56 o. r., 57, 58/59, 59 u. r., 60, 63, 64, 65, 66 u. r., 67, 68, 69 u. l, 69 u. m., 69 u. r., 70 m. l., 70 m. r., 71 u. r., 72 u. l., 72 u. m., 72 u. r., 73 u. l., 73 u. r., 74 m. r., 75, 76 o. r., 76 u. l., 77, 78 u. l., 78/79, 80 o. l., 80/81, 82 u. l., 82 u. r., 83, 84, 85 o. r., 86, 87, 88 m. l., 88 o. r., 88 u. r., 89 o. l., 89 u. l., 89 m., 89 u. r., 90, 91, 92 u. l., 93, 94, 95, 96 o. r., 96 u. m., 97, 98 o. r., 98 m., 98 u. r., 99, 100, 101, 102 o. l., 103 o. r., 103 u. m., 104 u. l., 105 o. r., 106 u. r., 107 o. m., 107 m. r., 108 o. r., 109 o. l., 109 u. m., 110 o. l., 110 m. r., 111 u. r., 112 o. l., 112 u. r., 113, 114, 115, 116, 117, 118 o. r., 119, 120, 121, 122, 123, 124 o. r., 125, 126, 127 o. m., 127 o. r., 128, 129, 130, 131, 132, 133, 134, 135 u. l., 135 m., 136, 137, 138 o. l., 138 o. r., 138 u. l., 138 u. r., 139, 140 u. r., 141, 142 u. l., 143 o. l., 144 o. l., 144 u. r.

Eintracht Frankfurt Fußball AG: 20 u. m., 62 o. r., 71 o. l.

FC Augsburg 1907 GmbH & Co. KGaA: 72 o. r.

FC Gelsenkirchen-Schalke 04 e.V.: 71 u. m.

FC Bayern München AG: 61 u. r., 71 u. l., 89 o. r.

Gerg, Franz: 3 u. m., 9 u. l., 13 u. m., 14 u. l., 16 u. l., 19 u. r., 22 u. l., 26 o. l., 35 u. l., 36 o. l., 37 u. l., 45 m., 46 o. l., 46 u. m., 47 m. l., 47 m. r., 51 o. r., 54 o. r., 56 u. m., 59 o. r., 59 u. l., 61 m., 62 o. l., 66 m. r., 72 o. l., 73 m. l., 73 m. r., 76 o. l., 78 u. r., 79 u. r., 82 o. r., 85 m. l., 96 u. r., 102 m. l., 103 u. l., 106 o. r., 108 u. l., 111 m. r., 112 u. l., 118 u. r., 140 o. r., 142 u. r., 143 u. m., 146 u. m., 148, 150 m. r., 151, 152, 153, 154, 155, 157

shutterstock.com: 7/145/149 jannoon028

Sport-Club Freiburg e.V.: 69 o. l.

VfB Stuttgart e.V.: 6 o. l.

VfL Wolfsburg-Fußball GmbH: 73 o. r.

Weigl, Doris: 19 o. l., 20 o. l., 22 o. r., 23 u. l., 26 u. r., 29 u. l., 30 u. l., 32 u. r., 34 o. r., 35 o. r., 42 m. l., 43 o. l., 45 u. l.

WM-Plakat: Gras: jannoon028 (shutterstock.com); WM-Pokal: dpa Picture-Alliance, Frankfurt; Brasilienflagge: K.C. (fotolia.com); Flaggen (Kästen): luca_luppi (fotolia.com)